종교개혁사 (1532~1555-1556)

종교개혁의 강화, 칼빈, 가톨릭 개혁과 트렌트 공의회

후버트 키르흐너 지음
정병식 옮김

※ 이 책은 2016년도 서울신학대학교 학술연구지원비에 의한 출판물입니다.

호서대학교 출판부

저자 후버트 키르흐너 (Hubert Kirchner) (1932~2012) †

베를린(Berlin)과 하이델베르크(Heidelberg)에서 수학
그라이프스발트(Greifswald)에서 교수자격논문
포츠담(Potsdam)과 베를린(Berlin) 연구재단에서 일함

역자 정병식

서울신학대학교 (B.A), 동 대학원 (Th.M)
독일 본(Bonn)대학교 (Dr.theol.)
現 서울신학대학교 교수

Hubert Kirchner

Reformationsgeschichte von 1532-1555/1566

Festigung der Reformation
Calvin
Katholische Reform und Konzil von Trient

Kirchengeschichte in Einzeldarstellungen

II-6

Herausgegeben von Ulrich Gäbler, Gert Haendler und Joachim Rogge

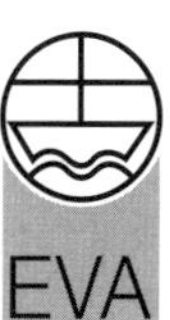

Evangelische Verlagsanstalt

발 간 사

풍성한 결실의 계절 만추(晩秋)에 기다리던『KGE 교회사 전집』15권을 발간했습니다. 이는 그 동안 우리 교회사 학계의 소원 하나가 이루어진 것이어서 마음이 쾌한 것이 그지 없습니다.

우선 돈독한 신앙과 학문적 열정으로 4년여에 걸친 지난한 번역의 작업을 묵묵히 감내해온 열일곱 분의 번역자께 존경과 감사의 말씀을 드립니다. 또한 발간이 되기까지 노고를 아끼지 않은 한국과 독일의 출판사 대표, 한국개신교단의 총회장님들, 그리고 한국과 독일의 가교가 되어준 네 분의 독일 학자들께도 심심한 감사의 말씀을 올립니다. 그러고 보니 '모든 것이 협력하여 선을 이루는'(롬 8:28) 일이 바로 여기서 이루어졌습니다.

이 전집은 교회사 전반을 아주 상세하게 기록한 문헌 자료로서도 그 의미가 클 뿐만 아니라, 높은 학문적 성취로 그 가치를 크게 인정받고 있습니다. 그렇기 때문에 이 전집은 교회사와 같은 신학의 분야는 말할 것도 없고 로마사와 같은 서양사 분야, 또는 중세 지성사와 같은 인문학 분야의 연구를 진작하고 견인할 것으로 기대를 모으고 있습니다. 또한 영성을 형성하고 길러내는 데에도 큰 기여를 할 것입니다. 저는 이 일에 힘쓰신 번역자 및 관계자 여러분의 숭고한 뜻과 호서대학교 출판부의 도움을 역사의 한 기록으로 남겨 소중히 보전하고자 합니다.

앞으로도 한국의 교회사학자 여러분께서는 학문적 열정으로 한국 교회와 신학 연구 및 교육 발전에 크게 기여하실 것을 축원하는 바입니다.

호서대학교 총장 / 철학박사

강일구

추 천 사

2011년 봄에 두란노아카데미에 의해 출판된『기독교 고전총서』는 영미권 출신 학자들이 즐겨 사용해 온 LCC (Library of Christian Classics)를 기본으로 한 교회사 관련 원전 번역 시리즈의 한글번역으로, 한국교회사학회 회원 학자들의 적극적인 참여와 원로교회사가들의 오랜 염원이 맺은 결실이었습니다.

이번에 번역된『KGE 교회사 전집』은 세계교회사를 독일학자들의 시각에서 정리한 시리즈이기에 이 가치를 잘 아는 독일권 유학 학자들의 오랜 염원의 결실이라고 믿어집니다. 물론 세계교회사를 다룬 책은 단행권과 시리즈로 다양하게 있고 번역된 것도 많이 있지만, 이 전집만큼 방대한 분량의 전집은 일찍이 없었습니다. 또한 교회사의 각 시기와 분야에서 최고 수준의 독일 학자들이 교회사 전체를 심도있게 다룬 것이라, 독일권 학자들의 교회사에 대한 관점을 더 잘 이해하고 나눌 수 있는 기회가 될 것입니다. 이번 출판을 크게 기뻐하며,『KGE 교회사 전집』을 적극적으로 추천합니다.

『기독교 고전총서』가 두란노출판사의 당시 대표 故 하용조 목사님의 배려가 없이 나올 수 없었던 것처럼,『KGE 교회사 전집』은 호서대학교 강일구 총장님의 결단과 후원 없이 불가능한 일이었습니다. 척박한 출판문화와 현실 가운데서도 문서사역의 가치를 새롭게 하시고 교회사 연구의 외연을 확장시켜 주신 두 분께 특별한 감사를 드리며 독일과 한국의 후원자들께 깊은 감사를 드립니다. 또한 보다 적절한 단어와 표현을 찾아내며 독자들에게 그 원 뜻을 전하고자 노고를 아끼지 않으신 번역자 교수님들과 이 시리즈의 일체 진행을 맡으셨던 염창선 교수님의 수고에 큰 존경과 감사를 표합니다. 한국교회사학회를 통해 이룬 이 두 가지의 귀중한 번역 자료를 보면 전자는 교회사의 주요 인물들의 글을 통해 교회사를 관통하는 주요주제들을 배우는 것이라면, 후자는 교회사 전체를 아우르며 정리해 주는데 다수에게 익숙해져 있는 교회사의 주요 내용들을 새로운 관점으로 소개하고 있어 두 자료의 활용도는 상호보완적입니다. 따라서『KGE 교회사 전집』은 독일어 자료의 활용이 제한되어 있을 수 있는 학자들이나 학생들, 교회사 일반 독자들을 고려할 때 참으로 의미있고 유익한 성과입니다.

『KGE 교회사 전집』은 다수의 한국교회와 교인들이 간과하고 있는 교회 역사에 대한 다양하면서도 깊고 넓은 이해를 제공할 것이며, 어리석고 무지한 인간들의 역사가운데 면면히 흐르고 있는 교회를 향한 하나님의 뜻을 깨닫고 그것을 현실화해야 할 성도의 마땅한 의무를 되새길 수 있는 귀한 기회를 마련해 줄 것으로 기대됩니다.

횃불트리니티 신학대학원대학교 총장

이 정 숙

감 사 의 글

하나의 일을 이루기 위해서는 수많은 준비 작업이 필요한데 이 시리즈의 출판을 위해 애쓰신 많은 분들께 지면을 통해 감사를 드립니다. 먼저 이 책을 출판하도록 적극적으로 도와주시고 출판되는 일을 가능하게 하신 호서대학교의 강일구 총장님께 진심으로 감사드립니다. 강 총장님의 결단이 없었더라면 이 책이 출판되지 못했을 것입니다.

이와 함께 출판 작업에 애쓰신 호서대학교 고중세문헌연구소와 호서대학교 출판부 담당자 여러분께 감사드립니다. 특히 이 시리즈의 편집을 위해 수고해주신 호서대학교 고중세문헌연구소장이신 염창선 교수님께 감사드립니다.

다음으로 감사드릴 분은 독일에서 이 시리즈의 출판을 위해 애쓰신 분으로, 이 시리즈의 번역을 맨 먼저 저에게 제안한 신실한 친구인 욥스트 렐러 박사(Dr. Jobst Reller)에게 감사를 드립니다. 그는 독일출판사에 내야할 인세를 독일루터교연합회(Die Vereinigte ev. -lutherische Kirche Deutschlands)와 노이엔데텔스아우(Neuendettelsau)에 있는 독일 바이에른 루터교의 선교부(Die Mission EineWelt)의 도움을 받아 해결해 주었습니다. 또한 이 책의 출판을 위해 계속 독일의 출판사와 연락을 취하면서 자기 일처럼 수고해주었습니다.

또한 독일 라이프치히(Leipzig)에 있는 출판사인 Evangelische Verlagsanstalt의 A. 바이트하스 박사(Fr. Dr. Annette Weidhaas)에게 감사드립니다. 번역 출판의 판권 문제에 관하여

애를 써주셨고 출판의 지연에도 불구하고 인내를 가지고 응원해주셨습니다.

세 번째로 감사드려야 할 분들은 이 시리즈의 번역을 맡아 수고해 주신 여러 교수님들입니다. 강의와 연구 그리고 학교의 행정일로 매우 바쁘신 가운데도 귀한 시간을 내어 주신 교수님들께 감사드립니다.

네 번째로 이 시리즈의 출판을 위해 재정적으로 후원해주신 많은 독지가들입니다. 이 분들의 정성스런 후원이 있었기에 출판에 많은 도움을 받을 수 있었습니다.

마지막으로 이 시리즈의 출판을 위해 번역위원회를 결성하고(2011년 10월 21일에 열린 한국교회사학회 임시임원회) 번역위원으로 수고 하신 배재대학교의 이성덕 교수님, 협성대학교의 한정애 교수님, 호남신학대학교의 홍지훈 교수님께, 번역 추진을 위해 보이지 않은 많은 수고를 해주신 것에 심심한 감사를 드립니다.

독일 루터교 연합회와 바이에른주 루터교 선교부에 이 시리즈 번역의 성사를 위해 대한예수교장로회(통합) 박위근 총회장님, 기독교대한성결교회 주남석 총회장님, 기독교한국루터회 엄현섭 총회장님께서 추천서를 써주신 것에 감사드립니다. 실로 이 시리즈 번역은 한국의 여러 교단과 여러 신학대학교수들, 그리고 독일의 루터교회가 함께 일구어 낸 글로벌한 에큐메니컬 운동의 열매입니다.

이 시리즈가 신학대학교와 대학원에서 그리고 목회자와 교회사에 관심을 가진 많은 평신도들에게 좋은 양식이 되고 한국신학교육 발전에 큰 진전을 이루는 일이 되리라 믿습니다.

KGE 번역위원장 / 평택대학교 교수

김 문 기

한국어판 서문

이 한국어판 『KGE 교회사 전집』은 독일 라이프찌히에 있는 출판사(Evangelische Verlagsanstalt)에 의해 'Kirchengeschichte in Einzeldarstellungen'이란 제목으로 1978년에 첫 출판된 『테르툴리아누스부터 암브로시우스까지』(I/3, Gert Haendler, 조병하 역) 이래 현재까지 나온 36권 중 우선 15권만 선별하여 번역한 것이다. 번역에 동참한 17명의 교회사학자들과 더불어 한국교회사학회와 호서대학교 고중세문헌연구소 및 호서대학교 출판부가 2011년 12월부터 2015년 11월까지 오랜 기다림과 수고 끝에 얻은 소중한 학문적 결실이다.

이 전집은 신학, 교회사 및 일반 서양사를 배우는 학생들은 물론 그것을 가르치는 자들과 이 분야에 관심이 있는 자들을 염두에 두고 집필되었으며, 1세기 기독교 시초부터 현대까지 시대를 대표하는 인물들과 중요한 신학개념들이 이해하기 쉽도록 설명되어있다. 또한 단순한 개론서 수준을 넘어선 이 전집은 대학(원) 강의교재 및 연구 자료로 사용하기에도 매우 적합할 것이다. 더욱이 시대연구나 신학주제들을 좀 더 심화하려는 독자들에게는 별도로 수록된 역사자료에 대한 도표, 연대표, 색인, 도서목록 및 지도들이 큰 도움이 될 것이다.

이제야 비로소 오랜 산고 끝에 결과물을 손에 넣게 된 것은 오직 학문적 동기로 번역에 동참하신 교회사학자들과 이 일이 가능하도록 실제적인 도움을 준 여러 손길들에게도 참으로 감사할 일이다. 물론 이런 감사가 몇 마디 문장으로 다 표현될 수는 없으나, 도움을 주신 고마운 분들과 기관들의 큰 뜻을 감사의 마음을 담아 여기에 적어둠으로써 길이 기억될 발자취로 남기고자 한다.

감사의 마음을 표하고 싶은 단체 및 기관으로는 호서대학교(강일구 총장)와 한국교회사학회(이정숙/ 김문기 회장), 독일 루터교연합(VELKD) 및 독일 바이에른 루터교 선교부인 'Mission Eine Welt'가 있으며, 개인적으로 힘을 모아주신 고마운 분들 - 남신현(카페포레 사장), 이계자(서울소망교회 권사), 이종목(안산광림교회 권사), 장광석(해창평화교회 목사), 정하성(평택대학교 교수), 차광선(호서대학교 교수), 채재수(전 우원건설회장), 한정희(전남대학교 교수) - 께도 감사드린다.

이 일이 진행되기 위해서 먼저 학자적 안목과 열정에서 번역사업을 흔쾌히 허락하시고 적극적으로 지원해주신 본교 강일구 총장님께 큰 감사를 드리며, 시작단계에서 독일 출판사 측에 추천서를 써주신 한국루터대학 엄현섭 총장님과 기독교대한성결교회 주남석 총회장님과 예수교장로회(통합) 박위근 총회장님, 그리고 독일과 한국 측에 다리 역할을 해주신 한국 루터대학교 M. 리노 교수님(Prof. Malte Rhinow)과 독일 라이프찌히대학교 P. 찜머링 교수님(Prof. Peter Zimmerling)과 특히 J. 렐러 박사님(Dr. Jobst Reller)과 독일 출판사의 A. 바이트하스 박사님(Fr. Dr. Annette Weidhaas)께도 깊은 감사를 드린다. 마지막으로 KGE 번역위원위원장 김문기 교수님(평택대)과 15명의 번역자들에게도, 끝으로 이 사업의 실질적인 손과 발이 되었던 호서대학교 출판부 김애리 팀장에게도 진심으로 감사드린다.

이렇게 여러 손길들을 통해 이루어진 이 『KGE 교회사 전집』이 교회사 연구에 기여하고, 한국교회의 일꾼들을 배양하는 교재로 사용되며, 교회의 역사와 전통의 중요성을 널리 알리는데 쓰인다면, 번역에 열정을 바친 학자들과 이 훌륭한 뜻에 마음을 보탠 손길들에게 더 큰 기쁨이 되기에 한국어 번역본 출판을 계기로 이번 일의 품과 꼴을 밝힌다.

KGE 편집인 / 호서대학교 고중세문헌연구소장

염 창 선

번 역 지 침

1. 번역 기본 지침사항

- 표기법은 기본적으로 '국립국어원'의 맞춤법을 따랐다.
- 한글성경 인용의 경우, 개역개정판을 기본으로 하고, 그 외의 성서인용은 출처를 밝혔다.
- 원서에서 사용한 부호를 가능하면 그대로 사용했다.
- 역자가 필요에 따라 첨가한 '역자 주'(각주와 설명) 표기는 각주나 본문에 표기했다.
- 각주 번호는 통일성을 위해 각 장별로 새로 시작했다.
- 외래어는 처음 1회에 한하여 한글과 병기하고, 그 후는 한글 번역만 사용했다.
- 인명과 지명이 외래어인 경우, 기본적으로 '한국교회사학회 용어(인명 • 지명) 통일 원칙'을따랐다.
- 그 외 기본적인 외래어는 '국립국어원 - 외래어 표기법'을 따랐다.

2. '국립국어원' 외래어 표기법 (1986년 문교부 고시)

1) 언어별 표기법이 공유하는 공통적인 특징

- 현지에 해당하는 국가에서 쓰는 언어 표기를 쓰는 것을 원칙으로 한다.
- 경음(ㄲ, ㄸ, ㅃ, ㅉ)과 격음(ㅋ, ㅌ, ㅍ, ㅊ)이 대립하는 언어가 아닌 경우 격음으로 쓴다.
- ㅈ, ㅉ, ㅊ 다음에는 [j] 발음이 들어간 이중 모음(ㅑ, ㅒ, ㅕ, ㅖ, ㅛ, ㅠ)은 쓰지 않는다.

2) 일반적인 외래어 표기법

- 외래어는 국어의 현용 24자모만으로 적는다.
- 외래어 1음운은 원칙적으로 1기호로 적는다.

- 받침에는 'ㄱ, ㄴ, ㄹ, ㅁ, ㅂ, ㅅ, ㅇ'만을 쓴다.
- 파열음 표기에는 경음을 쓰지 않는 것을 원칙으로 한다.
- 이미 굳어진 외래어는 관용을 존중하되 그 범위와 용례는 따로 정한다.

3) 독일어 표기법

- 독일어의 표기세칙은 기본적으로 영어의 표기 세칙을 준용한다.
- [r]
  ① 자음 앞의 [r]는 '으'를 붙여 적는다.
  ② 어미의 [r]와 '- er[ər]'는 '어'로 적는다.
  ③ 복합어 및 파생어의 선행 요소가 [r]로 끝나는 경우는 위의 ②규정을 준용한다.
- 어말의 파열음은 '으'를 붙여 적는 것을 원칙으로 한다.
- 철자 'berg', 'burg'는 '베르크', '부르크'로 통일해서 적는다.
- [ʃ]
  ① 어말 또는 자음 앞에서는 '슈'로 적는다.
  ② [y], [ø] 앞에서는 'ㅅ'으로 적는다.
  ③ 그 밖의 모음 앞에서는 뒤따르는 모음에 따라 '샤, 쇼, 슈' 등으로 적는다.
- [ɔy]로 발음되는 äu, eu는 '오이'로 적는다.

4) 라틴어 표기법

- y는 '이'로 적는다.
- ae, oe는 각각 '아이', '오이'로 적는다.
- j는 뒤의 모음과 함께 '야', '예'등으로 적으며, 어두의 'L+모음'도 '야', '예'등으로 적는다.
- s나 t 앞의 b와 어말의 b는 무성음이므로[p]의 표기 방법에 따라 적는다.
- c와 ch는 [k]의 표기 방법에 따라 적는다.
- g나 c 앞의 n은 받침 'ㅇ'으로 적는다.
- v는 음가가 [w]인 경우에도 'ㅂ'으로 적는다.

5) 그리스어 표기법

- y는 '이'로 적는다.
- ae, oe, ou는 각각 '아이', '오이', '우'로 적는다.
- c와 ch는 [k]의 표기 방법에 따라 적는다.
- g, c, ch, h 앞의 n은 받침 'ㅇ'으로 적는다.

역자 서문

루터의 개혁을 시발점으로 유럽 전역에서 전개된 종교개혁은 서로 다른 속성의 운동이 아닌 한가지 속성을 가진 하나의 개혁운동이었다. 따라서 독일의 개혁과 스위스 및 그 외의 유럽 지역에서 전개된 개혁운동들을 분리하여 다루어서는 안 되며, 하나의 연속성 안에서 논의되어야 한다. 더 나아가 독일 종교개혁 운동의 전후 시기 역시 하나의 연속성 안에서 숙고되어야 한다. 물론 1530년을 기점으로 전반기와 후반기는 신학적 갈등과 정치적 갈등, 신학적 노력과 정치적 노력이라는 명백한 구분을 가지고 있지만 전반기의 변화를 통해서 후반기의 발전과정을 이해하고, 후반기의 전개 과정의 올바른 이해 역시 전반기에 대한 올바른 이해를 전제해야 한다.

후버트 키르흐너(Hubert Kirchner)의 이 책은 신학을 공부한 사람이나, 공부하고 있는 사람 혹은 역사학과 종교 교육 등 이와 유사한 관심을 갖고 있는 사람들에게 교회의 역사를 개괄적으로 제시하고자 단행본으로 출판한 전집 가운데 하나이다. 각각의 책들은 제목에 부합된 충실한 내용을 가진 단권으로 종결되었다. 하지만 교회 역사 전체를 개관하기 위해서는 이 모든 단권이 상호 연속성을 가지고 있음을 염두에 두어야 한다.

이 책은 크게 세 가지 성격의 내용을 하나로 아우르고 있다. 먼저 루터의 종교개혁 중 특히 후반부인 1530년대 이후를 다루고 있고, 칼빈의 종교개혁 및 반종교개혁 혹은 가톨릭의 개혁이라고 말하는 트리엔트 공의회를 다루고 있다. 시기적으로 볼 때 1530년부터 1555년은 종교개혁의 정치화 혹은 지역화라는 특징을 가지고 있다. 이 기간에 아우크스부르크 신앙고백서가 등장했고, 프로테스탄트와 가톨릭 진영의 정치적 대립과 갈등은 더욱 노골화되었다. 하지만 이러한 상황에서도 해결을 모색하며 갈등을 치유하기 위한 정치적 노력은 계속 이어져 1555년 아우크스부르크 평화회담이라는 결실을 맺었다. 루터의 죽음도 이 기간에 존재했으며, 루터 측 내부의 논쟁이나 독일 종교개혁 내부의 다양한 색채도 이 시기에 들끓기 시작했다. 전체 11장 가운데 8장까지의 내용이 이에 해당한다. 제9장에서는 스위스의 종교개혁을 다루었다. 취리히의 종교개혁은 1531년 츠빙글리의 죽음과 더불어 새로운 분기점을 맞이했고, 후계인 하인리히 불링거의 개혁을 통해 더욱 발전하게 된다. 스위스 종교개혁의 나머지 또 하나의 축은 제네바에서의 칼빈의 종교개혁이다. 제10장은 북유럽에서 전개된 종교개혁을 다루었다. 하지만 그 속에서 폴란드, 프랑스, 네덜란드, 영국 그리고 스코틀랜드의 종교개혁에 대한 이야기도 읽을 수 있다. 마지막 제11장은 가톨릭의 개혁과 트리엔트 공의회를 다루었다.

연대기적 역사 서술방법을 적용한 키르흐너의 이 책은 이해력과 사안의 핵심을 명확히 제공하는 장점을 가지고 있다. 종교개혁사를 처음 대하는 신학도와 프로테스탄트의 시작과 발전에 대해 알고자 하는 신앙인에게 큰 유익을 줄 것이다.

서울신학대학교에서

정 병 식

목 차

제9장 스위스 종교개혁의 계속: 취리히와 제네바로부터 후기 헬베틱 신조까지

제10장 유럽에서의 종교개혁의 확장

제11장 가톨릭의 개혁과 트렌트 공의회

머 리 말

지난해에는 종교개혁의 두 번째 국면에 연구의 관심이 크게 고조되었다. 게다가 1983년 '루터 해'를 기점으로 시작된 집중적인 노력들과 많은 다른 연구 및 편집 프로젝트는 그 시대를 '회복의 시대', '경직의 시대', '정확한 시험의 시대'로 보는 성급한 꼬리표 붙이기가 적절하지 않음을 보여주었다.

종교개혁운동은 그들이 선포한 교회 전체의 개혁이라는 목적을 이루지 못했다는 인식과 더불어 그것이 가능했던 곳의 종교개혁 수행과 형태에 몇 가지 척도를 강조해야 할 과제가 중요한 문제로 대두되었다. 이러한 것은 개혁이 시작되고 고조되었던 처음 국면과는 다른 것이었다. 돌출 행동을 통해 또 다시 긴장을 자아내며 다른 것들을 강조하는 사람들이 등장했음도 물론 피할 수 없다. 물론 인간에 대한 그리고 관철을 목표로 한 종교개혁적인 많은 자극들은 분명히 실패했다. 책임감 있는 실제적인 새로운 기독교 형태가 중요했던 순간에야 비로소 전체적인 과제의 범위가 분명해졌고, 그 후 모든 혹은 또 다른 참여자들이 모여 방법과 세부적인 단계에 대해 토론도 시작할 수 있었다. 현대의 에큐메니컬 운동은 모두가 원칙적으로 인정하고 노력을 기울이는 교회 일치라는 목적을 어떤 방법으로 성취해야 하며, 이와 같은 일치가 어떤 구체적 특징을 가져야 하는지 결정해야 할 중요한 곳에서 큰 장애에 직면해 있으며, 이러한 사실은 시사하는 바가 크다.

그러므로 종교개혁의 두 단계 사이에는 근본적으로 연속성이 있으나, 무조건 그리고 내적인 불가피성으로 인해 전개된 발전이 오직 이 하나의 결과만을 얻기 위해 추진되었고, 이러한 결과들이 곧 바로 초기의 충동으로 귀결될 수 있다는 의미에서는 아니다. 이것은 확실히 아니다. 정말로 많은 변화를 생각할 수 있으며, 많은 변화가 시도되어졌다. 그렇지만 새로운 차원에서 그리고 그때 그때 달라진 문제 제기를 통해 기존의 중요한 결정들을 새롭게 확증했다는 의미에서는 하나의 연속성이 흐르고 있다.

몇몇 단행본에 있는 자료를 다루는 중 앞 선 혹은 이후의 시대와 연관 내지는 제한의 문제가 하나의 독자적인 문제점으로 제기되었다.

1532년 뉘른베르크 유예는 깊은 의미가 있어 보인다. 그것으로 - 원하든 원치 않던 - 가톨릭교회의 교파적 분열이라는 첫 결과가 나왔기 때문이다. 스위스 종교개혁은 1531년 츠빙글리의 죽음과 같은 해에 불링거의 취리히 초청이 분기점을 이룬다. 유럽의 다른 국가들에서는, 물론 이미 1520년대에 부글대는 운동이 있긴 했으나, 이제야 비로소 중요한 발전이 일어났다.

하나의 정점, 게다가 년도를 언급하는 것은 매우 어렵다. 그것을 기준으로 고찰이 시작되기 때문이다. 여기서는 엄격하게 구분을 지었다. 1546년(루터의 죽음), 1555년(아우크스부르크 종교평화), 1563년(트렌트 공의회의 종결) 그리고 1566년(후기 헬베틱 신조)이라는 연도는 큰 시대운동이라는 여러 갈래에서 특별한 국면을 표시한다. 루터측 내부의 논쟁이나 독일 종교개혁 내부의 교파적 이동과 같은 것들은 이미 이 시기에 시작되었으며, 시간적이며 객관적인 다양한 관계가 희석되어 본래 나란히 놓여있던 것이 서로 갈라진 듯이 보인다고 할지라도, 계속 발전했기에 이 책에서 다루었다.

이 기간 내의 자료는 다양하며 개개의 사건과 권력의 방향에 대해서 가능하면 빠르게 이해하도록 연대기 보다는 주제별 성격을 가진 단락에 편성했다. 이것 역시 물론 단점이 있다. 왜냐하면 이 같은 방식에서는 연대기적인 발전이 항상 가시화되지 않기 때문이다. 그렇지만, 그렇게 할 때 이합집산을 야기한 종교개혁의 여러 지류들과 종교개혁 기간의 많은 문제들이 분명하게 드러나게 되고, 그 결과 많은 사람들이 열광적으로 환영한 종교개혁이라는 사건이 본래 누구도 예측하지 못했던 것이라는 결론에 이르게 된다.

"우리는 거지이다, 이것은 사실이다." 이것은 마르틴 루터가 죽기 이틀 전에 종이에 쓴 마지막 말이다. 이것은 체념이 아니었다. 이 말에서 오히려 영원하신 하나님의 면전에서 모든 인간적 행위에 매임과 하나님의 명령이라고 알고 있던 교회 개혁을 둘러싸고 벌어진 자신의 행위에 대한 깊은 통찰이 우러나오고 있다. "우리는 거지이다, 이것은 사실이다." - 이것은 개혁의 성과이긴 해도 승리는 아니다. 거지는 단지 하나님의 은혜와 하나님의 은사로 살게 된다고 확신하기에 위로가 된다.

후버트 키르흐너 (Hubert Kirchner)

약 어 목 록

AHC	Annuarium Historiae Conciliorum
ARC	Acta Reformationis Catholicae
ARG	Archiv für Reformationsgeschichte
BlWKG	Blätter für westfälische Kirchengeschichte
BML	Bornkamm, H.: Martin Luther in der Mitte seines Lebens
BSLK	Die Bekenntnisschriften der Evangelisch Lutherischen Kirche
BSRK	Die Bekenntnisschriften der Reformierten Kirche
CAC	Confessio Augustana und Confutatio
Cath	Catholica
CR	Corpus Reformatorum
CT	Concilium Tridentinum
GKG	Gestalten der Kirchengeschichte, hg. v. M. Greschat
HEG	Handbuch der europäischen Geschichte, Bd. 3, hg. v. J. Engel
HZ	Historische Zeitschrift
JBrKG	Jahrbuch für brandenburgische Kirchengeschichte
JHKG	Jahrbuch für hessische Kirchengeschichte
KLK	Katholisches Leben und Kämpfen im Zeitalter der Glaubensspaltung. Vereinsschriften der Gesellschaft zur Herausgabe des Corpus Catholicorum
KTGO	Kirchen- und Theologiegeschichte in Quellen, hg. v. H. A. Oberman, A. M. Ritter und H. W. Krumwiede.
KuD	Kerygma und Dogma
LuJ	Luther-Jahrbuch

Luther	Luther, Zeitschrift der Luther-Gesellschaft
LWML	Leben und Werk Martin Luthers, hg. v. H. Junghans
MThZ	Münchner Theologische Zeitschrift
NZSTh	Neue Zeitschrift für systematische Theologie
QFRG	Quellen und Forschungen zur Reformationsgeschichte
RiE	Reformation in Europa, hg. v. O. Thulin
RR	Die Religionsgespräche der Reformationszeit, hg. v. G. Müller
RST	Reformationsgeschichtliche Studien und Texte
StA	Martin Luther, Studienausgabe
SVRG	Schriften des Vereins für Reformationsgeschichte
ThLZ	Theologische Literaturzeitung
TRE	Theologische Realencyklopädie
WA	Luthers Werke. Kritische Gesamtausgabe(Weimarer Ausgabe)
WABr	- Reihe: Briefwechsel
WADB	- Reihe: Deutsche Bibel
WATR	- Reihe: Tischreden
WDR	Wirkungen der deutschen Reformation, hg. v. W. Hubatsch
WWdR	Weltwirkung der Reformation, hg. v. M. Steinmetz und G. Brendler
WZ	Wissenschaftliche Zeitschrift
ZBKG	Zeitschrift für bayerische Kirchengeschichte
ZKG	Zeitschrift für Kirchengeschichte
ZSavRGkan	Zeitschrift der Savigny-Stiftung für Rechtsgeschichte, Kanonistische Abteilung
ZThK	Zeitschrift für Theologie und Kirche

참 고 문 헌

I. 일반 참고문헌

(II-3/4.의 도서목록 참고)

원전

Die Bekenntnisschriften der evangelisch-lutherischen Kirche, hg. im Gedenkjahr der Augsburgischen Konfession 1930, Göttingen ^{6}1967

Die Bekenntnisschriften der reformierten Kirche, hg. v. E.F.K. Müller, Leipzig 1903

Bekenntnisschriften und Kirchenordnungen der nach Gottes Wort reformierten Kirche, hg. v. W. Niesel, Zollikon/Zürich o. J. (3. Aufl.)

Reformierte Bekenntnisschriften und Kirchenordnungen in deutscher Übersetzung, hg. v. P. Jacobs, Neukirchen 1949

Kirchen- und Theologiegeschichte in Quellen, Bd. 3, Die Kirche im Zeitalter der Reformation, hg. v. H. A. Oberman, Neukirchen-Vluyn 1981

Die evangelischen Kirchenordnungen des XVI. Jahrhunderts, hg. v. E. Sehling, Leipzig, dann Tübingen 1902ff.

Die evangelischen Kirchenordnungen des 16. Jahrhunderts, hg. v. A. L. Richter, Bd. 1-2, Weimar 1846

Quellen zur Geschichte des Papsttums und des römischen Katholizismus, hg. v. C. Mibt, 6. Aufl. bearb. v. K. Aland. Bd. 1, Tübingen 1967

저서

Tschackert, Paul: Die Entstehung der lutherischen und der reformierten Kirchenlehre samt ihren

innerprotestantischen Gegensätzen, Göttingen 1979 (Neudruck d. Aufl. 1910)
Handbuch der Kirchengeschichte für Studierende, Bd. 3, Reformation und Gegenreformation, in Verb. mit W. Maurer neu bearb. v. H. Hermelink, Tübingen 1931
Seeberg, Reinhold: Lehbuch der Dogmengeschichte, Bd. 4, 2, Graz 41954
Seppelt, Franz Xaver: Geschichte der Päpste von den Anfängen bis zur Mitte des 20. Jahrbunderts,
Bd. 4, Das Papsttum im Spätmittelalter und in der Renaissance. Von Bonifaz Ⅷ. bis zu Klemens Ⅶ., neu bearb. v. G. Schwaiget, München [2]1957
Bd. 5, Das Papsttum im Kampf mit Staatsabsolutismus und Aufklärung. Von paul Ⅲ. bis zur Franz. Revolution, neu bearb. v. G. Schwaiget, München [2]1959
Wirkungen der deutschen Reformation bis 1555, hg. v. W. Hubatsch, Darmstadt 1967 = Wege der Forschung 203
Skalweit, Stephan: Reich und Reformation, Berlin 1967
Gebhardt, Bruno: Handbuch der deutschen Geschichte, hg. v. H. Grundmann, Bd. 2, Stuttgart [9]1970
Handbuch der europäischen Geschichte, hg. v. Th. Schieder, Bd, 3, Die Entstehung des neuzeitlichen Europa, hg. v. J. Engel, Stuttgart 1971
Weltgeschichte in Daten, hg. v. A. Anderle u. a., Berlin [2]1973
Deutsche Geschichte in drei Bäden, hg. v. H. J. Bartmuss u. a., Berlin [3]1974
Nipperdey, Thomas: Reformation, Revolution, Utope. Studien zum 16. Jahrhundert, Göttingen 1975
Lutz, Heinrich: Reformation und Gegenreformation, München/Wien 1979=Oldenbourg Grundriβ der Geschichte 10
Confessio Augustana und Confutatio. Der Augsburger Reichstag 1530 und die Einheit der Kirche. Intern. Symposion der Gesellschaft zur Herausgabe des Corpus Catholicorum in Augsburg vom 3-7. Sept. 1979, hg. v. E. Iserloh, Münster 1980=RST 118
Klassiker der Theologie, Bd. 1, Von Irenäus bis Martin Luther, hg. v. H. Fries und G. Kretschmar, München 1981
Gestalten der Kirchengeschichte,
Bd. 5 und 6, Die Reformationszeit Ⅰ und Ⅱ,
Bd. 12, Das Papsttum Ⅱ, Vom Groβen Abendländischen Schisma bis zur Gegenwart, hg. v. M. Greschat, Stuttgart/ Berlin/ Köln/ Mainz 1981 und 1985
Elton, Geoffrey R.: Europa im Zeitalter der Reformation 1517-1559, München [2]1982
Wohlfeil, Rainet: Einführung in die Geschichte der deutschen Reformation, München 1982 = Beck'sche Elementarbücher
Deutsche Geschichte in zwölf Bänden, hg. v. Zentralinstitut für Geschichte der Akademie der Wissenschaften in der DDR, Bd. 3, Die Epoche des Übergangs vom Feudalismus zum Kapitalismus von den siebziger Jahren des 15. Jahrhunderts bis 1789, Autorenkollektiv A. Laube, G. Vogler u. a., Berlin 1983
Moeller, Bernd: Deutschland im Zeitalter der Reformation, Göttingen [2]1983 = Deutsche Geschichte, Bd. 4,

hg. v. J. Leuschner, Kleine Vandenhoeck-Reihe 1432

Sonntag, Franz Peter: Ruhelose Zeit. Das Jahrhundert der Reformation und Reform, Leipzig 1984

Stupperch, Robert: Reformatorenlexikon, Gütersloh 1984

Iserloh, Erwin: Die Päpste im Zeitalter der Reformation und des Konzils von Trient. In: GKG 12, 53-78

Ⅱ. 각 장별 도서목록

제1장

Friedensgurg, Walter: Kaiser Karl Ⅴ. und Papst Paul Ⅲ. (1534-1549), Leipzig 1932 = SVRG 153

Die Schmalkaldischen Bundesabschiede 1533-1536, bearb. v. E. Fabian, Tübingen 1958 = Schriften zur Kirchen-und Rechtsgeschichte 8

Brandi, Karl: Kaiser Karl Ⅴ. Werden und Schicksal einer Persönlichkeit und eines Weltreiches, München [6]1961

Fabian, Ekkehart: Die Entstehung des Schmalkaldischen Bundes und seiner Verfassung, Tübingen [2]1962 = Schriften zur Kirchen-und Rechtsgeschichte 1

Repgen, Konrad: Die römische Kurie und der Westfälisch Friede. Idee und Wirklichkeit des Papsttums im 16. und 17. Jahrhundert. Bd. 1: Papst, Kaiser und Reich 1521-1644, Tübingen 1962 = Bibliothek des Deutschen Historischen Instituts in Rom 24

Ludolphy, Ingetraut: Die Voraussetzungen der Religionspolitik Karls V., Berlin 1965 = Aufsätze und Vorträge zur Theologie und Religionswissenschaft 32

Jansky, Herbert. Das Osmanische Reich in Südosteropa von 1453 bis 1648, HEG 1170-1188

Wolgast, Eike: Die Wittenberger Theologie und die Politik der evangelischen Städe. Studien zu Luthers Gutachten in politischen Rragen, Gütersloh 1977 = QFRG ⅩⅬⅦ

Reinhard, Wolfgang: Die kirchenpolitischen Vorstellungen Kaiser Ⅴ., ihre Grundlagen und ihr Wandel, CAC62-100

제2장

Modller, Bernd: Reichsstadt und Reformation, Gütersloh 1962

Stadt und Kirche im 16. Jahrhundert, hg. v. B. Moeller, Gütersloh 1978

Moeller, Bernd: Luthers Steiiung zur Reformation in deutschen Territorien und Städten außerhalb der sächsischen Herrschaften, in: LWML 573-589

제3장

Die evangelische Kirchenordnungen des ⅩⅥ. Jahrhunderts, hg. v. E. Sehling, Leipzig, dann Tübingen 1902ff.

Sehling, Emil: Geschichte der protestantischen Kirchenverfassung, Berlin[2]1914 = Grundriß der Geschichtswissenschaft Ⅱ, 8

Sohm, Rudolph: Kirchenrecht, Bd. 1, Berlin 1923, Nachdr. Berlin 1970

Holl, Karl: Luther und das landesherrliche Kirchenregiment, in: Gesammelte Aufsätze zur Kirchengeschichte 1, Luther, Tübingen [7]1948, 326-380

제4장

Stupperich, Robert: Der Humanismus und die Wiedervereinigung der Konfessionen, Leipzig 1936 = SVRG 160

Bizer, Ernst: Martin Bucer und der Abendmahlsstreit. Unbekannte und unveröffentlichte Aktenstücke zur Entstehungsgeschichte der Wittenberger Konkordie vom 29. Mai 1536, ARG 35, 1938, 203-237

Kantzenbach, Friedrich Wilhelm: Das Ringen um die Einheit der Kirche im Jahrhundert der Reformation, Stuttgart 1957

Bizer, Ernst: Studien zur Geschichte des Abendmahlsstreits im 16. Jahrhundert, Darmstadt [2]1962

Köhler, Walter: Zwingli und Luther. Ihr Streit um das Abendmahl nach seinen politischen und religiösen Beziehungen. Bd. 2, Neudruck London 1971 = QFRG 7

Kittelson, J. M.: Martin Bucer and the Sacramentarian Controversy: The Origins of His Policy of Concord, ARG 64, 1973, 166-183

Kantzenbach, Friedrich Wilhelm: Einheitsbestrebungen im Wandel der Kirchengeschichte, Gütersloh 1979 = Studienbücher Theologie: Kirchen- und Dogmengeschichte

Brecht, Martin: Luthers Beziehungen zu den Oberdeutschen und Schweizern von 1530/1531 bis 1546. In: LWML 497-517

제5장

(II-3/4. 도서의 루터 참고문헌 참고. 비교. 요약적인 참고문헌 보고는 헬마 융한(H. Junghan)과 츠어 뮐렌(K.-H zur Mühlen)의 도서 ThLZ 110, 1985, 400-442; 491-514을 참고).

Althaus, Paul: Die Theologie Martin Luthers, Gütersloh 1962

Hermann, Rudolf: Luthers Theologie, hg. v. H. Beintker, Berlin 1967

Brandenburg, Albert: Martin Luther gegenwärtig. Katholische Lutherstudien, München/Paderborm/Wien 1969

Broosseder, Johannes: Martin Luther (1493-1546). In: Klassiker der Theologie 1, 283-313; 416-418; 432-434

Olivier, Daniel: Luthers Glaube. Die Sache des Evangeliums in der Kirche, Stuttart 1982

Loewenich, Walther von: Martin Luther. Der Mann und das Werk, München 1982

Oberman, Heiko A.: Luther. Mensch zwischen Gott und Teufel, Berlin [2]1983

Manns, Peter: Martin Luther, Basel/Wien/Lahr 1982

Pesch, Otto Hermann: Hinführung zu Luther, Mainz 1982

Rogge, Joachim: Martin Luther. Sein Leben-seine Zeit-seine Wirkungen, Berlin[2]1984

Leben und Werk Martin Luthers von 1526-1546. Festgabe zu seinem 500. Geburstag, hg. v. 1981/Berlin 1983

Brendler, Gerhard: Martin Luther. Eine Einführung in sein Leben und sein Werk, München 1981/Berlin 1983

Brendler, Gerhard: Martin Luther. Theologie und Revolution, Berlin 1983

Herrmann, Horst: Martin Luther. Ketzer wider Willen, München 1983

Martin Luther. Leben, Werk, Wirkung, hg. v. G. Vogler, Berlin 1983

Wendelborn, Gert: Martin Luther. Leben und reformatorisches Werk, Berlin 1983

Zahrnt, Heinz: Martin Luther in seiner Zeit-für unsere Zeit, München 1983

제6장 (원전)

Bd. 1: Herzogtum Württemberg, hg. v. G. Bossert, Gütersloh 1930/repr. New York/London 1971)

Bd. 2: Markgrafentum Brandenburg(Bayern Ⅰ), hg. v. K. Schornbaum, 1934/1971

Bd. 3: Glaubenszeugnisse oberdeutscher Taufgesinnter Ⅰ, hg. v. L. Müller, 1938/1971

Bd. 4: Baden-Pfalz, hg. v. M. Krebs, 1951/1971

Bd. 5: Bayer Ⅱ, hg. v. K. Schornbaum, 1951/1971

Bd. 6: Denck, Hans: Schriften, 3 Teile, hg. v. G. Baring, 1955-1960

Bd. 7: Elsaß Ⅰ, hg. v. M. Krebs u. H. G. Rott, 1959

Bd. 8: Elsaß Ⅱ, hg. v. M. Krebs u. H. G. Rott, 1960

Bd. 9: Hubmaier, Balthasar, Schriften, hg. v. G. Westin u. T. Bergsten, 1962

Bd. 10: Bibliographie des Täufertums, 1520-1630, hg. v. H. J. Hidderbrand, 1962

Bd. 11: Österreich Ⅰ, hg. v. G. Mecenseffy, 1964

Bd. 12: Glaubenszeugnisse oberdeutscher Taufgesinnter Ⅱ, hg. v. R. Friedmann, 1967

Bd. 13: Österreich Ⅱ, hg. v. G. Mecenseffy, 1972

Bd. 14: Österreich Ⅲ, hg. v. G. Mecenseffy, 1983

= Quellen und Forschungen zur Reformationsgeschichte, Bd. 13, 16, 20, 22, 23, 24, 26, 27, 29, 30, 31, 34, 41, 50

Quellen zur Geschichte der Täufer in der Schweiz

Bd. 1: Zürich, hg. v. L. v. Muralt u. W. Schmid, Zürich 1952

Bd. 2: Ostschweiz, hg. v. H. Fast, Zürich 1973

Bd. 4: Drei Täufergespräche, hg. v. M. Hass, Zürich 1974

Urkundliche Quellen zur hessischen Reformationsgeschichte,

Bd. Ⅳ. Wiedertäuferakten 1527-1536, hg. v. G. Franz, Marburg 1951=Veröffentlichungen der Historischen Kommission für Hessen und Waldeck 11, 1-4

Fast, Heinold: Der linke Flügel der Reformation. Glaubenszeugnisse der Täufer, Spiritualisten, Schwärmer und Antitrinitarier, Bremen 1962 = Klassiker des Protestantismus, Bd. Ⅳ = Sammlung Dieterich 269

Die Schriften der Münsterischen Täufer und ihrer Gegner.

Ⅰ. Teil: Die Schriften Brenhard Rothmanns, Ⅱ. Teil: Schriften von katholischer Seite gegen die Täufer, bearb. v. R. Stupperich, Münster 1970 und 1980 = Veröffentlichungen der Historischen Kommission

Westfalens 32

Das Täuferreich zu Münster 1534-1535. Berichte und Dokumente, hg. v. R. v. Dülmen, Müchen 1974

Bibliographisch ferner:

Hillerbrand, Hans Joachim, A bibliography of Anabaptism, 1520-1630. A sequel: 1962-1974, St. Louis 1975 = Sixteenth century bibliography I

제6장 (저서)

Cornelius, Carl: Geschichte des Münsterischen Aufruhrs, 2 Bde., Leipzig 1855/1860/repr. Ann Arbor(Mich.) 1980

Wappler, Paul: Die Stellung Kursachsens und des Landgrafen Philipp von Hessen zur Täuferbewegung, Münster 1910=RST 13/14

Ders.: Die Täuferbewegung in Thüringen von 1526-1584, Jena 1913 = Beiträge zur neueren Geschichte Thüringens 2

Schraepler, H. W.: Die rechtliche Behandlung der Täufer in der deutschen Schweiz, Südwestdeutschland und Hessen 1525-1618, bearb. v. E. Fabian, Tübingen 1957 = Schriften zur Kirchen-und Rechtsgeschichte 4

Zschäbitz, Gerhard: Zur mitteldeutschen Wiedertäuferbewegung nach dem großen Bauernkrieg, Berlin 1958 = Leipziger Übersetzungen und Ablhandlungen zum Mittelalter, Reihe B, Bd. 1

Stupperich, Robert: Das Münsterische Täufertum. Ergebnisse und Probleme der neueren Forschung, Münster 1985 = Schriften der Historischen Kommission für Westfalen 2

Kirchhoff, Karl Heinz: Die Belagerung und Eroberung Münsters 1534/35. Westfälische Zeitschrift 112, 1962, 17-170.

Hershberger, Guy F.: Das Täufertum-Erbe und Verpflichtung, Stuttgart 1963 = Die Kirchen der Welt, Reihe B, Bd. 2

Brendler, Gerhard: Das Täuferreich zu Münster 1534/35, Berlin 1966 = Die Kirchender Welt, Reihe B, Bd. 2

Rammstedt, Otthein: Sekte und soziale Bewegung. Soziologische Analyse der Täufer in Münster(1534/35), Köln/Opladen 1966= Dortmunder Schriften zur Sozialforschung 34

Lohse, Bernhard: Die Stellung der "Schwärmer" und Täufer in der Reformationsgeschichte, ARG 60(1969), 5-26

Goertz, Hans-Jürgen: Die ökumenische Einweisung der Täuferforschung, NZSTh 13(1971), 363-372

Ders.: Die Mennoniten, Stuttgart 1971 = Die Kirchen der Welt 8

Clasen, Claus-Peter: Anabaptism. A Social HISTORY, 1525-1681, Ithaca/London 1972

Plümper, Hans-Dieter: Die Gütergemeinschaft bei den Täufern des 16. Jahrhunderts,Göppingen 1972= Göppinger akademische Beiträge 62

Kirchhoff, Karl Heinz: Die Täufer in Münster 1534/35. Untersuchungen zum Umfang und zur Sozialstruktur der Bewegung, Münster 1973 = Veröffentlichungen der Historischen Kommission Westfalens 22

List, Günther: Chiliaistische Utopie und radikale Reformation. Die Erneuerung der Idee vom tausendjährigen

Reich im 16. Jahrhundert, München 1973 = Humanistische Bibliothek, Abhandlungen und Texte. Reihe Ⅰ: Abhandlungen XIV

Bornhäuser, Christoph: Leben und Lehre Menno Simons. Ein Kampf um das Fundament des Glaubens(etwa 1496-1561), Neukirchen-Vluyn 1973 = Beiträge zur Geschichte und Lehre der Reformierten Kirche XXXV

Umstrittenes Täuufertum 1525-1975, hg. v. H.-J. Goertz, Göttingen 1975

Dülmen, Richard v.: Reformation und Revolution. Soziale Bewegung und religiöser Radikalismus in der deutschen Reformation, München 1977

Radikale Reformatoren, hg.v. H.-J. Goertz, München 1978

Goertz, Hans-Jürgen: Die Täufer. Geschichte und Deutung, München 1980

Deppermann, Klaus: Melchior Hoffman, GKG 5, 323-334

제7장

Pastor, Ludwig: Die kirchlichen Reunionsbestrebungen während der Regierung Karls V., Freiburg 1879

Vetter, Paul: Die Religionsverhandlungen auf dem Reichstage zu Regensburg 1541, Jena 1889

Cardauns, Ludwig: Zur Geschichte der kirchlichen Unions- und Reformbestrebungen von 1538 bis 1542, Rom 1910 = Bibliothek des Kgl. Preussischen Histor. Instituts in Rom 5

Stupperich, Robert: Der Humanismus und die Wiedervereinigung der Konfessionen, Leipzig 1936=SVRG 160

Kantzenbach, Friedrich Wilhelm: Das Ringen um die Einheit der Kirche im Jahrhundert der Reformation, Stuttgart 1957

Neuser, Wihelm: Die Vorbereitung der Religionsgespräche von Worms und Regensburg 1549/41, Neukirchen 1974=Texte zur Geschichte der evang. Theologie 4

Kantzenbach, Friedrich Wihelm: Einheitsbestrebungen im Wandel der Kirchengeschichte, Gütersloh 1979 = Studienbücher Theologie: Kirchen-und Dogmengeschichte

Die Religionsgespräche der Reformationszeit, hg. v. G. Müller, Gütersloh 1980= SVRG 191

Vogelsanger, Peter: Ökumenismus im 16. Jahrhundert. Zur Geschichte des Religionsgesprächs von Regensburg 1541, in: Unterwegs zur Einheit. Festschrift für H. Stirnimann, hg. v. J. Brantschen u. P. Selvatico, Freiburg(Schw.)/Freiburg(Br.)/Wien 1980, 631-648

Hollerbach, Marion: Das Religionsgespräch als Mittel der konfessionellen und politischen Auseinandersetzung im Deutschland des 16. Jahrhunderts, Frankfurt/Bern 1982 = Europäische Hochschulschriften Ⅲ, 165

Luttengberger, Albrecht Pius: Glaubenseinheit und Reichsfriede. Konzeptionen und Wegekonfessionsneutraler Reichspolitik 1530-1552 (Kurpfalz, Jülich, Kurbrandenburg), Göttingen 1982 = Schriftenreihe der Histor. Komm. bei der Bayer. Akademied. Wiss. 20

제8장

Hasenclever, Adolf: Die Politik der Schmalkaldener vor Ausbruch des Schmalkaldischen Krieges, Berlin 1901= Historische Studien 23

Korte, August: Die Konzilspolitik Karls V. in den Jahren 1538-43, Halle 1905 = SVRG 85

Heidrich, Paul: Karl V. und die deutschen Protestanten am Vorabend des Schmalkldischen Krieges, Bd. 1-2, Frankfurt 1911-1912 = Frankfurter Historische Forschungen 5-6

Friedensurg, Walter: Kaiser Karl V. und Papst Paul Ⅲ. (1534-1549), Leipzig 1932 = SVRG 153

Repgen, Konrad: Die römische Kurie und der Westfälische Friede, Bd. 1,1: Papst, Kaiser und Reich 1521 bis 1644, Tübingen 1962 = Bibliothek des Deutschen Historischen Instituts in Rom 24

Lutz, Heinrich: Christianitas afflicta. Europa, das Reich und die päpstliche Politik im Niedergang der Hegemonie Kaiser Karls V. (1552-1556), Göttingen 1964

Rabe, Horst: Reichsbund und Interim. Die Verfassungs-und Religionspolitik Karls V. und der Reichstag von Augsburg 1547/48, Köln/Wien 1971

Luttenberger, Albrecht Pius: Glaubenseinheit und Reichsfriede. Konzeptionen und Wege konfessionsneutraler Reichspolitik 1530-1552 (Kurpfalz, Jülich, Kurbrandenburg), Göttingen 1982 = Schriftenreihe der Histor. Komm. bei der Bayer. Akademie d. Wiss. 20

제9장 (일반문헌)

Pfister, Rudolf: Kirchengeschichte der Schweiz, Bd. Ⅱ. Von der Reformation bis zum zweiten Villmerger Krieg, Zürich 1974

Locher, Gottfried W.: Die Zwinglische Reformation im Rahmen der europäischen Kirchengeschichte, Göttingen/Zürich 1979

Neuser, Wilhelm H.: Von Zwingli und Calvin bis zur Synode von Westminster, in: Handbuch der Dogmen- und Theologiegeschichte, Bd. 2, hg. v. C. Andresen, Göttingen 1980, 167 bis 306

Locher, Gottfried W.: Zwingli und die schweizerische Reformation, Göttingen 1982 = Die Kirche in ihrer Geschichte, hg. v. B. Moeller, Bd. 3, Lfg. J 1

제9장 (하인리히 불링거)

Bullinger, Heinrich, Werke, hg. v. F. Büsser, Zürich 1972ff. Bisher erschienen:

Abt. 1, Bibliographie, Bd. 1, Beschreibendes Verzeichnis der gedruckten Werke von Heinrich Bullinger, bearb. v. J. Staedtke, 1972

Abt. 1, Bd. 2, Beschreibendes Verzeichnis der Literatur über Heinrich Bullinger, bearb. v. E. Herkenrath, 1977

Abt. 2, Briefwechsel, Bd. 1, bearb. v. U. Gäbler und E. Zsindely, 1973

Staedtke, Joachim: Die Theologie des jungen Bullinger, Zürich 1962 = Studien zur Dogmengeschichte und zur systematischen Theologie 16

Bullinger-Tagung 1975, Vorträge, gehalten aus Anlaß von Bullingers 400. Todestag, hg. v. U. Gäbler und E.

Zsindely, Zürich 1977

Heinrich Bullinger 1504-1575. Gesammelte Aufsätze zum 400. Todestage, hg. v.

U. Gäbler und E. Herkenrath, Bd. 1-2, Zürich 1975 = Züricher Beiträge zur Reformationsgeschichte 7 u. 8

Gäbler, Ulrich: Heinrich Bullinger, in: GKG 6, 197-209

제9장 (요한네스 칼빈 - 원전)

Calvini Oper, Bd. 1-59, ed. W. Baum, E. Cunitz et E. Reuß, Braunschweig 1863-1900 = Corpus Reformatorum 29-87

Opera selecta, hg. v. P. Barth und W. Niesel, Bd. 1-5, München 1952-1963

Auslegung der Heiligen Schrift in deutscher Übersetzung, hg. v. K. Müller, Neukirchen 1909ff.

Auslegung der Heiligen Schrift, Neue Reihe, hg. v. O. Weber, Neukirchen 1937ff.

Supplementa Calviniana, ed. E. Mühlhaupt, Neukirchen 1961ff.

Correspondance des Réformateurs dans les pays de langue francais, éd. A. L. Herminjard, Bd. 1-9, Genf 1866-1897

Johannes Calvins Lebenswerk in seinen Briefen. Auswahl von Briefen in deutscher Übersetzung v. R. Schwarz, Bd. 1-3, Neukirchen 1961

Unterricht in der christlichen Religion. Institutio christianae religionis, übers. u. bearb. v. O. Weber, Neukirchen ^{3}1963

Johannes Calvin und die Kirche. Ein Lesebuch mit Texten und Themen, eingel. und ausgew. v. U. Smidt, Stuttgart 1972

제9장 (참고도서와 연구보고)

Niesel, Wilhelm: Calvin-Bibliographie 1901-1959, München 1961(Ein jährliche Bibliographie mit Neuerscheinungen und Nachträgen seit 1960 erscheint regelmäßig im Galvin Theological Journal.)

Scholl, Hans: Calvinus Catholicus. Die katholische Calvinforschung im 20. Jahrhundert, Freiburg/Br. 1974 = Ökumenische Forschungen Ⅰ, 7

Nauta, Doede: Stand der Calvinforschung, in: Calvinus Theologus, a. a. O., 71-84

Ganoczy, Alexandre: Zur gegenwärtigen Lage der Calvinforschung, in: Zur Lage der Lutherforschung heute, hg. v. P. Manns, Wiesbaden 1982, 59-70

Saxer, E.: Hauptprobleme der Calvinforschung, Forschungsbericht 1974-1982, in:Calvinus Ecclesiae Genevensis Custos, a. a. O., 93-111

제9장 (저서)

Stickelberger, Emanuel: Calvin, Stuttgart 1950

Gloede, Günter: Calvin. Weg und Werk, Leipzig 1953

Niesel, Wilhelm: Die Theologie Calvins, München ^{2}1957 = Einführung in die evangelische Theologie 6

Pfisterer, Ernst: Calvins Wirken in Genf, Neukirchen 1957

Krusche, Werner: Das Wirken des Hl. Geistes nach Calvin, Göttingen 1957 = Forschungen zur Kirchen- und Dogmengeschichte 7

Cadier, Jean: Calvin, der Mann, den Gott bezwungen hat, Zollikon 1959

Calvin-Studien 1959, hg. v. J. Moltmann, Neukirchen 1960

Moltmann, Jürgen: Prädestination und Perseveranz. Geschichte und Bedeutung der reformierten Lehre "de perseverantia sanctorum", Neukirchen 1961 = Beiträg zur Geschichte und Lehre der reformierten Kirche 12

Johannes Calvin 1509-1564. Eine Gabe zu seinem 400. Todestag, hg. v. J. Rogge, Berlin 1963

Reuter, Karl: Das Grundverständnis der Theologie Calvins, Neukirchen 1963 = Beiträge zur Geschichte und Lehre der reformierten Kirche 15

Neuser, Wilhem: Calvin, Gladbach 1964 = Kirchengeschichtl. Quellenhefte 14

Dankbaar, Willem F: Calvin, Sein Weg und sein Werk, Neukirchen [2]1966

Ganoczy, Alexandre: Calvin im Urteil der Katholiken von heute, in: Theologisches Jahrbuch 1968, 394-400

Wendel, François: Calvin Ursprung und Entwicklung seiner Theologie, Neukirchen 1968

Staedtke, Joachim: Johannes Calvin. Erkenntnis und Gestaltung, Göttingen/Zürich/Frankfurt 1969 = Persönlichkeit und Geschichte 48

Schützeichel, Heribert: Die Glaubenstheologie Calvins, München 1972 = Beiträge zur ökumenischen Theologie 9

Parker, T. H. L.: John Calvin, Lodon 1975

Calvinus Theologus. Die Referate des Europäischen Kongresses für Calvinforschung vom 16. bis 19. September 1974 in Amsterdam, hg. v. W. H. Neuser, Neukirchen-Vluyn 1976

Schüteichel, Heribert: Katholische Calvin-Studien, Trier 1980 = Trierer Theologische Studien 37

Calvinus Ecclesiae Doctor. Die Referate des Inetrnationalen Kongresses für Calvinforschung vom 25. - 28. September 1978 in Amsterdam, hg. v. W. H. Neuser, Kampen 1980

Stauffer, Richard: Johannes Calvin, in: GKG 6, 211-240

Reuter, Karl: Vom Scholaren bis zum jungen Reformator. Studien zum Werdegang Jahannes Calvins, Neukirchen 1981

Nijenhuis, Willem: Art. "Calvin" in TRE 8(1981), 568-592(Lit.)

Ganoczy, Alexandre: Jean Calvin(1509-1564). In: Klassiker der Theologie 1, 329-345; 419~421

Calvinus Ecclesiae Genevensis Custos. Die Referate des Internationalen Kongresses für Calvinforschung vom 6.-9. September 1982 in Genf, hg. v. W. H. Neuser, Frankfurt(M)/Bern/New York/Nancy 1984

제9장 (전기 헬베틱 신조(Confessio Helvetica Posterior))

Bullinger, Heinrich: Das Zweite Helvetische Bekenntnis, Gonfesso Helvetica Posterior, hg. v. R. Zimmermann und W. Hildebrandt, Zürich 1936 = Quellen und Studien zur Geschichte der helvetischen Kirche 3

Jacobs, Paul: Theologie reformierter Bekenntnisschriften in Grundzügen, Neukirchen 1959 Glauben und Bekennen. Vierhundert Jahre Confessio Helvetica Posterior, Beiträge zu ihrer Geschichte und Theologie, hg. v. J. Staedtke, Zürich 1966

Vierhundert Jahre Confessio Helvetica Posterior, Bern 1967 = Berner Universitätsschriften 16

Koch, Ernst: Die Theologie der Confessio Helvetica Posterior, Neukirchen 1968 =Beiträge zur Geschichte und Lehre der reformierten Kirche 27

제10장 A

Murray, Robert: Die Schwedische Kirche. Geschichte und gegenwärtige Organisation, Stockholm 1961

Schwaiger, Georg: Die Reformation in den nordischen Ländern, München 1962

Gierow, Krister: Thron und Altar-Dänemark, Norwegen, Schweden, RiE 197-228

Pirinen, Kauko: Neues im alten Gefäß-Finnland, RiE 229-242

Schwaiger, Georg: Neue Forschungen zur nordischen Kirchengeschichte, MThZ 19(1968), 121-132

Brandt, Ahasver v.: Die nordischen Länder von 1448-1654, HEG 961-1002

Kjöllerström, Sven: Bischöfe und Superintendenten in der Schwedischen Kirche, ThLZ 98(1973), 325-332

Andren, Carl-Gustav: Die Reformation in den skandinavischen Ländern, in: Die evangelischlutherische Kiche. Vergangenheit und Gegenwart, hg. v. V. Vajta, Stuttgart 1977 = Die Kirchen der Welt 15, 64-77

Lindhardt, P. G.: Luther und Skandinavien, in: Luther und die Theologie der Gegenwart. Referate und Berichte des Fünften Internationalen Kongresses für Lutherforschung Lund, Schweden, 14.-20. August 1977, hg. v. L. Grane und B. Lohse, Göttingen 1980, 134-144

Schwarz Lausten, Martin: Art. "Dämark", TRE 8(1981), 300 317(Lit.)

Göbell, Walter: Die Anfänge der Reformation in Dänemark und in den Herzogtümern Schleswig und Holstein unter Herzog und König Friedrich I., in: Schleswig-Holsteinische Kirchengeschichte, Bd. 3, Neumünster 1982, 9-34

Ders.: Das Vordringen der Reformation in Dänema가 und in den Herzogtümern unter der Regierung Friedrichs I. 1523-1533, ebd., 35-113

Schwarz Lausten, Martin: Luthers Beziehungen zu Skandinavien, in: LWML 689-697

Haendler, Gert: Die Ausbreitung der Beformation in den Ostseeraum und Johannes Bugenhagen, in: Kyrkohistorisk arsskrift 1983, 30-41

제10장 B

Reinerth, Karl: Die Reformation der siebenbürgisch-sächsischen Kirche, Gütersloh 1956 = SVRG 173

Bucsay, Mihály: Geschichte des Protestantismus in Ungarn, Stuttgart 1959

Roth, Erich: Die Reformation in Siebenbürgen. Ihr Verhältnis zu Wittenberg und der Schweiz, Tl. 1-2, Köln/ Graz 1962 und 1964= Siebenbürgisches Archiv 2 und 4

Schlégl, István: Die Beziehungen Heinrich Bullingers zu Ungarn, WDR 351-394

Juhász, Stepan: Von Luther zu Bullinger. Der theologische Weg der Reformation in den protestantischen Kirchen in Rumänien, ZKG 81 (1970), 308-333

Rhode, Gotthold: Ungarn vom Ende der Verbindung mit Polen bis zum Ende der Türkenherrschaft (1444-1699), HEG 1061-1117

Bucsay, Mihály: Der Protestantismus in Ungarn 1521 bis 1978. = Ungarns Reformkirchen in Geschichte und Gegenwart. Tl. 1: Im Zeitalter der Reformation, Gegenreformation und katholischen Reform. Wien/Köln/Graz 1977

Binder, Ludwig: Die Reformation, in: Geschichte der Deutschen auf dem Gebiete Rumäniens, rde. v. C. Göllner, 1, 122-137, Bukarest 1979

Reinerth, Karl: Die Gründung der evangelischen Kirchen in Siebenbürgischen, Köln/Wien 1979 = Studia Transsylvanica 5

Binder, Ludwig: Die Augsburgische Konfession in der siebenbürgischen evangelischen Kirche, Zeitschrift f. bayer. KG 49 (1980), 54-85

Nussbächer, Gernot: Jahannes Honterus, sein Leben und Werk im Bild, Bukarest[3]1981

제10장 C

Watschke, Theodor: Geschichte der Reformation in Polen, Leizig 1911, Neudruck New York 1971 = Studien zur Kultur und Geschichte der Reformation 1

Völker, Karl: Kirchengeschichte Polens, Berlin/Leipzig 1930

Rhode, Gotthold: Die Reformation in Osteuropa. Ihre Stellung in der Weltgeschichte und ihre Darstellung in den "Weltgeschichten", in: Gestalten und Wege der Kirche im Osten (Festgabe für Arthur Rhode), hg. v. H. Kruska Ulm 1958, 133-162

Schwarzenberg, Adam: Besonderheiten der Reformation in Polen, Kirche im Osten 1(1958), 52-64, danach wieder abgedruckt in: WDR 396-410

Stasiewski, Bernhard: Reformation und Gegenreformation in Polen. Neue Forschungsergebnisse, Münster 1960 = KLK 18

Kneifel, Eduard: Geschichte der Evangelisch-Augsburgischen Kirche in Polen, Niedermarschacht (Selbstverlag) 1962

Bartel, Osker: Martin Luther und Polen, in: Vierhundertfünfzig Jahre lutherische Reformation 1517-1967 (Festschrift für F. Lau zum 60. Geburtstag), Berlin 1967, 27-42

Schramm, Gottfried: Der polnische Adel und die Reformation 1548-1607, Wiesbaden 1967 = Veröffentlichungen des Instituts für europäische Geschichte Mainz 36

Starke, Arnold: Im Kampf um Glaubenseinheit, RiE 177-196

Iwinskis, Zenonas: Die Entwicklung der Reformation in Litauen bis zum Erscheinen der Jesuiten (1569), Forschungen zur osteuropäischen Geschichte 12(1967), 7-45

Rhode, Gotthold: Polen-Litauen vom Ende der Verbindung mit Ungarn bis zum Ende der Vasas (1444-1669),

HEG 1003-1060

Slaski, Kasimierz: Die Rolle Polens in der europäischen Reformationsgeschichte, Kirche im Osten 18 (1975), 46-56

Bartel, Oskar: Jan Laski. Leben und We⊠ des polnischen Reformators, Berlin 1981

제10장 D

Nürnberger, R.: Die Politisierung des französischen Protestantismus. Calvin und die Anfänge des protestantischen Radikalismus, Tübingen 1948

Strasser-Bertrand, Otto Erich: Die evangelische Kirche in Frankreich, Göttingen 1975 = Die Kirche in ihrer Geschichte, Bd. 3, Lfg. M 2

Bourde, André: Frankreich vom Ende des Hundertjährigen Krieges bis zum Beginn der Selbstherrschaft Ludwigs XIV. (1453-1661), HEG 714-850

제10장 E

de Jong, Otto Jan: Niederländische Kirchengeschichte seit dem 16. Jahrhundert, Göttingen 1975 = Die Kirche in ihrer Geschichte, Bd. 3, Lfg. M2, 193-233

Woltjer, Jan Juliaan: Der niederländische Bürgerkrieg und die Gründung der Republik der Vereinigten Niederlande (1555-1648), HEG 663-688

제10장 F

Prüser, Friedrich: England und die Schmalkaldener 1535-1540, Leipzig 1929 = QFRG 11

Hughes, Philip. The Reformation in England, London [5]1969

Tjernagel, N. S.: Henry VIII and the Lutherans, St. Louis 1965

Dickens, A. G./Carr, D.: The Reformation in England to the Accession of Elizabeth I. Documents of Modern History, London 1967, repr. 1971.

English Historical Documents, 1485-1558, ed. by C. H. Williams, London 1967

Schulin, Ernst: England und Schottland vom Ende des Hundertjährigen Krieges bis zum Protektorat Cromwells (1455-1660), HEG 902-960

Delius, Hans-Ulrich: Königlicher Supremat oder evangelische Reformation der Kirche. Heinrich VIII von England und die Wittenberger 1531-1540, in: Wiss. Ztg. d. Ernst-Noritz-Arndt-Univ. Greifswald XX(1971), Gesellsch. u. sprachwiss. Reihe, H. 4/5, 283-291

Elton, G. R.: Policy and Police. The Enforcement of the Reformation in the Age of Thomas Cromwell, Cambridge 1972

Parker, T. M.: The English Reformation to 1558, London 1976

Elton, G. R.: Reform and Reformation. England 1509-1558, London 1977

Hackett, Francis: Heinrich der Achte, Rrankfurt 1978

Gaßmann, Günther: Die Lehrentwicklung im Anglikanismus: Von Heinrich VIII bis zu William Temple, in:

Handbuch der Dogmen- und Theologiegeschichte 2, Göttingen 1980, 353-409

제11장 (원전)

Concilium Tridentinum. Diariorum, actorum, epistolarum, tractatuum nova collectio, ed. Societas Goerresiana, Friburgi 1901ff., ²1963ff.

Acta reformationis catholicae ecclesiam Germaniae concernentia saeculi XVI, ed. G. Pfeilschifter, tom. 1-6, Regensburg 1959-1974

Conciliorum Oecumenicorum Decreta, hg. v. J. Albigero u. a., Bologna³1973

제11장 (저서)

Schreiber, Georg: Weltkonzil von Trient, Bd. 1-2, Freiburg 1951

Stupperich, Robert: Die Reformatoren und das Tridentinum, ARG 47(1956), 20-63

Seppelt, Franz Xaver: Geschichte der Päpste, Bd. 5, bearb. v. G. Schwaiger, München ²1959

Meinhold, Peter: Konzile der Kirche in evangelischer Sicht, Stuttgart 1962

Stürmer, Karl: Konzilien und ökumenische Kirchenversammlungen. Abriß ihrer Geschichte, Göttingen 1962= Kirche und Konfession 2

Jedin, Hubert: Krisis und Abschluß des Trienter Konzils 1562/63. Ein Rückblick nach vier Jahrhunderten, Rreiburg 1964 = Herder-Bücherei 177

Ders.: Kirche des Glaubens - Kirche der Geschichte. Ausgewählet Aufsätze und Vorträge, Bd. 2. Konzil und Kirchenreform, Freiburg/Basel/Wien 1966

Hasler, August: Luther in der katholischen Dogmatik, München 1967 = Beiträge zur ökumenischen Theologie 2

Gegenreformation, hg. v. E. W. Zeeden, Darmstadt 1973 = Wege der Forschung 311

Jedin, Hubert: Geschichte det Konzils von Trient, Bd. 1-4, Freiburg 1949-1975

Schmidt, Kurt Dietrich: Die katholische Reform und die Gegenreformation, Göttingen 1975 = Die Kirche in ihrer Geschichte, Bd. 3, Lfg. L 1

de la Brosse, O./Lecler, J./Holstein, H./Lefebver, C.: Lateran V und Trient (Tl. 1), Mainz 1978 = Geschichte der ökumenischen Konzilien 10

Concilium Tridentinum, hg. v. R. Bäumer, Darmstadt 1979 = Wege der Forschung 313

제11장 A 3.

Monumenta historiae Societatis Jesu, Madrid 1894ff.

Archivum historicum Societatis Jesu, Romae 1932ff.

Ignatius von Loyola: Der Bericht des Pilgers, übers. und erl. v. B. Schneider, Freiburg 1956

Ders.: Geistliche Übungen und erläuternde Texte, übers. und erkl. v. P. Knauer, Leipzig 1978

Böhmer, Heinrich: Ignatius von Loyola, hg. v. H. Leube, Stuttgrat 1941

Ders.: Die Jesuiten, hg. v. K. D. Schmidt, Stuttgart 1957

Rahner, Hugo: Ignatius von Loyola als Mensch und Theologe, Freiburg/Basel/Wien 1964

Imhof, Paul: Ignatius von Loyola, in: GKG 6, 29-58(Lit.)

Lies, Lothar: Ignatius von Loyola. Theologie-Struktur-Dynamik der Exerzitien, Innsbruck 1982

Ebneter, Albert: Der Jesuitenorden, Leipzig 1985

Dalmases, Candido de: Pater Magister Ignatius. Zur Biographie des hl. Ignatius von Loyola, Leipzig 1985

제1장

정치적인 세력들과 그룹화

A 연대와 전망

1532년은 종교개혁사에서 매우 중요한 해이다. 1530년 아우크스부르크 제국회의가 초래한 긴장으로 인해 슈말칼덴 동맹이 이루어졌다. 슈말칼덴 동맹은 헌법을 만들었으며, 그로 인해 종교개혁운동은 황제와 다른 가톨릭 제후들이 가하는 모든 압박에 대응할 수 있는 정치적 수단을 갖게 되었다. 헝가리 침범 이후 터키의 술탄 슐레이만 1세의 재침공은 황제가 직접 지휘한 연합군에 의해 격퇴되었다. 그러나 이로 인해 교황 클레멘스 7세와 프랑스 왕 프란츠 1세가 다시 연합을 하자 새로운 반(反)합스부르크 연대에 대한 우려가 제기되었다.

1532년 레겐스부르크 제국회의는 이와 같은 여러 가지 긴장 상황에 대해 논의했다. 이것은 특별히 뉘른베르크에서 개최된 특별협상에 적용되어 소위 '뉘른베르크 유예' 혹은 '뉘른베르크 종교평화'를 만들어 냈다. 물론 이 '평화'는 황제령에 근거한 것이며, 제국법에 따른 결과는 아니다. 그럼에도 불구하고 그것은 일련의 중요한 결과들을 내포하고 있다. 직접적인 결과들은 아래와 같다.

- 슈말칼덴 동맹의 종교(아우크스부르크 신앙고백과 아우크스부르크 신앙고백 변증문)가 인정을 받았다.
- 종교문제와 연관된 제국법정에서의 모든 소송은 정지되었다.
- 어떤 제국 귀족도 종교 때문에 다른 귀족을 공격해서는 안 된다고 확정했다.

간접적으로는 더욱 폭넓은 결과를 도출했다.

- 외부세력(술탄)에 대해 독일 제국 귀족들의 연합을 다시 한 번 과시했다.
- 종교개혁 진영 귀족들은 신앙에 대한 모든 정죄와 아우크스부르크 의 최종 통첩에도 불구하고 동등한 권한을 지닌 황제의 파트너 즉, 협의 당사자로 인정되었다.

슈말칼덴 동맹은 정치무대에서 비중 있는 요인이 됨으로써 첫 검증이 시험단계를 통과했다.

- 그것은 조용하고 지속적인 시대 발전의 문을 열어주었다.

당시 제국 안에서는 정치권력 관계가 이동되기도 했지만, 그러나 정치 영역 밖에서 볼 때는 변한 것이 없었다. 독일 황제는 16세기 전반기에 여전히 유럽 정치의 실세들인 프랑스 왕 프란츠 1세와 터키의 술탄 슐레이만 1세와 대립하고 있었다. 칼 5세는 그들과 함께 권력의 삼각구도를 이루고, 사태 추이에 따라 무게 중심이 바뀌면 그때 그때 상호 연맹 내지는 교황과 같은 또 다른 세력들과 관계를 모색했다.

뉘른베르크 유예는 자신의 능력을 과대평가하지 않은 동시에 상대의 힘을 과소평가하지 않은 명백히 현실적인 정치 행동이었다. 슈말칼덴 동맹도 우선은 여기에 속했다. 정치권력적인 요소로서 자신들의 나아갈 길을 유리하게 하면서 일련의 상황에 결정적인 영향을 끼쳤다.

한편으로는 터키의 술탄 그리고 다른 한편으로는 프랑스 왕에 의한 외부의 위협에 유리하게 작용했다. 왜냐하면 황제는 제국 내 모든 힘, 심지어 프로테스탄트 지역에도 역시 의존해야 했기 때문이다.

황제는 1532년 터키를 물리친 후에 즉시 오랜 기간 동안(거의 10년간, 1532년부터 1541년까지) 제국을 떠났지만, 그의 힘을 계속 외교 업무에 얽매이게 했다는 사실에도 유리하게 작용했다. 그것은 우선 프랑스와의 반복된 대립이었으며, 다른 하나는 북아프리카 야만족에 의한 지중해 해변의 지속적인 불안정이었다. 이곳은 칼 황제가 1535년 스페인으로부터 군대를 이끌고 와 안정을 확보했지만, 1536~1538년 프랑스와 벌인 3차 전쟁은 임시적인 휴전만을 이끌어 내었다.

더 나아가 그것은 광범위하게 퍼진 반합스부르크 사고를 토대로 가톨릭제후들의 불화에 유리한 영향을 주었다. 그 증거는 바이에른의 입장이다. 바이에른에서는 반종교개혁적 시도가 없었던 때가 없었고, 특히 시장인 레온하르트 폰 에크가 결정적인 역할을 했다. 개신교회를 세우려는 시도들은 철저히 분쇄되었다. 그러나 동시에 슈말칼덴과 형식적인 연합을 통해 동맹관계를 유지했고 - 바로 반합스부르크적인 관심으로 -, 비록 바이에른이 헤센과는 다른 목적을 쫓았으며, 더 나아가서 그 결과 동맹이 파기되었음에도 불구하고 울리히 폰 뷔르템베르크[1]의 복귀에는 참여했다.[2]

결국 반합스부르크적인 관심에 의해 유럽의 다른 세력들이 슈말칼덴 동맹에 접근했다는 사실에도 유리하게 작용했다. 프랑스와 영국은 공식적인 협상을 시작했다. 덴마크는 이미 오래전부터 마음이 기울어져 1538년 결국 슈말칼덴 동맹의 일원이 되었다.

그러므로 종교개혁 운동은 뉘른베르크 유예로 조용한 발전과 내외적인 공고화 국면을 맞이했다. 작센 선제후 요한 프리드리히와 왕 페르디난트가 1535년 빈 협약을 통해 뉘른베르크 유예를 그동안 새로 종교개혁 진영에 참여한 제국귀족들에게 적용하고자 시도했다. 그러나 그것이 성공하지 못했음에도 불구하고 동맹에 가입하는 새로운 회원들은 계속 늘어났다. 1535년에 열린 슈말칼덴 동맹회의는 동맹기간을 1547년까지 10년간 더 연장했을 뿐만 아니라, 뷔르템베르크, 폼메른, 안할트-데사우, 함부르크, 캠프텐, 프랑크푸르트/M, 하노버 그리고 아우크스부르크 의 회원 자격을 확정했다.[3]

물론 성공적인 이 시기에도 동맹에는 내적 긴장이 있었음을 간과해서는 안된다. 동맹의 두 지도자인 작센 선제후와 헤센 방백은 성격이나 존재, 정치적 행동의 근거와 개인의 종교적 개입의 정도에서도 매우 다양했다. 뷔르템베르크에 대한 필립 폰 헤센의 조처는 작센이 승인하지 않았다. 게다가 어려움도 발생했다. 왜냐하면 모두가 황제에 대한 저항권에서 동일한 확신을 갖고 있지 않았기 때문이다. 세 번째로 간과해서 안 되는 것은 동맹의 긍정적 토대(동맹증서인 아우크스부르크 신앙고백, 1535년 이후 확정)들이 결코 어려움을 겪지 않은 것은 아니었다는 사실이다. 뷔르템베르크의 개혁에서도 역시 큰 긴장을 초래한 츠빙글리의 영향을 받은 독일 남부 도시들과 루터의 영향을 입은 작센과 헤센의 오랜 차이는 (가령 아우크스부르크 수용에 대한 협상에서처럼) 동맹의 외적 상황을 위태롭게 할 수 있는 난해한 내부 과제임을 보여주었다. 1536년의 비텐베르크 협정(Wittenberger Konkordie)는 모든 문제를 다 해결할 수는 없었다. 그러므로 나중에 동맹을 파괴할 균열이

---

1) 아래 27페이지를 보라.

2) H. Lutz, Karl V. und Bayern. Umrisse einer Entscheidung, Zeitschrift für bayer. Landesgeschichte 22(1959), 13-41; W.P.Fuchs, Bayern und Habsburg 1534-36, ARG 41(1948), 1-32.

3) Die Schmalkaldischen Bundesabschiede, a.a.O., 66-74.

서서히 눈에 보였다.

한편, 가톨릭 제후들 역시 이렇다 할 내부 입장은 없었다. 교회 재산을 손실 없이 유지하려 했으나, 바로 이점에서는 개신교 제후들과 큰 차이가 없지만, 신앙과 교회를 위해서는 큰 노력을 기울이지 않았다. 그 이후 임시적이며 견고하지 못한 반종교개혁적 정치세력들의 연합이 처음으로 이루어졌다.

1536년 6월 2일자로 교황 바울 3세는 1537년 5월 23일 만투아 공의회 개최 소집 공고를 냈다. 물론 그 사이에 프랑스와의 새로운 전쟁이 발발했고, 이 전쟁은 프로테스탄트와의 합의의 필요성을 원천 차단시켰다. 1537년 슈말칼덴 동맹회의는 이러한 상황 속에서 열렸고, 소집된 공의회에 대해 참석 여부를 결정해야만 했다. 루터는 이를 위해 '슈말칼덴 조항'을 작성했다. 상황은 분명했다. 종교개혁 진영 제국 귀족들은 공의회 소집을 명확히 거부했다.

개신교 귀족들의 거부에 대한 가톨릭 귀족들의 답변은 새로운 동맹 시도였고, 첫 결실로 1538년 6월 10일 '기독교 연맹'(christliche Einung)이 이루어졌다. 계속된 동방과 서방 제국의 위협에 직면하여 가톨릭 귀족들 가운데 중재적인 그룹이 형성되었다(브란덴부르크 선제후 요아킴 2세). 이들은 에라스무스의 평화이념에 의해 영향을 받아 중재에 힘썼으나, 다른 한편 이것은 멜란히톤의 태도와는 상반되었다. 1539년 4월 19일 조인된 프랑크푸르트 유예(Frankfurter Anstand, 또는 Frankfurter Rezeß)[4]는 이러한 노력의 결과였으며, 1532년 체결된 뉘른베르크 유예를 실제로 재확정했다.

B 교황과 왕국

칼 5세가 교황 클레멘스 7세(1523-1534)에게서 겪어야만 했던 좋지 않은 경험 이후, 교황의 후계는 바울 3세(파르네제, 1534-1549년, 선출 당시 그의 나이는 66세였다)가 되었으나, 황제와 교황이 공동 행동을 할 이렇다 할 징조는 보이지 않았다. 프랑스의 프란츠 1세가 1536년 세 번째 평화를 깨고, 이태리 북부를 침공했을 때, 칼 5세는 아프리카에서 돌아오

4) 비교. P. Fuchtel, Der Frankfurter Anstand vom Jahre 1539, ARG 28(1931), 145-206.

는 중에 이태리 남부에 속한 제국 일부를 방문하고, 부활절 월요일에 교황과 집결한 추기경들에게 계속 반복되는 조약 위반과 자신을 대적하는 프랑스의 동맹정책에 대해 분노에 찬 연설을 했다. 교황은 공식적인 중립 입장을 고집했으나, 개인적으로 칼 5세와 프란츠 1세 사이에서 새로운 휴전을 중재했다.

과거 공의회 소집 요구에 대하여 바울 3세는 수정된 입장을 보여주었다. 교황의 계획을 알리고자 이미 1535년 2월 사절들이 몇몇 유럽의 국가로 파견되었고, 장차 공의회 개최 장소에 대하여 합의했다. 이와 관련하여 교황 대사인 파울 베르게리오와 루터의 유명한 회의도 비텐베르크 성에서 열렸다(1535년 11월 7일). 그 후 1536년 봄 공의회 소집이 최종 결정되었다. 소집 칙령의 작성은 1536년 6월 2일에 완료되었다. 이것으로 오랜 시간이 흐른 후, 이제 다시금 분명한 전선이 만들어지고, 분명한 목적도 설정되었으며, 정치권자들 역시 자신의 색체를 명확하게 고백해야만 했다. 왜냐하면 그들도 역시, 비록 표결권은 없다고 할지라도, 공의회에 참석해야만 했기 때문이다. 특히, 슈말칼덴동맹이나 프랑스의 프란츠 1세처럼 정치적으로 조직된 종교적 세력들은 결단의 문제에 직면했다. 이것은 각 세력의 성향을 파악하는데 적지 않게 기여했다. 그러나 공의회는 이루어지지 않았다. 특히 황제와 프란츠 1세의 전쟁으로 인해 모두 다섯 번이나 연기되었고, 그 결과 교황은 - 루터에게서 뿐만 아니라 - 공의회를 정말로 원치 않는다는 의심을 받았다.

C 프랑스와의 대립

1529년 소위 '캄브라이 부인평화'(der sog. Damenfrieden von Cambrai)는 칼 5세와 프란츠 1세 사이에 벌어진 두 번째 전쟁을 공식적으로 종식시켰다. '부인평화'라고 부르는 것은 프란츠 1세의 모친인 사보이의 루이제가 주도적으로 개입하여 칼 5세의 숙모인 오스트리아의 마가레트와 캄브라이에서 벌인 협상이 성사되었기 때문이다. 그는 그보다 3년 앞서 먼저 체결된 마드리드 평화와 마찬가지로 진지하게 수용하지 않았다. 사실 프란츠 1세에게는 변화되는 정치적 상황을 예의주시하며 합스부르크를 이룬 여러 나라들 사이에 쐐기를 박아 이태리 북부에 자신의 영향력을 확장하려는 반복적인 노력 외에 위협적인 합스부르크의 포위를 막아낼 다른 선택의 여지가 없었다. 한편으로는 바로 이점에서 슈말칼덴 동맹에 대한 그리고 다른 한편으로는 터키의 술탄에 대한 프란츠 1세의 접근을 설명할 수 있다. 많은 비판을 받은 1536년 술탄과의 동맹은 프란체스코 2세가 스포르자에서 죽자, 아들을 위해 밀라노를 빼앗을 목적으로 거의 같은 시기에 이태리 북부로 진격한 것과 마찬가지로 이해되고 있다. 프란츠의 이 세 번째 전쟁은 부분적으로는 터키의 직접적인 지원을 받아 이루어졌으나, 궁극적으로는 황제의 승리로 막을 내렸다. 니차 평화조약은 10년간의 정전을 선언했지만, 다시금 평화를 보장할 수는 없었다. 1542년에 프란츠는 터키와의 전쟁에서 호의적인 관계를 변화시키고자 제국에 부정적인 전략을 네 번이나 시도했으나, 결과는 아무 득이 없었다. 1544년 크레피 평화회담에서 프란츠는 독일에서 특히 개신교제후들과 어떤 형태로든 동맹을 모색해 보려 했던 것과 마찬가지로 이태리 북부에 대한 자신의 요구들을 결국 철회해야 했다. 비공식적인 추가 협약을 통해 그는 직접 반프로테스탄트 동맹에 합류했다.

프란츠 1세는 국가의 대외적인 정치적 상황을 1515년 취임 당시에 비해 크게 개선하지 못한 채 1547년 죽었다. 그의 아들이자 후계인 앙리 2세가 1552년 소위 제후들의 혁명으로 독일 내부의 정치 상황이 혼란한 틈을 이용하여 적어도 부분적인 성공을 이끌어 냈다. 샴보드(Chambord) 협약에서 이제까지 제국에 속한 도시들인 메츠, 투울, 베르덩 그리고 캄브라이가 앙리 2세에게 필요한 지원을 약속했다.

D 오스만의 확장으로 인한 위험

1532년 독일 제국 귀족들의 연합은 슐레이만 1세를 쉽게 후퇴시킬 수 있었다. 심각한 군사적인 충돌은 일어나지 않았다. 그러나 황제는 승자로서 돌아올 수 없었다. 유리한 상황전개에도 불구하고 그에게는 부정적인 측면도 있었다. 즉 베니스와 프랑스가 자신들에게 위험한 황제의 승리를 막고자 이미 그 이전에 술탄과 평화조약을 체결했다. 그 외에도 군대 안에서 폭동이 발생함으로써 퇴각하고 있는 터키 군에 대한 추격이 불가능하게 되었다. 1533년 페르디난트와 술탄 사이에 평화조약이 성사되었다.

그러므로 국경은 처음에는 잠시 조용한 듯 했으나, 이 같은 평화는 오래 지속될 수 없었다. 황제는 1538년 술탄에 대한 대대적인 공격을 신중하게 계획하고, 동생인 페르디난트, 교황 그리고 해상권 국가인 베니스와 동맹을 체결했다. 그러나 베니스는 곧 중립을 선언했고, 군대의 진격은 일어나지 않았다.

1541년 중대한 변화가 일어났다. 헝가리의 요한 샤폴레이스(Johann Szapolyais)가 죽은 후(1540), 헝가리의 귀족들이 1538년 그로쓰바르드아인 평화조약에서 합의한 헝가리에 대한 오스트리아 페르디난드의 상속권을 방해했다. 그렇지 않아도 이미 헝가리 일부 지역을 점령하고 있던 슐레이만은 그들을 도왔고, 헝가리 대부분을 점령했다. 헝가리 중심은 오펜이 수도인 부다 지방으로서 터키 제국에 편입되었다. 지벤뷔르겐은 오스만의 바잘렌 국가로서 아직 어린 지기스문트 샤폴레이가 차지하고 있었다. 1542년 독일 군대의 공격은 실패로 끝났고, 터키의 통치 영역이 더 확대되는 결과만을 초래했으며, 페르디난트는 1544년 체결된 휴전에서 이 새로운 상황을 항구적인 상황으로 인정해야만 했다. 이것으로 150년에 걸친 터키의 헝가리 점령은 시작되었고, 터키는 제국의 남동 국경을 계속 위협하게 되었다.

종교개혁사 (1532~1555-1556)

- 종교개혁의 강화, 칼빈,
가톨릭 개혁과 트렌트 공의회 -

제2장

독일에서 종교개혁의 계속된 확장

1530년대 초에 종교개혁의 공간적인 확장은 매우 미미했다. 아우크스부르크 신앙고백은 단지 일곱 명의 선제후들과 두 도시만이 서명했다. 작센의 요한 선제후, 브란덴부르크-안스바흐의 게오르크 후작, 뤼네부르크의 에른스트 제후, 헤센의 필립 영주, 작센의 요한 프리드리히 공작, 뤼네부르크의 프란츠 공작, 안할트-베른부르크의 볼프강 영주 그리고 뉘른베르크와 로이트링엔. 전체적으로 볼 때 이것은 매우 적은 제국귀족에 불과했다. 1531년 2월에 슈말칼덴 동맹이 결성되자, 작센의 요한 선제후, 브라운슈바이크-그루벤하겐의 필립 공작, 브라운슈바이크-뤼네부르크의 에른스트 공작, 헤센의 필립 방백, 안할트-베른부르크의 볼프강 군주, 만스펠트의 게프하르트와 알브레히트 백작 그리고 열 한 개의 도시들(스트라스부르, 울름, 콘스탄츠, 로이틀링엔, 멤밍엔, 린다우, 비베라흐, 이스니, 뤼벡, 막데부르크와 브레멘)이 가입했다. 1년 후에는 다섯 개의 도시들이 새로 가입했다. 브라운슈바이크, 괴팅엔, 에스링엔, 고스라르 그리고 아인벡크. 물론 그것이 개신교 제후 전체는 아니었다. 제후들 중에서는 예를 들어 브란덴부르크-안스바흐 제후가 참여하지 않았다. 내부의 문제로 거리를 유지한 뉘른베르크와 같은 상당수의 도시들도 역시 참여하지 않았다. 그와는 별도로 뉘른베르크 유예 시기에 여전히 중요했던 것은 소수의 독일 지역들만이 종교개혁을 완전히 이해했고, 그 결과 그들이 교회를 새로 세우고, 새로 얻은 신앙에 대해 황제와 제국 앞에서 대외적으로 기꺼이 책임지고자 했다는 점이다.

처음부터 다르게 하자는 제안도 있었다. 제후들이나 관리들이 로마교회에 여전히 밀착되어 공개적으로 종교개혁을 반대한 곳들은 많은 사람들이 다른 진영으로의 개종을 활발하게 준비한 반면, 이러한 곳들은 아무런 진전이 없었다. 왜냐하면 많은 세력들이 계속하여 함께 활동했고, 그리고 언제나 장소적인 전제들이 그 때 그 때의 방법을 결정했기 때문이다. 모든 경우마다 시간의 문제는 가장 본질적인 중요성을 갖고 있었다. 그것에 근거하여 다시금 뉘른베르크 유예가 이루어졌고, 이후에도 계속 새로 협의된 평화의 해를 만들어 갈 수 있었다. 그도 그럴것이 매 해마다 외적인 확장과 마찬가지로 내적 결속의 가능성을 약속했기 때문이다.

종교개혁의 점진적인 결속에 대한 좋은 예는 몇몇 제국도시들이다. 울름(Ulm)은 이미 1529년 프로테스탄트 귀족들이 통치했고, 1531년에는 슈말칼덴 동맹의 조력지었고 비로 그 해에 확고한 내적 질서를 갖추었다.[1] 아우크스부르크(Augsburg)는 이미 오래 전부터 발효되어 1520년대에는 재세례 운동의 중심 지역이었고, 종교개혁 진영 내에 서 있다가 1534년에야 공식적으로 종교개혁을 수용했다.[2] 브레멘(Bremen) 역시 슈말칼덴 동맹의 창립 멤버이며, 1534년에야 비로소 대주교의 권한을 시의회에 위임한 교회규정을 만들었다.[3] 하노버(Hannover)는 같은 해에 결정을 했다. 시는 1534년 7월 31일 상당한 금액을 공작에게 지불하고 정규적인 종교개혁 설교를 허용 받은 후, 1536년 레기우스(U. Rhegius)가 만든 교회규정을 통해 필요한 결속을 다질 수 있었다.[4]

종교개혁의 계속적인 지역 확장에 가장 중요한 것은 일부 영향력 있는 제후들을 새로 영입했다는 사실이다. 1532년부터 1542년까지의 10년은 종교개혁이 지역적으로 가장 크게 확장된 시기이다.

종교개혁의 이러한 지역 확장은 1534년 뷔르템베르크 공작령과 함께 시작되었다.[5] 뷔르템베르크의 울리히 공작은 1519년 부당하게 추방을 당한 후, 백작령인 묌펠가르트에서 살았으며, 이곳에서 스위스를 통해 전해진 종교개혁을 듣고, 이 후에 헤센의 필립 방백에 궁에서 종교개혁에 가담했다. 1525년 난을 일으킨 농민들의 도움으로 자신의 땅을 다시 되찾고자 했으나, 성공하지 못했다. 하지만 그는 자신의 관심의 대변자인 필립을 알게 되었고, 필립은 슈바벤 동맹의 해체 후, 작센 요한 선제후의 승인 없이 슈말칼덴 동맹의 후원과 프랑스 자금에 힘입어 페르디난트 왕이 이끄는 오스트리아 군대의 빠른 진격을 라우펜(Lauffen a. N. 1534년 5월 12일)에서 격퇴시키고 울리히로 하여금 자신의 땅으로 들어갈 수 있는 길을 열어 주었다. 한 달 후, 울리히는 카아덴 협약을 맺고(작센의 요한 선제후에 중재로) 비록 그것이 오스트리아 신하의 영지임에도 불구하고, 종교개혁의 권리를 포함하여

---

1) Richter, Kirchenordnungen 1, 157-159; 159f.

2) F. Roth, Augsburgs Reformationsgeschichte, Bd. 1-2, München 1974, Nachdruck der Ausgabe München 1901 bzw. 1904; Sehling, Kirchenordnungen 12, 44f., 비교. 서론. ebd. 17ff. (참고문헌).

3) B. Möller, Die Reformation in Bremen, Jahrbuch der Wittheit zu Bremen 17(1973), 51-73.

4) H. W. Krumwiede, Die Reformation in Niedersachsen. Politische, soziale und kirchlich-theologische Aspekte, Jahrb. d. Gesellschaft für Niedersächsische KG 65(1967), 7-26; R. Gerecke, Studien zuuu Urbanus Rhegius' kirchenregimentlicher Tätigkeit in Norddeutschland, ebd., 74(1976), 131-177; Sehling, Kirchenordnungen 6,2,(940)944-1017.

5) M. Brecht/ E. Hermann, Südwestdeutsche Reformationsgeschichte. Zur Einführung der Reformation im Herzogtum Württemberg 1534, Stuttgart 1984.

자신의 영토임을 공식적으로 다시 선언했다. 하지만 츠빙글리와의 연결은 없었다. 그 지역의 종교개혁은 이렇게 하여 즉시 시작되었다. 서로 다른 지역의 두 사람이 임무를 맡았다. 한 사람은 콘스탄츠 출신의 암브로시우스 블라러(Ambrosius Blarer)[6]로서 독일 남부 지역의 대표자요 마르틴 부처의 친구였다. 다른 한 사람은 하일브론 출신의 에어하르트 쉬네프(Erhard Schnepf)이며, 루터와 생각을 같이 하고 있었다. 두 사람 모두 각자의 지역을 책임졌다. 특별히 어려운 성찬의 문제에 대해서는 루터측은 수용했으나, 츠빙글리는 당시 거부한 1529년 마르부르크 회담의 결론을 합의의 토대로 사용했다. "우리는 '이것은 나의 몸이요, 나의 피라'라는 말씀에 의지하여 그리스도의 몸과 피가 진실로 성찬에 현재하며 주어져 있다(hoc est substantive et essentialiter, non autem quantiative vel qualitative vel localiter)고 고백한다."[7] 그렇지만 목사들은 아우크스부르크 신앙고백의 본문에 따라 의무를 이행했다. 1536년에는 이 지역도 교회규정을 마련했다.[8] 멜란히톤과 루터의 도움으로 그리고 후에는 요한네스 브렌츠의 활발한 참여로 튀빙엔 대학 역시 재조직될 수 있었다.[9] 이것으로 라인강 왼편의 뷔르템베르크 공작령인 뫼벨가르트를 포함하여 독일 남부의 큰 지역을 처음으로 얻게 되었다. 독일 남부의 제국도시들과 다른 지역들은 강력한 후원을 받았다.[10]

독자적으로 결단을 내린 북부지역에서는 종교개혁에 있어서 커다란 성장이 이어졌다. 안할트는 1534년에 완전히 루터를 수용했다. 볼프강 폰 쾨텐-베른부르크는 이미 스파이어의 프로테스탄트에 참여했었고, 그 후 아우크스부르크 신앙고백에도 서명했다. 선제후 에른스트의 세 아들인 게오르크, 요한 그리고 요아힘의 정부 이양으로 (1530년 모친인 마가레트의 사망 후) 안할트-데사우 노선 역시 개방했다. 1532년 니콜라우스 하우스만이 궁정설교자로 데사우에 초청되었고, 1534년 4월 2일에 첫 양종성찬을 시행하여 종교개혁을

6) 콘스탄츠의 개혁자 암브로시우스 블라러, 1492-1564. Gedenkschrift zu seinem 400. Todestag, hg. v. B. Möller, Konstanz/Stuttgart 1964, bes. 22-24, 152-171; F. Held, Die Tätigkeit des Ambrosius Blarer im Herzogtum Württemberg in den Jahren 1534-1538, dargestellt nach seinem Briefwechsel, BlWKG 65(1965), 150-206.

7) BSLK 65, 각주 1.

8) Richter, Kirchenordnungen 1, 265-273.

9) H. Volz, Luthers und Melanchthons Beteiligung an der Tübinger Universitätsreform im Jahre 1538, in: Theologen und Theologie an der Universität Tübingen, hg. v. M. Brecht, Tübingen 1977, 65-95.

10) H. Rückert, Die Bedeutung der württembergischen Reformation für den Gang der deutschen Reformationsgeschichte, in: Vorträge und Aufsätze zur historischen Theologie, Tübingen 1972, 239-251.

공식적으로 도입했다. 시찰도 시행했다. 하우스만이 1532년에 계획했던 규정(Ordnung)은 출판되지 않았다. 왜냐하면 루터가 직접 말렸기 때문이다.[11] 그 후 1538년 유스투스 요나스가 안할트 지역의 교회를 위해서 매우 포괄적인 규정을 작성했다.[12]

폼메른(Pommern)에서도 역시 1520년대에 이미 많은 도시에서 개신교 설교가 이루어졌다.[13] 공작들은 - 1523년 보기스라우 10세가 죽은 후 두 아들인 게오르크 1세(Georg I.)와 바르님 11세(Barnim XI.)가 그 땅을 공동으로 통치했다 - 소극적이었고, 1530년에는 아직 가톨릭을 옹호하는 입장에 있었다. 브란덴부르크 선제후 요아힘 1세의 사위인 게오르크가 사망하자, 비로소 바르님의 암묵적인 관용 하에 종교개혁 운동이 보편화되었다. 바르님은 비텐베르크에서의 학업을 계기로 자신의 형보다는 매우 개방적이었다. 개신교 운동이 확고한 기반을 잡은 곳에서는 사회적 영향력을 드러내기 시작했다. 1534년 덴마크-뤼벡 전쟁에서 도시들과 공작들이 상호 가담하여 종교개혁의 주도권 문제를 놓고 내부의 정치적 위기를 불러일으키려 위협하자, 독자적인 결정도 나왔다. 1534년 12월 트렙토우(Treptow a.R.)로 그들이 소집한 지역회의는 공식적인 결론을 내리지 못했다. 지역 귀족들은 이제 종교개혁을 공식적으로 도입하려는 공작들의 계획에 반대했다. 그들 자신의 기반 약화를 두려워했기 때문이다. 그럼에도 불구하고 종교개혁 수용은 결정되었고, 협상을 이끌어 낸 부겐하겐에게 교회규정을 작성하도록 임무를 부여했다.[14] 담당주교인 히로니무스 폰 만토이펠은 이와 같은 상황을 감내해야만 했고, 1544년 죽기까지 학교 책임자였다. 그의 후임으로 우선 부겐하겐을 선출했다. 부겐하겐은 주저하다가 결국 거절했다. 폼메른은 1536년 슈말칼덴 동맹의 회원이 되었다.

메클렌부르크(Mecklenburg)의 종교개혁은 더디게 진행되었으며, 매우 일찍 종교개혁을 수용한 한자도시 로스톡과 비스마르 그리고 몇몇 설교자(M. Riebling)의 결정적인 활동

11) Sehling, Kirchenordnungen 2, 540-543 und vgl. WA Br 7,45.

12) 상게서., 544-547.

13) H. Heyden, Kirchengeschichte Pommerns, Bd. 1-2, Köln 1957 = Osteuropa und der deutsche Osten 3,5; ders, Geschichte der Reformation in Pommern, insonderheit politische Motive bei ihrer Einführung in den Jahren 1534/35, in: ders., Neue Aufsätze zur Kirchengeschichte Pommerns, Köln/Graz 1965, 1-34; H.-G.Leder/N.Buske, Reform und Ordnung aus dem Wort. Joh.Bugenhagen und die Reformation im Herzogtum Pommern, Berlin 1985. 13a S.u. 126.

14) Sehling, Kirchenordnung 4, (303) 328-344.

의 영향을 받았다. 독자적인 교회규정의 도입은 없었다. 1534년 1월 두 공작 하인리히 4세와 알브레히트 1세가 가톨릭과 개신교 교리에 대해 상호 인정하자며 연합을 한 후, 1533년[15] 작성된 상당수의 브란덴부르크-뉘른베르크 교회규정 견본들이 배포되었다. 그 후 1540년 다시 한 번 독자적인 교회규정을 만들었다.

1523년 이후 다시 통합된 공작령인 슐레스빅과 홀스타인[16]의 종교개혁은 인접해 있는 덴마크 왕국의 종교개혁과 연결되어 있다. 이유는 공작들이 - 1523년까지 크리스티안 2세, 그리고 프리드리히 1세 그리고 크리스티안 3세 - 동시에 덴마크의 왕으로 선출되었고, 개인적으로 연합하여 통치했기 때문이다. 덴마크는 1536/1537년 교회규정(Ordinatio ecclesiastica) 도입을 결정했다. 이 규정은 점차 공작령의 직무에도 적용되었다. 1540년 렌트부르크에서 열린 지역회의는 먼저 왕 크리스티안 3세가 1538년 고트오르프에서 열린 교회회의의 협조를 받아 반포한 개신교의 시찰규정을 합법화 할 수 있었다. 그 후 1542년 지역회의는 부겐하겐이 한 번 더 다듬은 교회규정을 수용했고, 이것으로 이곳의 종교개혁을 완성했다.[17]

슐레지엔(Schlesien)[18]은 - 이미 1520년대에 종교개혁의 보편적인 쇄도에 따라 - 모든 영역(제후들과 브레스라우 도시, 사냥촌 제후들, 리그니츠, 브릭 그리고 볼라우 제후들)에서 교회규정의 도입을 통해 공고해졌다. 게오르크 폰 브란덴부르크-안스바흐의 통치 하에 있던 예거도르프는 1533년[19] 브란덴부르크 - 뉘른베르크 교회규정을 도입했다. 리그니츠와 브릭에서 1542년 처음 교회규정이 만들어졌다.[20]

백작령 리페 전 지역의 종교개혁은 1538년 헤센의 도움으로 일어났다. 백작령 리페는 1517년 이후로 봉건법에 의해 헤센에 귀속되어 왔다. 같은 해 교회규정이 공포되고,[21]

---

15) Ebd., 11, (113) 140-205; dazu Th.R. Jungkuntz, Die Brandenburg-Nürnbergische Kirchenordnung von 1533 und ihre Auswirkungen, Erlangen 1964. Zum Ganzen s. K. Schmaltz, Kirchengeschichte Mecklenburgs, Bd.2, Schwerin 1936.

16) 제10장 이하와 참고문헌을 보라.

17) Die Schleswig-Holsteinische Kirchenordnung von 1542, hg. v. E. Michelsen, Kiel 1920 = Schriften des Vereins für Schleswig-Holsteinische KG 1,10.

18) G.F. Buckisch, Schlesische Religionsakten 1517 bis 1675, Teil 1, Einführung, Köln/Wien 1982 = Forshungen und Quellen zur Kirchen- und Kulturgeschichte Ostdeutschlands 17,1.

19) 위 각주 15를 보라.

20) Sehling, Kirchenordnungen 3, 439-441.

21) Text bei Richter, Kirchenordnungen 2, 489-503.

1542년에는 첫 시찰이 이루어졌으며, 다시금 헤센의 영향으로 교회행정부가 설치되었다.[22)]

쿠어브란덴부르크의 발전과 작센 공작령의 획득은 종교개혁의 계속적인 확장에 매우 큰 의미를 가지고 있다. 브란덴부르크의 선제후 요아킴 1세[23)]는 종교개혁의 열정적인 반대자였고 황제의 중요한 추종자였다. 그의 결혼은 그 때문에 파경을 맞았다. 그의 부인인 덴마크 출신의 엘리자베스는 1528년 이후 어려운 상황에 처한 작센 선제후령에서 살았다. 그는 두 아들에게 유언과 개인적 맹세로 가톨릭 신앙을 지키도록 했다. 요아킴이 죽자(1535년), 나라는 그의 두 아들에게 분할되었다. 한스 폰 퀴스트린 후작은 맹세했음에도 불구하고 자신의 땅에서 종교개혁을 수행했다. 1538년 부활절에 그는 양종성찬의 형식으로 성찬을 받았고 슈말칼덴 동맹에 가입했다. 그의 형이던 선제후 요아킴 2세는 다르게 행동했다. 그는 '로마(교황청)도, 비텐베르크(개신교)도 아닌 가톨릭이기를 원했다.'[24)] 그는 소수 감독들의 부분적인 지원과 황제의 승인으로 종교개혁의 방법을 찾았고, 문화적인 형식의 외적인 것은 가능하면 저촉하지 않으면서 내용적으로는 종교개혁적인 요소들이 교회에 들어올 수 있는 길을 만들어 주었다. 그 결과가 교회규정이었으며, 1540년 3월 지역귀족들은 이것을 수용했고, 황제로부터 승인을 받았다.[25)] 그러나 요아킴은 그 대신에 (1541년 6월 24일자 협약) 종교문제에 대해 누구와도 연대하지 않고(즉 구체적으로는 슈말칼덴 동맹의 회원이 되지 않고) 장차 열리게 될 공의회의 결정들을 인정해야 할 의무가 주어졌다. 이러한 교묘함 때문에 그의 교회정책은 '모순되고 불성실'하다고 평가받았다.[26)] 한

---

22) Zum Ganzen s. H. Schilling, Konfessionskonflikt und Staatsbildung. Eine Fallstudie über das Verhältnis von religiösem und sozialem Wandel in der Frühneuzeit am Beispiel der Grafschaft Lippe, Gütersloh 1981 = QFRG 48.

23) P. Steinmüller, Einführung der Reformation in die Kurmark Brandenburg durch Joachim II., Halle 1903 = SVRG 76; W. Delius, Anfänge reformatorischer Bestrebungen in der Mark Brandenburg, JBrKG 40 (1965), 9-23; ders., Die Kirchenpolitik des Kurfürsten Joachim II. von Brandenburg in den Jahren 1535-1541, ebd., 86-123; H.-U.Delius, Religionspolitik und kirchliche Ausleichsbemühungen des Kurfürsten Joachim II. von Brandenburg, ebd., 52 (1980), 25-87.

24) H. -U. Delius (위의 각주 23), 25.

25) Sehling, Kirchenordnungen 3, 39-90, danach auch in: W.Gericke, Glaubenszeugnisse und Konfessionspolitik der brandenburgischen Herrscher bis zur preußischen Union 1540 bis 1815, Bielefeld 1977 = Unio und Confessio 6, 103-107; vgl. auch 13-20 sowie Luthers Urteil über diese Ordnung in Briefen an Joachim II. und an Propst Buchholzer, WA Br 8, 620 bis 624, 624-626.S.auch F.Weichert, Die Anfänge des märkischen Summepiskopats. Eine Analyse der ersten reformatorischen Kirchen- und Visitationsordnung Brandenburgs, JBrKG 50 (1977), 79-124.

26) W. Delius, Kurfürst Joachim II. von Brandenburg und das Konzil von Trient, in: Reformation und Humanismus, (Robert Stupperich zum 65. Geburtstag), hg. v. M. Greschat und J.F.G.Goeters, Witten 1969, 195-211, das Zitat 211.

편으로 그는 대립되는 입장을 중재하고자 정말로 정직하게 노력했으며, 그것으로 논의의 여지없는 공로를 인정받았다. 1539년 이루어진 프랑크푸르트 유예는 대부분 그의 노력으로 성사된 것이다. 그러나 그 역시 트렌트 공의회에 잠시 참여하기까지는, 비록 그것이 집안일에 대한 것이었다고 할지라도(자신의 아들 가운데 하나와 함께 할버스타트와 막데부르크의 감독직 차지), 외적으로 가톨릭의 모습을 가지고 있음을 잘 알고 있었다.

브란덴부르크의 종교개혁과 거의 같은 시기에 알브레히트 공작령 작센에서도 역시 전선의 변화가 있었다. 게오르크 공작은 1539년 4월 17일에 사망했다. 그의 두 아들 요한과 프리드리히는 자식도 없이 그보다 앞서 죽었기에(1537년과 1539년) 공작령은 1536년 이후부터 이미 프라이베르크와 볼켄스타인에서 종교개혁을 도입했고,[27] 1년 후에는 슈말칼덴 동맹의 회원이 된 동생 하인리히에게 넘어갔다. 상속자의 등장으로 충성행렬이 이어지면서 동시에 이 지역의 종교개혁이 도입되었다. 1539년 오순절에는 라이프치히에서 개신교 예배가 시행되고, 이 때 루터가 토마스 교회에서 설교했다.[28] 9월에는 예배에 관한 규정이 담긴 새로운 교회규정이 선포되었나.[29] 1539년 순차대로 시행된 시찰은 분명한 관계를 모색하는데 주력했다.[30] 라이프치히 대학의 종교개혁은 카스파르 보르너(Caspar Borner)가 수행했다.[31]

3년 후 결국 브라운슈바이크-볼펜뷔텔의 종교개혁이 완성되었다. 그렇지만 슈말칼덴 동맹 내부에서도 역시 비판적이었던 군사적인 방법을 사용했다. 이미 몇 년 전부터 서로 적대적이던 제후들, 즉 브라운슈바이크 - 볼펜뷔텔의 공작인 하인리히[32]와 작센의 선제후 요한 프리드리히 및 헤센의 영주 필립 사이에 전쟁을 방불케 하는 반박문이 오고갔

27) S. die Texte zur Visitation 1537/1538 bei Sehling, Kirchenordnungen 1,1, 459-470; und vgl. G. Wartenberg, Die Confessio Augustana in der albertinischen Politik unter Herzog Heinrich von Sachsen, ZBKG 49 (1980), 44-53.

28) Nur seine Predigt von Vortage auf de Pleißenburg ist erhalten: WA47, (XXIIf.) 772-779.

29) Sehling, Kirchenordnungen 1,1, 264-281.

30) S. die Instruktion für die beiden Visitationen bei Sehling, ebd., 257-263 bzw. 281-284 sowie den Bericht der Visitatoren, ebd., 284-286.

31) Vgl. G. Helbig, Die Reformation der Universität Leipzig im 16. Jahrhundert, Gütersloh 1953 = SVRG 171; zuletzt G. Wartenberg, Die theologische Fakultät der Universität Leipzig während der Einführung der Reformation im herzoglichen Sachsen, WZ d. Kahl-Marx-Universität Leipzig, gesellschafts- u. sprachwiss. Reihe 30 (1981), 576-583; Alma mater Lipsiensis. Geschichte der Kahl-Marx-Universität, hg. v. L. Rathmann, Leipzig 1984, 55-59.

32) F. Petri, Herzog Heinrich der Jüngere von Braunschweig-Wolfenbüttel. Ein niederdeutscher Territorialfürst im Zeitalter Luthers und Karls V.,ARG 72 (1981), 122-158.

다. 1540년에 하인리히는 슈말칼덴 동맹의 회원이며 자신의 영토 안에 있는 도시 고슬라(Goslar)를 제국법정을 통해 추방 판결을 얻는데 성공했다.[33] 물론 다른 회원 동맹자들은 황제를 통해 판결을 연기하는데 성공할 수 있었다. 그러나 싸움은 계속 지속되었다. 왜냐하면 하인리히가 판결의 이행을 직접 압박하고 도시로의 진입로를 차단했기 때문이다. 루터 역시 『한스 보르스트 반박』이라는 글을 써서 이 문제에 관여하게 되었다.[34] 1541년에 열린 레겐스부르크 제국회의 역시 이러한 분위기를 쇄신할 수는 없었다. 왜냐하면 작센과 헤센이 1542년 여름 즉각 그 땅을 차지했고, 종교개혁이 즉시 도입되도록 힘을 썼기 때문이다(부겐하겐, 코르비누스, 1542년 11월에는 시찰, 1543년에는 교회규정 도입).[35] 그것으로 북쪽에서 로마 교회의 마지막 지원은 무산되었다.[36] 물론 이 지역이 어떻게 될 것인지에 대한 물음은 슈말칼덴 동맹의 합의가 어려운 시험에 봉착한 하나의 문제였다. 하인리히가 1545년 프랑스의 지원으로 그것을 다시 정복하고자 했을 때, 그는 노트하임에서 공작의 포로가 되는 신세가 되었다. 루터 자신도 사람들을 보호하고 더 이상 하나님을 비방하지 못하도록 하기 위해서 그를 다시 석방해서는 안된다고 조언했다.[37] 슈말칼덴 전쟁에서 그의 대적자가 패배하자, 비로소 그에게 자유가 주어졌다.

다른 지역들을 보면, 1542년 6월 22일, 바로 얼마 전에 로마교회와 단절한 공작 오트하인리히는 팔츠 - 노이부르크에 종교개혁 명령을 내렸고, 1년 후에는 안드레아스 오시안더가 작성한 교회규정을 사용했다.[38]

쿠어팔츠(Kurpfalz)에서는 선제후 프리드리히 2세가(1544-1556)[39] 종교개혁운동의 확

---

33) G. Blume, Goslar und der Schmalkaldische Bund 1527/31-1547, Goslar 1969 = Beiträge zur Geschichte der Stadt Goslar 26.

34) 1541, WA 51, (461) 469-572.

35) Sehling, Kirchenordnungen 6,1, (3) 12-21 (Visitationsinstruktion); 22-80 (Kirchenordnung); vgl. H.Reller, Vorreformatorische und reformatorische Kirchenverfassung im Fürstentum Brunschweig- Wolfenbüttel, Göttingen 1959 = Studien zur Kirchengeschichte Niedersachsens 10.

36) Vgl. zur Einschätzung der Vorgänge zuletzt: E. Wolgast, Die Wittenberger Theologie und die Politik der evangelischen Stände, Güttersloh 1977 = QFRG 47, 275-284.

37) "Den Kurfürsten zu Sachsen und Landgrafen zu Hessen von dem gefangenen Herzog zu Braunschweig", 1545, WA 54, (374) 389-411.

38) Sehling, Kirchenordnungen 13, (17) 39f. (Reformationsmandat); 41-99 (Kirchenordnung).

39) H. Rott, Friedrich II. von der Pfalz und die Reformation, Nendeln/Lichtenstein 1976, Nachdruck der Ausgabe Heidelberg 1904; J. Hartl, Über die pfälzischen Kurfürsten und ihre Stellung zur Glaubenserneuerung in der Zeit von 1517-1559, Die Oberpfalz 61 (1973), 169-176; 193-200; 260-263; 296-301.

장을 막지 않음으로 어느 정도 종교개혁적인 성향을 가지고 있음을 가늠하게 했다. 그는 1546년에 종교개혁에 속해 있음을 공개적으로 고백했다. 1월에는 양종성찬 시행에 대한 칙령을 내리고, 예배를 드릴 것과 독일어로 성례전을 집례하며, 사제에게 미사를 강요하지 않고, 사제의 결혼도 허용했다.[40] 그로부터 얼마 후, 지역회의를 열고 하이델베르크 대학교회에서의 예배와 임시적인 교회규정을 선포했다.[41] 다른 작은 지역들과 제국도시들도 가세했으며, 1540년대 전반기에는 특히 힐데스하임(1542), 레겐스부르크(1542)[42]가 그리고 로텐부르크는 1544년 8월 26일에 개신교임을 천명했다.

이로 인해 1540년대 중반에는 제국의 절반이 개신교, 즉 종교개혁을 고백하고 이것을 대외에 알린 정부당국자가 통치했다. 교회 역시 그에 상응하는 규정을 새로 만들었다. 종교개혁의 확산은 불과 10년 내에 엄청난 것이었고, 제국과 더 나아가 로마교회에도 위협이 되었다. 그러한 발전에 우호적인 상황들은 여러 가지였다.

- 제국 내에 장기간에 걸친 황제의 부재(1532년부터 1541년까지 거의 10년)
- 한편으로는 터키와 다른 한편으로는 프랑스의 프란츠 1세와의 계속 새롭게 변화되는 외교적 상황이며, 이러한 외교적 상황이 황제에게 타협의 자세를 갖도록 강요했다.
- 점점 증대되는 슈말칼덴 동맹의 힘. 이들은 종종 가톨릭 권력자를 포함하여 외국의 권력자들과 정치적 모의를 할 수 있었고, 완고한 가톨릭인도 배제하지 않음으로 중요성을 인정받았다. 종교적 적대자들 사이의 정치적 대립을 정치적 뿐만 아니라 종교적으로도 활용했다.
- 제국회의의 상반되는 결정과 제국법정의 상응하는 판결에도 불구하고 자신의 지역을 종교개혁에 개방하는 것이 위험을 뜻하지 않았다는 사실.
- 마지막으로 중앙권력으로부터 정치적 독립을 꾀한 지역 통치자들의 생생한 노

40) Sehling, Kirchenordnungen 14,90.

41) Ebd., 90-94 내지는 94-102.

42) Ebd., 13, (363) 389ff.

력들이 여기서 지원군을 발견한 상황을 들 수 있다.

종교개혁이 뿌리를 내린 지역에서는 성직자가 통치하는 지역을 로마교회의 마지막 보루라고 간주했다. 그러나 이것도 예외가 없지는 않았다. 각각의 변화는 성직자가 통치하는 지역이 강하게 의존하고 있던 세속지역에 의해서 촉발된 것은 아니다. 게오르크 폰 작센의 죽음은 주교령 마이센의 운명을 확실히 정해주었다.[43] 그리고 소위 나움부르크 주교구 논쟁도 같은 차원에 속한 것이다.[44] 왜냐하면 보수적 성격을 가진 성당참사회가 나움부르크-차이츠 주교구에 대해 세속적인 보호권을 가지고 있는 작센 선제후의 분명한 뜻을 거부하고 관철시키고자 했기에 나온 결과이기 때문이다. 나움부르크의 행정책임자이기도 했던 프라이징의 주교 필립이 죽은 후, 차이츠의 수도원장으로서 후에 마이센 대교구의 수석사제로 나움부르크 성당참사회에 소속되었던 게오르크 풀룩(Georg Pflug)을 후계자로 즉시 선출했다. 그러나 풀룩은 생각할 시간을 요청했다. 그는 1542년 1월에서야 선출을 수용하기로 결심했다. 그러나 그 사이에 요한 프리드리히가 논의되었다. 1541년 가을에 그는 세속정부의 업무를 수행해야 하는 수도원 총책임자로 임명되어 성당참사회가 자신의 선출을 취소하지 않자, 기존의 막데부르크 총감독인 니콜라우스 폰 암스도르프를 나움부르크의 개신교 주교로 임명했다. 그는 1542년 1월 20일에 루터에 의해서 나움부르크 교회에서 안수를 받았다. 풀룩은 스파이어 제국회의에 이의를 제기했으며, 황제가 그의 편에 섰고, 그에게 주교구를 봉토로 주었다. 그러나 그는 1546년에서야 슈말칼덴 전쟁의 결과에 따라 실제로 그의 주교구를 소유할 수 있었다. 나움부르크의 시민들은 이미 다수가 종교개혁 편에 서 있었다.

더 나아가 대주교 헤르만 폰 비드(Hermann von Wied, 1477-1552)가 특히, 대주교와 선

---

43) S. K. H. Kandler, Die Reformation des Hochstifts Meißen bis zum Tode Herzog Heinrichs des Frommen 1541. Bericht über eine Dissertation zu diesem Thema, verf. v. A. Lobeck, in: Das Hochstift Meißen, Aufsätze zur sächsischen Kirchengeschichte, hg. v. F. Lau, Berlin 1973, 187-205; P. Dittrich, ie Meissener Diözese unter der Kirchenpolitik der Landesherren des 16. und 17. Jahrhunderts, Leipzig 21984 = Studien zur katholischen Bistums- und Klostergeschichte 1.

44) P. Brunner, Nikolaus von Amsdorf als Bischof von Naumburg, Gütersloh 1961 = SVRG 179; H.-U. Delius, er Briefwechsel des Nikolaus von Amsdorf als Bischof von Naumburg Zeits (1542-46), Theol. Habil. schr., Leipzig 1968; ders., Das bischoflose Jahr. Das Bistum Naumburg-Zeitz vor der Einsetzung Nikolaus von Amsdors durch Luther, Herbergen der Christenheit 1973/74, 65-95; I.Höss, Episcopus evangelicus. Versuche mit dem Bischofsamt im deutschen Luthertum des 16. Jahrhunderts, CAC 499-516, bes. 501-509.

제후의 종교개혁에 대한 접근이 일곱 명으로 구성된 선제후 회의에서 개신교에 호의적으로 표결이 달라질 수도 있다는 이유에서 관할 지역에 종교개혁을 도입하고자 시도했던[45] 대주교구 쾰른에서의 일련에 과정은 역사적으로 매우 중요했다. "그에게는 인간적인 관점에서 본다면, 북서독일 전체가 종교개혁에 넘어간 듯 했고, '거룩한 로마제국 독일' 자체도 규정과 헌법이 오토 대제 이후로 성직자 신분의 제후들에게서 나왔다는 것이 기반을 흔들었을 수 있다."[46] 이미 1534년 뮌스터 사건이 일어났을 때 대주교는 개혁에 대한 조처를 단행했었다. 트렌트 이전의 가장 중요한 개혁공의회로 알려진[47] 1536년의 교구공의회는 요한네스 그롭퍼(Johannes Gropper, 1503-1559)가 만든 개혁계획을 채택했다. 그롭퍼는 이미 1526년부터 중요한 직무를 수행하면서 이제 가톨릭 개혁의 중요한 대표자로서 인정을 받고 있었다.[48]

레겐스부르크 제국회의가 전년도에 가톨릭 귀족들로 하여금 그들 지역에서도 '기독교적인 규정과 종교개혁을 수용하도록'[49] 의무를 부여한 후, 1542년 2월 대주교가 개혁에 대해서 그롭퍼와 상의하도록 마르틴 부저를 쾰른으로 불렀을 때에야 비로소 실제적인 결과들이 나왔다. 대주교의 노력은 특히 개혁에 대한 계획안의 제시를 요구한 지역귀족들을 통해 지원을 받았다. 이러한 과제를 위해 같은 해 가을에 다시 부처가 초청되고, 본 성당에서는 개신교 설교를 그리고 프란시스코회 성당에서는 강의를 했을 때, 심각한 저항에 이어 분명한 반대 세력이 가시화되었다. 대주교는 지역귀족들에 의해 지지를 받은 반면, 쾰른 의회, 대학, 대다수의 성당참사회원 그리고 이제 저항의 영적 지도자가 된 그롭퍼 역시, 그의 개혁에 대한 생각을 반대했다. 그롭퍼의 프로그램은 거부되었고, 그 결과 부처는 개혁규정 작성을 위임받았고, 최종적인 완성은 멜란히톤의 도움을 받아 이루어졌다. 1543년 7월 26일 지

45) A. Franzen, Bischof und Reformation. Erzbischof Hermann von Wied in Köln vor der Entscheidung zwischen Reform und Reformation, Münster 1971 = KLK 31; E. Mühlhaupt, Die Kölner Reformation, Monatshefte für Evangellische Kirchengeschichte des Rheinlandes 11 (1962), 73-93.

46) Franzen, ebd., 3.

47) Ebd., die Akten der Provinzialsynode in ARC 2, (118), 122-318.

48) W. Lipgens, Kardinal Johannes Gropper (1503-1559) und die Anfänge der katholischen Reform in Deutschland, Münster 1951 = RST 75; R. Braunisch, Johannes Gropper zwischen Humanismus und Reformation. Zur Bestimmung seines geistigen Standorts bis 1543, Röm. Quartalschrift 69 (1974), 192-209; vgl. auch ders., Die Theologie der Rechtfertigung im „Enchiridion" (1538) des Johannes Gropper. Sein kritischer Dialog mit Philipp Melanchthon, Münster 1974 = RST 109, sowie u. 79 und 152.

49) 1541년 7월 29일자 가결문 in CR 4, 625-630; 비교. auch ARC 4,1 각주1 그리고 레겐스부르크 제국회의 u. 80f.

역회의에서 재속 귀족들에 의해 승인된 '간결한 사고들'(Einfältige Bedenken)은 이렇게 해서 만들어졌다.[50] 의장은 동의를 거부했고, 그로 인해 곧 더 높은 권위를 가진 자가 개입했다.

1543년 2월 교황은 쾰른의 성당참사회와 성직자들에게 가톨릭 신앙을 유지하도록 경고했다. 같은 해 여름 교황은 소교서를 통해 대주교에게 교회의 품으로 돌아오도록 다시 명령했다. 이로써 본격적인 논쟁서적 전쟁이 불을 뿜었다. 여름에 쾰른 시민들은 선제후들과 대주교에 반대하여 교황과 황제에게 호소했다. 1545년 보름스 제국회의에서 황제는 선제후가 자유로운 기독교 공의회를 개최해 달라는 호소로 답변한 보호증과 통행증을 쾰른 시민들에게 교부했다. 같은 해 여름 헤르만 폰 비드는 로마로 소환되었고, 황제의 궁정법정은 그에 대한 재판을 열었다. 결정이 났다. 1546년 4월 16일에 대주교는 출교 되었다. 대주교청의 행정은 보좌신부인 아돌프 폰 샤움부르크(Adolf von Schaumburg)가 넘겨 받았다. 양도는 1547년 1월에 황제의 지원으로 이루어졌다. 지역귀족들은 복종했고, 헤르만 폰 비드는 사임했다. 그는 슈말칼덴 동맹으로부터는 말 뿐이며 탐탁지 않은 지원을 받았다. 루터는 부처와 멜란히톤이 작성한 개혁 계획서에 큰 찬사를 보내지 않았다. 게다가 성찬론도 그에게는 열광주의적으로 보였다.[51]

그러므로 개혁운동의 모든 외적인 성공에도 불구하고 모양은 갈등을 자아냈다. 내적 상황은 영향력과 중요성에 있어서 외적인 성장에 부응하지 못했다. 내적 결속력과 공고화에 상응하는 성장도 없었다. 교회의 모습은 이미 초기 국면에서 여러 형태로 개별화되고, 내외적으로 다양했다. 한편으로는 극단으로 기우는 것을 막는 것은 성공했으나, 다른 한편으로는 타협을 통해서도 부분적으로 중요한 차이점이 있음을 인정하지 못했고, 처음부터 긴장이 제거되지도 않았다. 그 외에도 처음부터 유입된 정치적-종교적 계산을 가진 지역적 이기심이 얻은 성과를 계속해서 유지하거나 혹은 더 확장시키는데 필요했을 더 큰 내적 결속을 다지는 것을 방해했다.

50) In der Ausgabe der deutschen Schriften Martin Bucers noch nicht erschienen, doch s. H.v. Wied, Einfältiges Bedenken. Reformationsentwurf für das Erzstift Köln von 1543, übersetzt und hg. von H. Gerhards u. W. Borth, Düsseldorf 1972 = Schriftenreihe des Vereins für rheinische Kirchengeschichte 43. Vgl. auch M. Köhn, Martin Bucers Entwurf einer Reformation des Erzstiftes Köln. Untersuchungen der Entstehungsgeschichte und der Theologie des „Einfaltigen Bedenchens" von 1543, Witten 1966 = Untersuchungen zur KG 2.

51) Vgl. WA Br 10, (614) 617f.

제3장

종교개혁적인 교회의 내부 구조

제도적인 의미에서 정말로 교회이건 아니건 간에 종교개혁 교회가 외부로 분명한 형태를 드러내기까지, 즉 처음의 종교개혁이 로마 가톨릭교회 안에서 가톨릭교회와 나란히 새로운 종교개혁 교회로 설립되기까지는 상당한 시간이 걸렸다. 왜냐하면 종교개혁은 본래 새로운 교회 설립이 목적이 아니라, 가톨릭이라는 하나인 교회의 개혁이 목적이었기에 조직은 전혀 문제 삼지 않았다. 물론 그 외에도 루터는 조직가와는 거리가 멀었다. 그는 '새로운 교회를 세울 자신의 소명에 대해서 철저히 회의를 품었다.'[1] 다른 종교개혁가들, 가령 츠빙글리와 칼빈은 나중에 이 분야에서만은 루터를 월등히 능가했다. 시간이 흐르면서 교회의 개혁이라는 위대한 목표가 정말 실현될 수 없다는 인식이 점차 싹텄고, 설교, 예배, 수도원 등의 개혁이 이루어질 수 있는 곳에서 교회 및 공동체의 본질에 대한 새로운 인식에 부합하는 더 큰 구조를 새로이 찾아야 할 필요성이 생겨났다. 그리고 이것은 곧 로마교황의 통치와 그에 결부된 계층구조로부터 벗어나고, 성례전적으로 이해된 성직 계급과 평신도의 구분을 즉시 제거함으로써 삶 전체를 둘러 싼 영적 지배로부터 벗어나는 것을 의미했다. 이와 더불어 종교개혁에 호의적인 지역들 속에 몇몇 교회 혹은 공동체를 새롭게 설립하는 것도 매우 중요한 문제였다.

그러나 새로운 독자적인 구조로 전환하는 것이 자동적으로 교회의 분열을 수용하거나, 교회 일치에 대한 생각을 포기하는 것이 아님을 알아야만 한다. 일반적으로 교황이 중요한 종교개혁적 인식들을 인정해주고, 실제적인 대안을 마련하는 한 교황에게 복종하고자 했다.

이미 1520년대 중반에 선제후령 작센에서 시찰이 첫 기구로 등장했고, 다른 지역에서도 역시 성공적으로 활용될 수 있었다. 그와 무관치 않은 것이 바로 교회규정의 등장이다. 특별히 여기에서는 - 1533년 이후 비텐베르크의 최고 감독(Ober-Superattendent)이던 - 요한네스 부겐하겐이 혁명적인 영향을 주었다. 그는 브라운슈바이크(1528), 함부르크(1529), 뤼벡(1531), 폼메른(1534), 덴마크(1537), 홀스타인(1542), 브라운슈바이크, - 볼펜

1) H. Bornkamm, Das Jahrhundert der Reformation, Göttingen 1961, 217.

뷔텔(1543) 그리고 헬데스하임(1544)의 교회규정을 작성했다.[2] 그러나 브렌츠, 요나스, 오시안더, 레기우스 등도 다른 지역들을 위해 비슷한 규정들을 작성했다. 두 가지, 즉 시찰 및 새로운 교회규정의 도입을 위한 책임은 지역 제후(내지는 시의 관리)들에게 부여했고, 여러 가지 서로 다른 상황들이 고려되었다.

- 종교개혁 이전에 이미 교회의 지역적 발전은 고유의 중요성을 갖고 있었고, 이제 법적으로 공적인 사항이 되었다.
- 중세는 이미 일종의 긴급행위권에 대한 이론이 있었다. 그에 의하면, (하나의 그리스도교라는 전제 하에서) 세속권 뿐만 아니라 교회권 역시 긴급 상황의 경우, 다른 권한의 법적인 영역에 개입할 수 있었다.
- 지역의 교회적 상황뿐만 아니라, 그와 결부된 일반적인 도덕적 상황은 사회 전체의 상황과 분리될 수 없다.
- 종교개혁의 존속을 보장하고, 계속적인 확산을 가능하게 한 지역 군주는 시간이 흐르면 흐를수록 더욱 많아졌다.
- 1526년 스파이어 제국회의 가결은 프로테스탄트 제후들에게 그들의 지역에서 교회문제를 독자적으로 처리할 수 있는 가능성을 주었다. 또한 1530년 아우크스부르크 신앙고백은 귀족들의 자의식을 재차 강화시켰고, 계속 행동할 수 있는 프로테스탄트 내부의 토대를 만들어 주었다.

당시의 상황에 대한 분명한 하나의 예는 작센의 선제후 요한과 헤센의 필립 방백이 1528년 6월 11일 마인츠 대주교를 통해 협약을 맺고 새로운 공의회가 열리기까지 공식적으로 그들의 지역 안에서 직접 감독의 기능을 수행하는 교회의 법적 권한을 넘겨받았다는

2) A. Sprenger-Ruppenthal, Bugenhagen und das protestantische Kirchenrecht, ZSavRGkan 88(1971), 196-233; Johannes Bugenhagen - Gestalt und Wirkung. Beiträge zur Bugehagenforschung. Aus Anlaß des 500. Geburtstages des Doctor Pomeranus, hg. v. H. G. Leder, Berlin 1984; Kirchenreform als Gottesdienst. Der Reformator Johannes Bugenhagen 1485 bis 1558, hg. v. K. Stoll, Hannover 1985.

점이다.[3] 1532년의 뉘른베르크 협약은 제국의 어떤 귀족도 신앙 때문에 다른 사람을 공격해서는 안 된다고 확정함으로써 이러한 발전을 재차 확정했다. 이러한 과정을 통해 지역의 군주는 자신의 지역 교회 발전에 책임이 있음을 간접적으로 강조한 것이다.

결과는 많은 갈등을 야기했다. 한편으로는 발전이 이루어졌으나, 그 발전 끝에 소위 지역군주의 '총감독화'가 등장했다. 루터가 단지 '비상시의 주교들'(Notbischöfe)[4]이라고 인정한 지역 군주들은 교회에서도 역시 최종 결정권을 가진 전제 군주적 위치를 차지했고, 혼자서 절대적인 권위를 행사했다. 그러나 그들은 무엇보다도 먼저 지역 군주들이었으며, 이러한 사실은 국가와 교회가 상호간에 더욱 긴밀한 관계를 시작했음을 의미했다.

다른 한편으로 다양한 차원에서 (루터가 1523년에 쓴 '그리스도교인의 모임 혹은 교회는 모든 교리를 결정하고, 교사를 세우거나, 임명 내지는 해임할 수 있는 권한과 힘을 가지고 있다는 것'[5]에서 시사한 입장의 연장선에서) 다시금 몇몇 개인들이 등장하여 주교의 기능까지 차지하거나 아니면, 그에 상응하는 위원회가 형성되었거나 간에 교회의 고유한 책임을 장려할 수 있는 다양한 기관들이 만들어졌다.

이미 1527년 6월 16일자 '시찰자들이 검토해야 할 지침과 명령'이라는 선제후의 글 과 1528년[6] '작센 선제후령 성직자들에게 한 시찰자들의 강의'를 통해 감독의 일과 방문직을 수행하는 총감독이라는 직책이 계획되었다.(교리와 설교의 순수성, 성례전의 시행 그리고 설교자의 삶의 변화 등을 감독하고 시험)[7] 그들은 안수 받은 목사로서 그리고 영적인 직임을 가지고 일하는 자로서 지역통치자의 지도 감독에서 어느 정도 벗어나 활동한다. 그러나 다른 한편, 그들은 지역 통치자가 신임하는 인물로서 시찰업무의 책임자요 대표자들이었다. 새로 도입된 총감독은 과거의 수석사제 내지는 수석집사가 아니라, 공직자 즉 세속기

3) 부분적인 계약 내용은 C.Ph.Kopp, Ausführliche Nachricht von der ältern und neuern Verfassung der Geistlichen und Civil-Gerichten in den Fürstlich-Hessen-Casselschen Landen I, 1769, Beilage 46, 107f. 또한 다음을 보라. Urkundliche Quellen zur hessischen Reformationsgeschichte 2, bearb. v. G. Franz, Marburg 1954 = Veröffentlichungen der Histor. Komm. für Hessen und Waldeck 11,2,69f.

4) WA 53, 255, 5; WA Br 8, 395, 15; 396, 14.

5) WA 11, (401)408-416; StA 3,(72)75-84.

6) Sehling, Kirchenordnungen 1,1,142-148 내지 149-174, 시찰자들의 강의: WA 26,(175) 195-240 그리고 StA 3,(402)406-464(참고도서).

7) 위 Sehling, 상게서., 146f. 내지 171.

관의 예를 따랐음은 이 새로운 직임의 중용적 성격을 그들 나름대로 다시 한 번 강조한 것이다.

감독의 법 역시 완전히 폐지되지 않았다. 루터는 종교개혁을 수용한 지역에서 그것을 다시 기꺼이 실행하고자 했다.[8] 그는 시찰자들에게서 어쨌든 방문과 감독을 결합한 새로운 감독직의 첫 형태를 발견했다. 그는 1528년 11월 1일에 "우리는 감독자이며, 우리는 주교이다."라고 썼다.[9] 감독의 법은 종종 가능한 선에서 원칙적으로 유지되었다. 잠란트(Samland)의 감독인 게오르크 폰 폴렌츠와 포메자니엔 감독인 에버하르트 폰 쿠아이스는 프로이센에서 지역통치자의 입장을 갖고 세속적 기능을 행사했으며, 시찰과 안수 권한 즉, 영적인 자격도 유지했다. 쿠아이스의 후계는 지역 통치자의 임명에 의해 파울 스페라투스가 계승했고, 그는 프로이센에 감독이 만든 교회규정을 도입했다. 부겐하겐은 수차례에 걸쳐(슐레스비히 홀스타인과 폼메른에서) 감독직을 제안 받았으나, 두 번이나 거절했다. 가능하면 감독제도를 유지하고 싶은 뜻이 있다는 가장 명백한 표시는 1542년 니콜라우스 폰 암스도르프를 그곳 개신교 주교로 임명한 나움부르크의 예이다. 그리고 그 얼마 후인 1544년에는 메르제부르크의 주교구를 새로이 조직하고 작센의 아우구스트 백작을 세속 행정권자로 그리고 안할트의 군주인 게오르크를 영적인 일의 보조자로 세운 일이다. 그러나 모든 시도들이 다 성공한 것은 아니다. 새로운 감독들의 법적 지위와 영적인 능력은 지역군주 및 목사들에 비해서 미약하며, 이제 막 형성된 개신교 감독직임을 알 수 있었다. 교회법에 따른 안수와 그와 더불어 사도적 계승이라는 측면은 아무런 역할도 하지 못했다. 그래서 루터는 1535년 교황 대사인 베르게리오에게 부겐하겐을 '안수받은 감독(episcopus ordinatus)'이라고 말할 수 있었다.[10]

1530년대 말 도입된 위원회(Konsistorien)에 대해 우선 선제후령 작센에서 다시 상반된

8) WA 26, 197,12ff. 비교. CA의 내용, Art. 28, BLSK 120-133, Apol., Art. 14, ebd., 296f. 그리고 Schmalk. Art. 10. ebd., 457f. B. Lohse, Die Stellung zum Bischofsamt in der Confessio Augustana, in: Evangelium - Sakramente - Amt und die Einheit der Kirche: Die ökumenische Tragweite der Confessio Augustana, hg. v. K. Lehmann und E. Schlink, Freiburg/Göttingen 1982, 80-108.

9) WA Br 4, 597,5f.; 비슷한 언급은 K. Holl, Luther und das landesherrliche Kirchenregiment, a.a.O., 376 Anm. 2.

10) WA TR 5,634,35f. 비교. 추후의 문서. 나움부르크 감독 선출에 대한 비텐베르크의 평가. WA Br 9,(310)317f. 루터의 "올바른 기독교 감독을 세우는 예", WA 53,(219)231-260.

입장이 나왔고, 후에는 다른 지역(작센 백작령, 쿠어브란덴부르크)에서도 역시 발생했다.[11] 위원회는 한편으로는 중앙의 교회 관리를 대체하는 것으로 지역 군주가 설치하고, 법적인 문제와 교회에 대한 여타의 세속적 요구, 특히 총감독이 직접 다룰 수 없는 교회 규율 등을 처리할 생각이었다. 그런 점에서 위원회는 이제까지의 감독의 재판, 즉 주교구의 재판소를 대신했다. 루터는 그들의 권한을 이러한 기능으로 제한하는데 찬성했다. 그러나 위원회는 점점 하나의 항존 기구로서 가끔 활동했던 교회의 시찰자들과 경쟁했고, 그들을 압박했다.

다른 한편으로는 또 다른 시도들이 위원회라는 개념과 결합하기도 했다. 작센 백작령에서 하인리히 백작을 통해 종교개혁이 도입된 후, 교회가 새로운 법을 마련하고자 했을 때, 라이프치히에서 열린 신학회의(1544년 3월 23일 소위 "Lätare Konferenz")는 그에 대한 의견서를 제출했다.[12] 그에 따르면, 위원회는 행정관청도 아니며, 정결한 혼례를 주관하는 관청도 아니라, 영적 성격을 가진 교회의 목회적 기구이기에 순수한 교리, 올바른 질서 그리고 바른 삶을 살도록 지켜 볼 뿐만 아니라, 영적인 행정(안수 받아야 할 설교자들의 시험 주관과 총감독의 확정)을 담당해야 한다는 것이다. 이 모델은 실현되지 않았다. 슬프게도 게오르크 폰 안할트와 함께 감독 법을 다시 도입하고자 하는 시도는 이루어지지 않았다. 그러나 교회가 자체적 책임 하에서 시작할 가능성은 강조했다.

동일한 차원에서 두 가지가 더 시도되었고, 이것들도 역시 실제적인 중요성은 크지 않았다. 하나는 '총회'(Synoden)의 설치이다.[13] 여러 장소에서 소위 '총회들'이 열렸다. 특별히 잘 알려진 것은 헤센 종교개혁에 대해 결정한 1526년 가을에 열린 홈부르크 총회와 1553년 이후 만들어진 뷔르템베르크 '총회'이다. 홈부르크 총회는 물론 일반적인 지역회의였

---

11) K. Müller, Die Anfänge der Konsistorialverfassung im lutherischen Deutschland, HZ 102(1908), 1-30; H. Herzog, Das Meißner Konsistorium und die Anfänge des sächsischen Konsistorialwesens, in: Das Hochstift Meißen. Aufsätze z.sächs. KG, hg. v. F. Lau, Berlin 1973, 269-300; C.W.H.Schoß, Die rechtliche Stellung, Struktur und Funktion der frühen evangelischen Konsistorien nach den evangelischen Kirchenordnungen des 16. Jahrhunderts, Diss. jur., Heidelberg 1980.

12) E. Sehling, Die Kirchengesetzgebung unter Moritz von Sachsen 1544-1549 und Georg von Anhalt, Leipzig 1899,1-13, 결론 부분 121-157; H. Bornkamm, Das Ringen der Motive in den Anfängen der reformatorischen Kirchenverfassung, in: ders., Das Jahrhundert der Reformation, Göttingen 1961,202-219.

13) W. Maurer, Typen und Formen aus der Geschichte der Synode, in: Schriften des Theologischen Konvents augsburgischen Bekenntnisses 9, Berlin 1955, 78-99. 여기에 다시 인쇄되었다. Die Kirche und ihr Recht. Ges. Aufsätze zum evang. Kirchenrecht, hg. v. G. Müller und G. Seebass, Tübingen 1976 = Ius ecclesiasticum 23, 76-98.

고, 단 한번 열렸다.[14] 그 총회에서 만들어진 개혁규정(Reformationsordnung,[15] 시행되지는 않았다)은 총회법에 대한 분명한 내용을 담고 있다.[16] 헤센의 종교개혁 교회[17]가 1531년 이후 그 지침을 준수한 총회의 총감독법에는 적어도 이러한 요소들이 실현 불가능하지 않았음을 시사했다. 지역통치자는 매년마다 총감독을 임명했고 선출된 목사를 총회의 논의에 합류시켰다. 그들의 결정은 지역 통치자의 출판을 통해 법적 효력을 얻었다. 뷔르템베르크 총회는 이와는 달리 '교회위원회'(Kirchenrat, 항존 시찰위원회)와 총교구감독들로 이루어진 자문회의기구였다.

두 번째 시도는 교회위원회들의 설치였다. 라이프치히 신학회의(Lätare Konferenz)는 헤센의 선례[18]와 루터의 분명한 의견[19]을 고려하여 그와 같은 기구를 시교회에 두는 것이 종교적 과제를 수용하는데 필요하다고 예측했다. 교회위원회는 장로회처럼 순수하게 목회와 관련된 과제를 수행해야 하며, 정부당국, 시의회 그리고 목회자연합회와 더불어 교회의 재산을 관리해야만 했다.[20] "이러한 교회위원회(seantus ecclesiasticus)의 제안은 루터적인 국가교회에서 교회에 역동적 힘을 부여하고 평신도의 직임을 창출하는데 현저한 진보를 뜻했다."[21] 그렇지만 이러한 제안은 국가교회 전체를 위해 설치한 교회청(Konsistorium)처럼 잘 실현될 수 없었다.

전체적으로 다음과 같이 결론을 내릴 수 있다. 루터교회와 개혁교회는 결코 지역을 다스리는 교회정부로 곧장 이어진 것은 아니다. 많은 가능성들이 열려 있었고, 성사 여부가 검토되었다. 많은 인물들도 활동했다. 그러나 결코 동일한 노선에서 일하지는 않았으며, 부분적으로는 상호 배타적이었다. 그리고 많은 것들이 이론으로만 남았다. 실제적으로 타당하고, 국가법적으로 보장되며 신학적으로도 정당한 발전은 지역을 통치하는 교회정

14) 비교. G. Müller, Die Synode als Fundament der evangelischen Kirche in Hessen. Homburg 1526-1976, JHKG 27(1976), 129-146.

15) Sehling, Kirchenordnungen 8, 43-65.

16) 상게서., 56-58.

17) 상게서., 71-74. 1537년 더 분명한 강조점을 가진 두 번째 유사한 규정들이 나왔다. 상게서 92-100.

18) "교회의 규율에 대한 규정" 소위, 1539년에 나온 치겐하이너 규율 규정을 보라. Sehling, Kirchenordnungen 8, 101-112, 또한 M. Bucer, Deutsche Schriften, Bd. 7. Gütersloh 1964, (249) 260-278.

19) 비교. Luthers Brief an A. Lauterbach, 2.4.1543, WA Br 10, 284, 17f.

20) 비교. E. Sehling, Die Kirchengesetzgebung(위의 각주 12), 126-140. 이와 관련하여 특별히 중요한 것은 부겐하겐이 1531년 집필한 뤼벡 교회규정이다. Sehling, Kirchenordnungen 5, (327)334-368.

21) H, Bornkamm, Das Ringen der Motive (위 각주 12), 207.

부 방향으로 흘러갔고, 이 교회정부는 총감독과 교회청을 통해 통치했다. 한편, 이것은 국가교회의 노선에서 중요한 것으로서 여전히 확고한 일치사상을 실현할 수 있음을 의미했다. 이러한 발전은 개념적으로 1544년 라이프치히 신학회의 의견서에 '이 땅의 교회들'[22] 이라고 말한 점에 나타나 있다.

루터는 그 같은 상황이 지닌 문제를 분명히 알고 있었다. 1543년 10월 22일자 드레스덴 총감독 다니엘 그라이저에게 보낸 편지에서 자신의 염려를 아래와 같이 표현했다. "교황은 교회를 정치에 섞더니, 우리 시대에는 정치를 교회에 섞고자 하고 있다."[23]

22) E. Sehling, Die Kirchengesetzgebung (위 각주 17), 144.

23) WA Br 10, 436, 13-15.

종교개혁사 (1532~1555-1556)
- 종교개혁의 강화, 칼빈,
가톨릭 개혁과 트렌트 공의회 -

제4장

종교개혁의 일치를 위한 루터의 노력 - 비텐베르크 협정

츠빙글리와 루터의 1529년 마르부르크회담[1]은 몇몇 개별적 문제들의 합의를 도출했으나, 결과적으로는 결렬되었다. 특별히 논란이 되었던 성찬문제에 대해 양측은 합의할 수 없었다. 마지막에 루터는 스위스인들을 형제로 받아들이기를 거부했고,[2] '다른 영'이라는 의미심장한 루터의 말은 부처(Bucer)를 지목한 것이다.[3] 종교개혁 진영 내부의 이와 같은 상황은 그 이듬해에 열린 아우크스부르크 제국회의에서 그대로 드러났다. 프로테스탄트는 세 개의 서로 다른 신앙고백서를 제출했고, 그 속에서 서로를 견제하는 슬픈 연극을 목격했다. 루터의 종교개혁을 추종한 이들은 아우크스부르크 신앙고백서(Confessio Augustana)를 제출했다. 츠빙글리는 '믿음의 이성'(Fidei ratio) 그리고 네 개의 독일북부 도시들인 스트라스부르, 콘스탄츠, 멤밍겐 그리고 린다우는 스트라스부르 설교자인 부처와 카피토가 작성한 '4개 도시 신앙고백서'(Confessio Tetrapolitana)를 제시했다.[4]

이미 마르부르크에서 그리고 이어서 아우크스부르크에서도 분명한 차이점들이 드러났고, 각각의 성향들이 가시화되었다. 마르틴 부처(1491-1551)[5]는 1523년 이후 스트라스부르에서 루터적인 종교개혁의 내석 난일화를 위해 지칠 줄 모르는 선구자기 되었다. 헤센의 방백은 종교개혁을 따르는 제국귀족들의 정치적 합의가 매우 중요했기에 내적 단일화를 위해 노력하는 부처를 지지했고, 후에는 멜란히톤도 부처를 지지했다. 그러나 부처는 마르부르크에서 츠빙글리 측에 서있었다. 그는 적극적이지 않았다. 왜냐하면 당시 부처는 그의 글 '루터 박사와 성만찬에 대한 그의 반박논제의 조정, 우호적인 대화'(1528)라는 글이 보여주듯이,[6] 중립적인 위치에 있었기 때문이다. 부처는 루터와 스위스측이 본질적으로 하나라고 확신했다. 첫 번째 조정 시도는 마르부르크 회담의 마지막 국면에서 실

1) W. Köhler, Zwingli und Luther, a.a.O., 2,66-163.

2) 상게서., 118;139f.; WA Br 5,154,9f.: "in fratrum et Christi membrorum numero a nobis censeri non posse."

3) Köhler, 상게서., 113.

4) 츠빙글리의 "Fidei Ratio"는 CR 93,2, Opp. Zwingli 6, 2,(753)790-817; 그리고 BSRK 79-94을 보라. "Die Confessio Tetrapolitana"는 M. Buceri Opera Omnia(위 각주 5)1,3,(13)35-185.

5) R. Stupperich, Art. "Bucer, Martin", TRE 7 (1981), 258-270 (참고도서목록); M. Greschat, Martin Bucer, GKG 6 (1981), 7-28; Bucer und seine Zeit. Forschungsbeiträge und Bibliographie, hg. v. M.d. Kronn und F. Krüger, Wiesbaden 1976 = Veröffentlichungen des Instituts für europ. Geschichte Mainz 80; R. Stupperich, Bibliographia Bucerana, Gütersloh 1952 = SVRG 169; Martini Buceri Opera Omnia, Abt. I, Deutsche Schriften, Gütersloh 1960ff., 현재까지 1-5권 출판. 7.17, Abt. II. Opera latina, Paris 1955, Bd. 15, Abt. III, Correspondence de Martin Bucer, Leiden 1978, Bd. 1.

6) Op. omn. 1, 2,(295) 305-383.

패했고, 거리를 두는 루터의 결정을 막을 수는 없었다. 그렇지만 부처는 낙담하지 않았다. 그는 아우크스부르크에서 다시 시도했다.

1530년 9월 말 부처는 코부르크에 있는 루터를 방문하여 이틀간 긴 협상을 했다. 부처는 마지막에 새로운 고백문을 작성할 것을 약속했고, 루터 역시 이제 협정은 더 이상 오래 걸리지 않을 것이라 생각했다.[7] 그러나 부처의 작업은 츠빙글리에게서 아무런 동의를 얻지 못했고, 루터 역시 이의를 제기했다. "문제는 더 이상 육의 현존이 아니라, 경건치 못한 자의 성찬 참여이다."[8] 그러므로 이번에도 역시 본질적인 것은 해결될 수 없었다. 그러나 츠빙글리와 부처의 결렬은 분명했고, 점차로 - 게다가 1531년 제2차 카펠 전투에서 츠빙글리의 죽음 이후 - 독일 남부 도시들이 그들의 설교자들과 함께 행동을 같이 했다. 왜냐하면 츠빙글리는 그들에게 중요한 신학적이며 정치적인 지향점을 제공할 수 없었기 때문이다.

상황의 변화를 위해서는 외부로부터 새로운 자극이 필요했다. 이것은 슈투트가르트 합의[9]를 이룬 뷔르템베르크 종교개혁에서 나왔다. 합의는 "고지 주민과 루터파가 화해하며 하나의 신앙고백을 가지고 산다."는 내용이다.[10] 독일 남부 도시의 설교자들은 콘스탄츠에서 사전 회의를 열었다. 회의의 최종 결정은 (쾰러의 설명에 의하면) 루터의 입장을 '전적으로 수용'하고 스위스 측과의 분명한 분리를 의미하였다.[11] 그리고 1534년 마지막 날에 부처와 멜란히톤이 (다시 헤센의 필립 방백의 중재 하에) 카셀회의에서 만나 조정협약을 가결했다.[12]

그것은 아우크스부르크에서 한 부처의 말에 이어 "성례전과 다른 사항들을 아우크스부르크 신앙고백서와 변증서에 따라서 가르칠 것"이라고 아우크스부르크 설교자가 약속한 것을 확인했다. 그것은 곧 성찬에서 실재론이 여전히 문제가 됨을 의미했다. 그러므로 우리가 성찬을 행할 때 그리스도의 몸을 본질적으로 그리고 참으로 먹고, 빵과 포도주는

7) WA Br 5,678,32-35.

8) W. Köhler, Zwingli und Luther, a.a.O., 2,254, 비교. 1531년 1월 22일자 부처에게 보내는 루터의 편지. WA Br 6, (24)25f.

9) 위의 27f.

10) W. Köhler, Zwingli und Luther, a.a.O., 2, 358.

11) 상게서., 375.

12) S. ARG 35(1938), 217-229.

하나의 표지, 즉 외적인 표지(signa exhibitiua)이며, 그것을 먹으면 동시에 그리스도의 몸을 먹는 것이다. 빵과 몸이 하나를 이루나, 본질이 섞이는 것은 아니며, 성례전일 뿐이다. 성례전과 함께 사용하는 것은 무엇이든지, 다른 것을 나타내게 된다. 빵과 포도주, 이 두 가지를 먹는 사람은 성례전적 연합을 이루게 된다.[13]

부처는 즉시 멜란히톤이 카셀로 가지고 온 지침(Instruktion)에 대한 입장을 루터[14]에게 편지로 썼다.[15] 루터의 첫 반응은 매우 긍정적이었다.[16] 관철이 이미 이루어 진 듯 보였다. 왜냐하면 다른 루터파 사람들과 독일 남부의 설교자들도 동의했기 때문이었다. 루터는 처음부터 조건에 동의했었다.[17] 그러나 아직 츠빙글리적 특징을 갖고 있다고 판단한 아우크스부르크 문서를 슈말칼덴 동맹이 수용해야 하는 복잡한 문제가 남아 있었다. 하지만 슈말칼덴 동맹이 아우크스부르크 설교자의 새로운 신앙고백을 제출한 후, 공동협정에 이르는 길은 평탄해 보였으나, 스위스측(불링거)은 확실히 제외되었다. 스위스측은 아라우 신앙고백(Bekenntnis von Aarau, 1535년 12월)과 바젤회의(1536년 1월 30일~2월 4일)의 결과인 '제1차 헬베틱 신앙고백'을 가져온 부처의 모든 노력에도 불구하고 자신들의 신앙고백을 작성했고,[18] 그것으로 결국 협정을 위한 노력에서 떨어져 나갔다.

1536년 1월 27일 선제후 요한 프리드리히는 아이제나흐를 회의 장소로 결정했고,[19] 3월 말에 초청장을 보내어 부활절 후, 네 번째 주일인 5월 14일을 통보했다.[20] 스위스측도 초청했다. 그러나 그들은 시일이 너무 짧다는 이유를 들어 불참을 통보해왔다. 그러므로 독일 남부의 대표적인 몇몇 설교자들만 비텐베르크측과 협의하고자 출발했다. 루터는 병이 났다. 그 때문에 협의는 비텐베르크로 다시 변경되어 한 주가 늦은 5월 22일 시작했고, 전망도 밝지 않았다. 왜냐하면 불링거가 서문을 쓴 츠빙글리의 '믿음의 설명'(Expositio

13) WA Br 12, 167f.

14) 상게서., 164-166.

15) 상게서., (156)158-160(163).

16) 상게서., (167)169f.

17) 상게서.

18) 제1차 헬베틱신앙고백서를 보라. BSRK 101-109.

19) WA Br 7, 355.

20) 상게서., 378.

fidei)과 외콜람파드와 주고받은 서신이 부처의 소개서신과 함께 등장했고, 과거의 상처가 새로이 아픔을 유발했기 때문이다. 회의는 5월 29일 월요일까지 한 주 이상이나 걸렸다. 그러나 성만찬에 대한 공식 합의는 이미 회의 둘째 날에 실제로 이루어졌다. 멜란히톤은 화요일(5월 23일)에 일치협정서 작성을 위임받았다. 세례, 죄 용서의 권한 그리고 정부의 권한 등에 대한 대화가 계속 이어졌다. 5월 28일 주일에 부처는 성만찬에 대해서 설교했고, 부겐하겐과 함께 성찬을 집례했다. 이어진 월요일에 결국 모든 참여자가 일치협정서(Einigungsartikel)에 서명했다.

형식에 따르면, '비텐베르크 일치협정서'[21]는 독일 남부 설교자들의 가르침에 대한 비텐베르크측의 연구보고이다("우리는 들었다. ...", "그들은 고백한다. ..."). 그런 점에서 일치협정서는 루터의 교리를 직접적인 전제로 삼았다. 일치협정서는 실재론을 "그리스도의 몸과 피는 빵과 포도주와 함께 참으로 그리고 본질적으로 거기에 있으며, 전달되고 받아먹는 것이다", "성례전으로 하나가 된다"[22]라고 설명하고 있다. 두 번째 단락에서는 그리스도의 제정에 의해 일어나며 성례전의 효력을 다루고 있으며, 이러한 의미에서 '적합하지 못한 자'(manducatio indignorum)의 성찬을 강조했다. 여기서 '적합하지 못한 자'(indigni)는 동시에 '경건하지 못한 자'(impii)라고 해석된다. 마지막으로 결론에서 다른 설교자들과 관할 정부의 동의를 구해야 한다고 강조했다. 동시에 "신앙고백문과 변증문을 개신교 제후들에게 적합하도록 간직하고 가르칠 것이며, 그 때문에 기꺼이 협정이 이루어지기를 원했음을 모두가 고백했다고 알렸다. 더 나아가 양측이 이 조항에 만족하고, 최고의 일치협정서가 우리 가운데 있게 되기를 희망했다."[23]

콘스탄츠를 제외한 모든 중요한 독일남부 도시들은 1536년도에 일치협정서를 수용했다. 정치적 필요의 여부는 전혀 관계가 없다. '적합지 못한 자'를 동일하게 이해하지는 않았지만, 실제로 차이점이 있다고 인정하지 않았다. 최종적인 결정을 포기했기에, 특히 루터측에서, 이 정도에서 합의, 즉 상호접근에 성공했다. 이것은 독일 남부도시들이 루터편

21) 본문 WA Br 12, (200)206-209 (독일어), 209-211 (라틴어); E. Bizer, Studien, a.a.O., 117~119; KTGQ 3, 185-187(독일어); BSLK 65 (라틴어, 서론이 없으며, 결론과 서명).

22) WA Br 12, 206, 5-7. 11.

23) 상게서., 207,33-38.

에 연결되었으며, 동시에 스위스측과는 분리를 의미했다. 스위스측은 이 일치협정서를 받아들일 수 없었기 때문이다.[24]

24) 비교. 1537년 1월 19일자 루터에게 보낸 카피토와 부처의 서신, 서명의 결과와 함께. WA Br 8, (12) 13-18.

종교개혁사 (1532~1555-1556)

- 종교개혁의 강화, 칼빈,
가톨릭 개혁과 트렌트 공의회 -

제5장

마르틴 루터의 삶에 절정기

루터와 그의 활동은 1530년대에 새로운 국면을 맞이했다. 종교개혁이 점차 루터라는 한 사람에게 지나치게 의존하지 않게 되었기 때문이다. 물론 그의 신학적 권위는 여전히 확고했고, 그의 충고는 중요했다. 루터의 저서들, 서신들 그리고 의견서들은 그가 시급한 현안들을 다루었음을 보여준다. 그는 여전히 다양한 논쟁의 한 가운데 있었다. 그렇지만 상황은 변화되었다. 종교개혁의 확산은 꾸준히 계속해서 변화를 가져왔다. 몇몇 지역들은 비텐베르크의 영향에서 벗어나고 있었다. 신학도 물론 영향을 받지 않았다. 새로운 강조점을 부각시키며 다른 사람들이 전면에 등장했고, 루터의 지지를 구하지 않았다. 제2세대가 이제 막 책임을 넘겨받으려 했다. 정치적 관점이 큰 비중을 차지해 중요한 회의들이 열리고, 루터는 참여하기는 했으나, 결정권을 행사하지는 못했다. 동시에 종교개혁의 변화된 일반적인 상황은 그의 활동의 역점 사항 역시 바뀌게 했다. 내부 결속을 위해 외부와의 논쟁을 자제했다.

이것은 루터에게 여러 가지를 의미했다. 부친의 죽음(1530년 5월 29일)은 - 모친은 1년 후인 1531년 사망했다 - 자신이 '나이 든 루터'이며, 죽음에 더 가까이 와 있음을 깊이 생각하게 한 동기가 되었고[1], 각양의 육체적인 통증 역시 계속해서 자신의 '나이'를 생각하게 해주어,[2] 그 결과 종교개혁의 계속적인 발전에 대한 염려는 더욱 커졌다. 많은 분야에서 확연하게 드러나고 있는 완고한 자세는 "어떤 참담한 포로됨에서 하나님께서 자신의 백성을 구원하려고 일했는지를 다시금 망각한 지역의 복음의 문제에 대한 염려와 비탄에 의한 것이다. 자유의 복음이 공익을 무시하는 허가증이 되고 있다. ... 제후들은 복음을 가지고 정치를 하고, 개신교 신학자들은 성서보다도 더 똑똑해지기를 원하고 있다. 예상했던 반종교개혁은 분명히 시작되었다. 그러므로 믿음의 눈으로 보면 볼수록, 마귀의 성공이 임박해 있다."[3]

a) 특별히 언급해야 할 후기 루터의 공헌 중에 '성서 번역의 종결'은 의심의 여지없이 1

1) WA Br 5, 351,29f.

2) WA Br 5, 316,17 그리고 비교. 아래 63f

3) H.A. Oberman, Wurzeln des Antisemitismus, Berlin 1981, 153.

순위를 차지하고 있다.[4] 신약성서를 번역한지 10년만인 1532년 '예언서를 모두 독일어'로 번역하여 구약의 나머지 부분에 대한 번역이 완료되었고,[5] 2년 후인 1534년 외경이 포함된 완성된 종교개혁의 독일어 성서가 출판되었다.[6] 이미 전에 번역한 부분은 그 사이에 개정되었다. 루터는 이 개정판을 위해서 멜란히톤, 크루시거, 부겐하겐, 요나스 그리고 히브리어 학자인 아우로갈루스(Aurogallus)로 구성된 연구위원회를 구성했다. 비서로는 게오르크 뢰러(Georg Rörer)가 일했으며, 그는 1537년부터 계속해서 루터에게 협력했다. 시편 번역은 이미 1531년 완전히 완료되었다.[7] 1539년부터 1541년까지는 구약 전체가 개정되었다.[8] 신약성서는 1541년에 한 번, 그리고 그로부터 3년 후 재차 개정되었다.[9] 루터가 죽기까지 독일에는 253개의 성서 혹은 루터가 번역한 개별성서들이 있었다.[10] 다른 누구의 책도 루터의 성서만큼 널리 보급된 예가 없고, 그 어떤 책도 루터의 성서만큼 깊이 영향을 주지 못했다. 성서번역은 종교개혁의 왕관이었다. 로마교회에서, 스위스 종교개혁 진영에서 그리고 재세례파 진영에서 루터의 성서가 나오기 전이나 혹은 병행하여 다른 번역들이 나왔다고 할지라도 신앙적 영향과 언어에 있어서 이것과 비교할 수 없다. 통일된 표준 독일어 형성의 토대가 될 수 있었음은 루터가 사용한 말의 섬세함에 대한 또 하나의 증거였다.

이것은 성서의 신앙적 진리로 깊이 파고들어 자신의 인식을 학생들과 참여한 모든 이들에게 알려주려 한 루터의 부단한 노력과 밀접히 연관되어 있다. 루터는 생애 말까지 학문적인 교직에 성실했고, 생각했던 그 이상으로 그것을 중요하게 받아들였다. 1536년 비텐베르크 대학에 새로운 기금이 조성되면서 그의 봉급은 매년 300 굴덴(이제까지는 200 굴덴)[11]으로 인상되었고, 추가하여 대학의 책임을 맡게 되어 강의에 얽매이지 않도록 했

4) H. Volz, Martin Luthers deutsche Bibel, Berlin/Altenburg 1981, B. Stolt, Luthers Übersetzungstheorie und Übersetzungspraxis, LWML 241-252; S. Raeder, Luther als Ausleger und Übersetzer der Heiligen Schrift, ebd., 253-278. 비교. H. Wolf, Martin Luther. Eine Einführung in germanistische Lutherstudien, Berlin 1983.

5) WA DB 11 I 그리고 II.

6) WA DB 12, 1-533.

7) WA DB 3, 1-166.

8) WA DB 3 그리고 4. 회의록과 필사본에 한 루터의 메모를 보라.

9) WA DB 4, XLIII-LVIII.

10) Die Bibliographie der Drucke der Lutherbibel 1522-1546, WA DB 2, 201-708.

11) 루터의 수입에 대해서는 WA Br 12, 423-427.

다.[12] 이것은 만일 그가 하고자 원한다면 할 수 있음을 뜻했다.[13] 그러나 루터는 그것을 가능한 이용하지 않았다. 이와는 반대로 그는 1535년부터 죽기까지 계속해서 신학부의 학장직을 맡았다. 이것은 물론 타의에 의한 것이었다.[14]

이 시기에 루터의 강의 중에서 1531년 겨울학기에 새롭게 한 갈라디아서 강의가 가장 중요하다. 뢰러는 필사본을 토대로 루터의 '대' 갈라디아서 주석을 편집하여 1535년 출판했다.[15] 이것은 '후기 루터의 신학, 특히 그의 칭의론을 연구하는데 가장 중요한 기본 자료'이다(Bizer). 같은 해인 1535년 루터는 창세기 강의를 시작했고, 다른 어떤 것과 비교할 수 없을 정도로 혼신의 노력을 기울여야 했다. 거의 10년이나 걸려 1545년 11월까지 강의를 계속했으며, 물론 여러 차례 오랜 기간 중단된 적도 있었다.[16] 출판과 관련해서 루터는 그가 서문을 쓴 첫 권(1544)이 나온 것만을 보았을 뿐이다. 나머지 창세기 출판물은 매우 늦은 1550-1554년에야 나왔다. 루터는 또 하나의 구약 주석을 '다윗의 유언'(삼하 23:1-7)[17]에 대한 설명과 함께 1543년 출판했다. 이것은 루터의 기독론 내지 삼위일체론적 구약성서 수해를 연구하는데 특별히 중요하다.[18] 그와 더불어 몇몇 시편에 대한 연구[19]노 있으며, 이사야서에서 특별히 중요한 두 개의 장(9장과 53장)에 대한 강의도 했다.[20]

이러한 주해서들은 특이한 점을 지니고 있다. 루터가 직접 마지막까지 연구하여 출판한 것이 아니며, 그를 대신하여 특히 바이트 디트리히, 카스파르 크루시거 그리고 게오르크 뢰러 등 루터의 동료들이 함께 써서 필사본을 토대로 본문을 매끄럽게 구성해 출판했다는 점이다. 루터가 이러한 작업을 고백한다면, 오늘날까지도 루터 연구에 중요한 어려

12) Urkundenbuch der Universität Wittenberg, Teil 1, hg. v. d. Historischen Kommission für die Provinz Sachsen und für Anhalt, bearb. v. W. Friedensburg, Magdeburg 1926, 167.

13) 상게서, 203.

14) Liber Decanorum Facultatis Theologicae Academiae Vitebergensis, ed. C. E. Foerstemann, Lipsiae 1838, 31-34; WA Br. 12, 440-444.

15) In epistolam S. Pauli ad Galatas commentarius, ex praelatione D. M. Lutheri collectus(1535), WA 40 I,(1) 15-32(Vorarbeiten), 33-691; 40 II, 1-184.

16) WA 42-44.

17) WA 54,(16)28-100.

18) 비교. H. Bornkamm, Luther und das Alte Testament, Tübingen 1948, 86ff.

19) WA 40 III, (1)9-475.

20) WA 40 III, (595)597-682 내지. (683)685-746.

움이 생길 수 있다. 즉 이와 같은 글들이 실제로 원전으로서 후기 루터의 신학을 연구하는데 인용될 수 있는지에 관한 것이다. 왜냐하면 편집자들 역시 루터의 말과 생각들을 매우 조심스럽게 다루었을지라도, 알게 모르게 자신의 생각과 인식이 그들의 또 다른 스승(멜란히톤)의 인식과 함께 스며들어서 확실한 조건 하에서만 그 본문을 사용하라고 충고하는 듯 보인다.

이 시기의 루터의 학문적 활동에서 특별히 눈에 띄는 것은 토론들(Disputationen)이었다.[21] 토론은 오래된 학문의 수단이었지만, 시대가 흐르면서 점점 퇴색되었다. 그러나 1533년 비텐베르크 신학부가 새롭게 개편되면서 토론에 대한 훈련이 새롭게 강화되었는데, 이 일에 전폭적인 기여를 한 사람이 바로 루터였다.[22] 첫 번째 토론은 애피누스(J. Aepinus), 부겐하겐(J. Bugenhagen) 그리고 크루시거(C. Cruciger)의 박사시험에 즈음하여 선제후 요한 프리드리히가 배석한 가운데 1533년 6월 16일에 열렸다. 루터가 사회를 맡았으며, 논제는 필립 멜란히톤이 제시했다.[23] 이듬해에 루터는 시급한 신학적 논란을 토의할 수 있도록 토론을 자주 열었다. 1537/38년에 열린 반율법주의자들과의 토론[24] 그리고 황제에 대한 저항권에 대해 1539년에 열린 순회토론들은 엄청난 중요성을 갖고 있다.[25] 루터는 직접 이 토론을 위해 논제를 제시했다. 일부 논제들은 토론을 받아 적은 필사본과 함께 출판되었다.

대학에서의 교육적 과제 외에도 루터의 활동은 무척 많다. 여전히 그는 쉴 시간이 없는 설교자였다.[26] 그는 주중에도 여러 차례 설교단에 섰고, 그럴 때마다 대부분 신약성서 본문(가끔은 구약성서의 예언과 천국에 관한 본문)에 대해 설교했다. 고린도전서 15장(1532/33)[27] 전체도 설교했고, 요한복음 14장, 15장 그리고 16장(1538년 부활절과 성령강림

21) WA 39 I und II, 특히 WA 39 II, IX-XXXVII 서문과 B. Lohse, Luther als Disputator, Luther 34(1963), 97-111.

22) 비교. 비텐베르크 대학의 서류들(각주 12), 203.

23) CR 12, 517-520, 비교. WA 39 II, XIV Nr.1.

24) WA 39 I, (334)342-358(논제순); 359-584(논제 1,2 그리고 5의 순서에 대한 토론).

25) WA 39 II, 34-91.

26) E. Winkler, Luther als Seelsorger und Prediger, LWML 225-239.

27) WA 36, 478-696.

절 사이)[28]과 요한복음 1-4장(1537-1540)[29] 및 마태복음 18-24장(1537-1540)[30]도 동시에 세 번씩이나 설교했다.

루터는 또 다른 측면인 그의 찬송에서도 나타난다.[31] 그 가운데서 "하늘로부터 천사의 무리가 온다", "주여 당신의 말씀으로 우리를 먹이소서", 혹은 "하늘에 계신 우리 아버지" 등과 같은 몇몇 구절은 그의 생애의 마지막 무렵에 매우 유명하게 된 것들이다. 루터가 작성한 격언집은 또 다른 차원을 보여주고 있다. 이것은 사적인 용도로 만들어졌으며, 출판되지는 않았다.[32] 루터가 얼마나 열정적으로 대학, 정치, 목회와 상담에 진력했는지는 바로 이 시대에 이루어진 극도로 많은 서신교환이 보여주고 있다.[33] 일상의 다양한 대화 모음인 탁상담화는 이 같은 측면을 특징적으로 보완해주고 있다. 이 모두는 1531년부터 나온 것이며,[34] 게다가 열정이 넘치는 청자들이 즉시 받아 적은 개개 진술들은 우연성과 즉흥성을 통해 상황에 대한 깊은 통찰과 의견을 보여주고 있다.

1545년 생애 말엽에는 게오르크 스팔라틴(Georg Spalatin)과 게오르크 뢰러(Georg Rörer)가 수고하여 루터전집 초판이 나왔나.[35] 루터는 직접 초판의 서문을 썼다. 이 서문은 그가 생애 마지막 무렵에 다시 한 번 종교개혁 운동의 시작을 회고 했다는 점에서 매우 중요하다.[36]

28) WA 45, 465-636; 636-733; 46,1-111.

29) WA 46, 538-789; 47,1-231.

30) WA 47, 232-627.

31) WA 35, ferner: Martin Luthers geistliche Lieder, Mit den zu seinen Lebzeiten gebräuchlichen Singweisen, hg. v. ph. Wackernagel, Hildesheim/New York 1970, Nachdruck der Ausgabe Stuttgart 1848. Dazu: W. Blankenburg, Luther und die Musik, Luther 1957, 14 bis 27; H. Huchzermeyer, Luther und die Musik, ebd., 1968, 14-25; H. J. Moser/O.Dauber, Die Wittenbergische Nachtigall. Martin Luther und die Musik, Dormund 1962; C. Mahrenholz, Luther und die Kirchmusik, in: Musicologica et liturgica, hg. v. K. F. Müller, Kassel/Basel/London/New York 1960, 136-153; M. Lienhard, Les cantiques de Luther, Positions lutheriennes 20(1972), 234-249; H. J. Moser, Luther als Musiker, in: Speculum musicae artis. Festgabe für H. Husmann, München 1970, 229-244; Ph. Harnoncourt, Das deutsche Kirchenlied im Jahrhundert der Reformation, Heiliger Dienst 24(1970), 25-31, 84-90, 130-139; E. E. Koch, Geschichte des Kirchenlieds und Kirchengesangs der Christen, insbesondere der deutschen evangelischen Kirche, Bd. 1-2, Hildesheim/ New York 1973, Nachdruck der Ausgabe Stuttgart 1866; M. Jenny, Luthers Gesangbuch, LWML 303-321.

32) WA 51,(634)645-662(731).

33) 1531년부터 쓴 서신은 WA Br 6ff.

34) WA TR 1-6.

35) E. Wolgast, Die Wittenberger Lutherausgabe. Zur Überlieferungsgeschichte der Werke Luthers im 16. Jahrhundert, Nieuwkoop 1971; E. Wolgast/H.Volz, Geschichte der Lutherausgaben vom 16. bis zum 19. Jahrhundert, WA 60, 429-637, 비텐베르크 판에 대해서는 464-495.

36) WA 54,(176) 179-187.

b) 루터가 쉬지 않고 다루었던 주제들 가운데 교황교회와의 대립이 늘 전면에 있었다.[37] 루터는 자유하게 하는 복음의 적으로서의 교황을 최초로 인식한 이후에, 교황권과의 싸움을 가장 핵심적인 과제로 여기며 일생동안 수행했다. 물론 강도와 중점은 변화와 차이를 가지고 있지만, 특히 교회와 공의회가 관련한 시급한 문제와 요구들도 다루었다.

루터는 아우크스부르크 제국회의에 보낸 글들과 그 결과를 요약한 글들에서 - 특히 『성직자들에 대한 경고』[38], 『열쇠들에 관해』[39] 그리고 『친애하는 독일 국민들에 대한 권면』[40]에서 - 참된 교회와 거짓된 교회에 관해 명확한 구분을 해주었다. 그 다음 해에 외적인 정치적 상황이 황제의 정책 변화를 강요하여 가능한 지역에서 공의회를 새롭게 시작하자, 이제는 종교개혁을 따르던 귀족들이 교황이 제시한 조건 하에서 열리는 공의회를 거부하는 결과를 가져왔다. 그와 같은 행동이 필요하다는 생각을 루터는 상당히 많은 작은 글들과, 소견서 그리고 논박[41]으로 알렸으며, 이러한 활동은 1536년 슈말칼덴 조항에서 절정에 달했다.[42] 루터는 여기서도 다시금 교황이 그 자신의 요구로 하나님과 예수 그리스도와 맞서 있으며, 그런 점에서 "정말로 종말의 그리스도이거나 혹은 적그리스도"요, 터키인보다 더 악하고, 때문에 공의회는 황제 앞에서가 아니라, 교황과 더 나아가 마귀 앞에 있다는 결론에 도달했다.[43] 그로부터 3년 후에 쓰인 『공의회와 교회에 관하여』(1539)[44]는 '공의회'라는 제목의 장에서 교황 자신이 교회로부터 이탈했다는 확신을 가지고 분명한 결론을 내렸다.[45] 이 같은 기조는 1540년대의 논쟁서적에서도 계속되며, 더 나아가 중요한 신학적 핵심 내용이 담겨 있기에 매 경우마다 그것이 나오게 된 동기와 주제로부터 이해해야만 한다. 이것은 먼저 상세한 저서인 『한스 보르스트 반박』(1541)[46]에도 적용된

37) H. Kirchner, Luther und das Papsttum, LWML 441-456.
38) WA 30 II,(237)268-356, 비교. BML 591-595.
39) WA 30 II,(428)465-507.
40) WA 30 III,(252)276-320, 비교. 각주64.
41) 비교. Kirchner (위 각주 37), 452.
42) WA 50,(160) 192-254.
43) WA 50,(160) 217,24f.
44) WA 50,(488) 509-653.
45) WA 50,(488) 512,25f.; 514,8ff.
46) WA 51,(461) 469-572.

다. 루터는 이 글로 한편으로는 브라운슈바이크-볼펜뷔텔의 하인리히와, 다른 한편으로는 작센 선제후 요한 프리드리히와 헤센의 필립 백작사이의 논쟁서적 전쟁에 개입했다. 주제는 참된 교회에 관한 문제였다. 루터는 종교개혁 교회를 참된 교회라고 인식한 반면, 로마교회는 새로운 거짓 교회라고 비판했다. 왜냐하면 그것은 비성서적인 여러 제도의 도입으로 초대교회와 동떨어져 있기 때문이다. 이것은 나중에 쓰인『마귀가 세운 로마 교황청에 반대하여』[47]라는 글에도 나타난다. 또한 여기서 다시 한 번 이미 이전에 다른 것에 관련하여 언급한 것을 요약하면서, 이제는 1544년 스파이어에서 제국회의가 프로테스탄트 제후들에게 유리한 결정을 하자, 강하게 반발한 교황에 대해 더 강하게 논박했다. 거의 같은 시기에 크라나흐가 그린 교황에 대한 조롱화(Spottbilder)는 루터와의 대립[48]이 얼마나 첨예했는지를 보여주는 것이다. 하나님이 교황을 세웠다고 성서를 통해 증빙하지 못한다면, 그것은 마귀로부터 온 것이다. 그리고 마귀에 대항하는 그 어떤 수단도 정당하다.

이와 같은 대립의 양쪽에는 로마의 미사 그리고 - 이것과 불가불 연결된 - 성례전적 근거를 눈 직임이해를 반대하는 계속석인 투생이 양쪽에 위치하고 있다. 이 둘 모두 본래의 교회를 공고하게 하고 참된 교회와 거짓된 교회를 구분하는데 있어 특별히 중요한 것들이다. 이와 같은 대립의 중심에 1533년에 나온 글인『구석미사와 성직서품에 관하여』(Von der Winkelmesse und Pfaffenweihe)[49]가 있으며, 그 일 년 후에 어디서나 볼 수 있는 성례전적대주의라는 오해를 일소하고자『서신』[50]을 썼다. 루터는 특히 미사축제를 교회와 분리하고자 힘을 기울였다. 특별한 목적을 위해 만들어지긴 했으나, 교회 구성원 없이 드려지는 미사가 교회공동체가 참여한 성례전보다 비교할 수 없이 높은 위치에 있었다. 뿐만 아니라 미사는 한편으로는 희생이 되고, 다른 한편으로는 공헌적 행위가 되며, 더 나아가 한 가지 종류(sub una specie)로 제한시켜 그리스도의 제정과도 모순된다. 1536년 1월 29일[51] 이루어진『사적미사 반대토론』(Disputatio contra missam privatam) 논제에서 짧고 간략하게

47) WA 54,(195) 206-299.

48) "Abbildung des Papsttums", WA54.(346)361-373. Ein Sack voll Ablaß. Bildsatiren der Reformationszeit, hg. v. G. Piltz, Berlin 1983, Abb. 81-87.

49) WA 38,(171)195-256.

50) WA 38.(257)262-272.

51) WA 39 I,(134) 138(논제), 139-173(토론); 39 II,402-407(후기).

결론을 내렸다. "사적미사는 오류이며, 불경건하고 바보스러운 것이다" 왜냐하면 "사적미사에서는 성례전이 없기 때문이다."[52)]

루터는 사제와 사제의 모습에 관해서는 희생 개념을 이용해 포괄적으로 이해했으며, "사제가 빵을 그리스도의 몸으로 변화시키는 것은 서품의 힘이 아니다"라고 설명했다. "그러므로 거룩한. ... 교회는 사제도 그리스도인도 성례전을 만들지 못한다고 가르치며, 거룩한 그리스도의 교회 역시 못한다. 우리의 직임은 만들거나 변화시키는 것이 아니라, 오직 제공해 주는데 있다."[53)] "빵과 포도주가 그리스도의 몸과 피가 되는 것은 우리의 행위도, 일도 아니며, 그리스도의 규정이며, 명령이요 제정 때문이다.[54)] 우리의 신앙과 성례전은 그가 경건하건 악하건, 서품을 받았건 아니건, 소명을 받았건, 슬쩍 끼워들어 갔건 사람에게 달린 것이 아니라, 그리스도, 그의 말씀, 그의 직임, 그의 명령과 규정에 의존하며, 바로 거기서 사람이 누구이건, 무엇을 하건 그리고 원하건 상관없이 옳게 진행되고 시행될 것임에 틀림없다.[55)]

이 같은 설명으로 루터는 여기서도 역시 오직 교회와 그 직임만이 중요하다고 하는 측면을 충분히 강조했다. 교회가 오직 말씀에 의해 산다면, 말씀 이외에 다른 것을 전달해서는 안 된다. 즉 교회의 힘은 말씀의 힘이며, 교회의 위엄은 말씀의 위엄이다. 확실히 루터는 좁은 산길을 헤쳐 나가고 있다. 반드시 필요하게 될 그『서신』이 이것을 입증하고 있다.

또 다른 논쟁도 일어났다. 소위 열광주의자들, 특히 '재세례파'들과의 논쟁이다. 루터는 재세례운동을 간접적으로만 접했고 때문에 재세례 논쟁을 친구들에게 위임했을 지라도 서로 연관성이 있다고 처음부터 확신했다.[56)] 그는 이미 1520년대 말과 1530년대 초에 재세례 문제에 대한 논쟁에 다양하게 개입했고,[57)] 이와 함께 재세례파 대처에 대한 그의 견해 역시 분명히 변화되었다. 그들의 육체와 생명을 처벌해서는 안 된다는 것이 처음 의

52) WA 39 I,138,16.

53) WA 38,238,29-239,2.

54) 상게서., 240,1-3.

55) 상게서., 241,6-10.

56) WA 26,173.

57) 비교. 그의 서신 "재세례파에 관해, 두 분의 목사에게"(1528), WA 26,(127)144-174, 메니우스(J. Menius)의 글 "재세례파 교리와 비밀"(1530)에 첨부한 루터의 서문, WA 30 II,(209)211-214, 또한 그의 시편 82편 주해(1530), WA 31 I,(183)189~218, 여기에 칼 하인츠 츠어 뮐렌(K.-H. zur Mühlen), Luthers Tauflehre und seine Stellung zu den Täufern, LWML 119-138.

견이었으나, 1530년에는 그들이 하나님의 이름을 모독했고, 세상 앞에서 그의 명예를 손상했음을 근거로 들어 반드시 처벌해야만 한다고 요구했다.[58] 이러한 현상은 그 이후에도 계속 유지되었으나, 루터는 주춤했다. 단지 한 번『비방자들과 엉터리 설교자들에 관하여』(1532)라는 글을 썼다.[59] 그 외에 루터가 기여한 것은 다른 사람(메니우스, 레기우스)의 글들에 쓴 서문들과 헤센의 공작 필립을 위해 부겐하겐, 크루시거 그리고 멜란히톤과 함께 1536년 사형판결에 대한 의견서에 서명한 정도이다.[60] 객관적으로 볼 때 이 이상의 새로운 관점은 없다.

재세례자들은 임명 없이 등장했기 때문에 관대해서는 안 된다. 그런 식의 등장은 마귀의 방법이다. 그들의 영과 열광성은 같은 것이 분명하다. 이유는 이 둘 모두 성례전에서 역시 일반적인 빵과 포도주만을 맛보듯이, 세례의 물은 단순한 물이라고 가르치기 때문이다. 1536년의 의견은 재세례파도 경우에 따라서는 검으로 벌해야 한다는 것이었다. 왜냐하면 - 사람들은 보통 뮌스터의 경험을 지적한다.[61] 그들은 공적인 질서를 파괴했기 때문이다. 그 외에도 그늘의 거짓된 교리(유아세례, 원죄, 하나님의 말씀 없는 깨달음)는 하나님 모독과 거짓 예배에 불과하며, 그 자체로서 형벌을 받기에 족하다. 그들의 가르침에 따르면 유아들은 보편적인 기독교 밖으로 분류되고, 세례를 받은 자와 세례를 받지 않은 자라는 두 종류의 하나님 백성이 있게 된다.

그러나 루터가 자신의 마지막 설교에서 다시 한 번 부드럽게 판단한 것에 대해 주목해야 한다.[62] 잘 알려진 밀밭의 가라지에 관한 성경구절인 마태복음 13장 24-30절을 인용하여 루터는 인간의 힘으로는 적들을 뿌리 뽑거나 혹은 그들을 회개시킬 수 없다고 고백했다. 그들이 지껄이는 것을 참고 인내해야 하지만, 말씀과 믿음으로 잘 막아내고, 그들이 지배하고 다스리지 못하도록 힘을 기울여야 한다. 윤리적 진지함에 대한 이해와 마찬가지로 깊이 있는 신앙적 확신이 재세례파에게 있는지에 대해 루터는 분명 자신의 생애에서

58) WA 31 I,208.

59) WA 30 III,(510)518-527.

60) WA 50, (6)8-15.

61) 상게서, 14,15f

62) WA 51,173-187, 특히 183-186.

밝혀보고자 하지는 않았다.

1530년대의 특별한 문제는 장차 황제에게 어떻게 대응해야 하는지의 문제였다.[63] 루터는 황제에 대한 좋은 생각을 끝까지 가지고 있었음에도 불구하고, 문제는 이미 오래전부터 있었다. 아우크스부르크 제국회의가 1530년 11월 19일 종결되면서 종교개혁 진영의 귀족들에게 6개월 이내에 완전히 복종할 것을 요구했을 때 갈등은 불같이 타올랐다. 루터는『사랑하는 독일인에 대한 경고』[64]라는 글로 대응했고, 이 글에서 가톨릭 제후의 통치를 받는 사람들에게 불복종을 호소했다. 가톨릭 제후들에게 동참하는 사람은 복음을 대항하는 것이며, 더불어 하나님과 그리스도 자신을 대항하는 것이요, 교황청이 행한 모든 만행의 공범이 되는 것이다.[65] 루터가 여기서 호소한 불복종은 물론 수동적 성격이다. 루터와 그의 측근 동료들은 오랜 기간 동안 적극적인 저항을 해서는 안 된다는 확신에 서 있었다.

그들의 백성들이 신앙으로 인해서 억압을 당하는 경우, 귀족들은 어떻게 행동해야 하는가의 문제에 대해 루터, 요나스 그리고 멜란히톤[66]의 공동 의견은 아마도 1532년에 나왔다. 답변은 이렇다. 보호가능성, 즉 정부의 대책에 대한 적극적 저항의 가능성은 없다. 물론 그것이 얼마나 불의하며, 무책임하고, 비양심적인지가 분명하게 되도록 하나의 칙령을 선포할 수는 있다. 루터는 1536년 공의회 초청과 연관하여 요나스, 부겐하겐, 암스도르프, 크루시거 그리고 멜란히톤과 함께 다시금 표명한 비텐베르크 신학자들의 공동 의견을 표명한 이후, 1539년에서야 상세하게 설명했다.[67] 그 동기는 슈말칼덴 동맹의 회원도시인 민덴(Minden)에 대해 제국회의가 판결을 내렸고, 1539년 봄에 가톨릭 귀족들의 공격

63) 여전히 중요한 책들은 아래와 같다. K. Müller, Luthers Äußerungen über das Recht des bewaffneten Widerstandes gegen den Kaiser = Sitzungsberichte der Kgl. Bayerischen Akademie der Wissenschaften, Philos.-philol. und historische Klasse, Jg. 1915, Abh. 8, München 1915; aus neuerer Zeit besonders: H. Dörries, Luther und das Widerstandrecht, in: Wort und Stunde 3, Göttingen 1970, 195-270; Luther und die Obrigkeit, hg. v. G. Wolf, Darmstadt 1972 = Wege der Forschung 85; E. Wolgast, Die Wittenberger Theologie und die Politik der evangelischen Stände, Theol. Habil.schr. Göttingen. 1974. gekürzt auch gedruckt: QFRG 47, Gütersloh 1977; ders., Die Religionsfrage als Problem des Widerstandrechts im 16. Jahrhundert, Göttingen 1980; G. Müller, Luthers Beziehungen zu Reich und Rom, LWML 369-401; die einschlägigen Texte bei H. Scheible, Das Widerstandrecht als Problem der deutschen Protestanten 1523-1546, Gütersloh 21982 = Texte zur Kirchen- und Theologiegeschichte 10.

64) WA 30 III,(252)276-320, 1530년 10월에 이미 쓰였으나, 인쇄는 약간 늦은 1531년 봄에 이루어졌다. 1530년 3월 6일『작센 제후들에게 보내는 서신』참고. WA Br 5,(249)258-261(262).

65) WA 30 III,301.

66) WA Br 6,(405)406.

67) CR 3,126-128; Scheible (위 각주 63) 89-92.

이 있을 거라는 소문으로 인해 팽팽한 긴장이 감도는 상황이 초래되었기 때문이다. 슈말칼덴 동맹의 정치적 책임자들에게는 오히려 선제공격을 감행해야 하는 것은 아닌지에 대해 구체적으로 숙고해야 할 이유가 충분했다. 아마도 1538년 11월[68]에 나온 비텐베르크 신학자들의 새로운 평가서는 그러한 대응의 가능성을 인정했다. 왜냐하면 제국회의 결의서는 이미 적의를 드러냈으며, 정치가들이 그 점에 대한 결정을 보류하고 있었기 때문이다. 결정적으로 중요한 루터의 견해는 몇 달 후에 분명해졌다. 그는 아마도 1539년 4월 학문적 토론을 위해 일련의 논제를 출판했고, 4월 15일자 소위 프랑크푸르트 유예 결정이 긴장 상황을 상당히 해소시켜, 그 과정에서 본래 70개 논제에다가 교황에 대한 날카로운 비판을 담은 20개 논제를 더 추가할 필요가 있었음에도 불구하고, 실제로 5월 9일 그 논제들을 토론했다.[69]

이 토론의 특별한 점은 바로 최고의 정부인 황제에 대한 적극적 저항의 적법성에 대한 문제가 이제 교황과의 대립이라는 커다란 연관성 속으로 연계되었고, 인식의 중요한 척도들을 거기서 얻었다는 점이다. 모든 것을 신앙과 양심의 문제로 놀리고, 정부에 대한 것도 모든 것을 견디어야만 했다. 그러나 다른 한편, 십계명의 두 번째 판의 영역을 위해서는 모든 방법을 동원하여 불의와 폭력을 막아 달라고 정국 당국에 요구할 권리가 있다. 교황은 정부가 아니며, 공익을 위태롭게 하는 야수이기에 모두가 맞서 싸워야 한다. 그가 시작하는 전쟁에서도 역시, 비록 제후들과 왕들 또는 황제가 그들의 임무를 수행한다 할지라도 저항권은 있다. 루터가 부겐하겐과 요나스와 함께 아마도 1539년 7월 초에 서명한 평가 역시 그와 일치하고 있다[70]: 만일 왕과 황제가 공적으로 그리고 악하게 폭력을 행사하고 무죄한 그리스도인과 복음의 설교자를 억압하고자 전쟁을 일으킨다면, 봉건 백성들은 도로에 나타난 살인자에 대응하듯이 그들의 복종의무에서 벗어난다.

---

68) Enders 12,78-81; Scheible 92-94; 연도에 대해서는 WA Br 13,268 내지는 Scheible 92f. 각주 447을 보라.

69) WA 39 II, (XVI); (34)39-51 (논제, 라틴어와 독일어); 52-89(토론); 90f. (부록); Scheible 94-98; 비교. WA Br 8,(364)366-368 코트부스 설교자인 루딕케(J. Ludicke)와 헤르만(R. Hermann)에게 보낸 루터의 글, Luthers Zirkulardisputation über Mt 19,21, LuJ 1941, 35-93, 그 후 다시 in: ders, Gesammelte Studien zur Theologie Luthers und der Reformation, Göttingen 1960, 206-250; Wolgast, Die Wittenberger Theologie und die Politik (위 각주 63), 243-251.

70) WA Br 8,515-517, 비교. Wolgast 상게서., 251.

시간이 흐르면서 더욱 완고해진 또 하나의 국면은 유대인에 대한 루터의 태도였다.[71] 교황과의 대립이 절정에 올랐던 1523년 루터는 "예수 그리스도는 유대인으로 태어났다."[72]라며 이미 한 번 이 문제에 대해 입장을 표명했다. 루터는 이 속에서 교황교회가 복음이 빠진 설교에 책임이 있고, 유대인들은 아직 예수 그리스도에 대한 믿음을 발견하지 못했을 것이라는 확신을 표명한 것이다. 그리고 루터는 그리스도의 사랑의 법에 따라 유대인들과 사귐을 가질 것과 적어도 일부 유대인이 회심하게 될 희망을 피력했다.

이러한 희망은 성취되지 않았으며, 그 반대로 루터는 유대교의 선교활동과 기독교인들이 실제로 율법 신앙으로 돌아가는 것을 알게 되었다. 가끔은 "유대교화의 물결(judaisierenden Welle)이 중요하다."고 언급도 했다.[73] 루터는 1538년 유대교로 전향한 사람들 중 몇몇을 다시 돌이키게 할 수 있다는 기대에서 새롭게 유대교에 가입하는 사람들을 향해 『안식일주의자에 반대하여』[74]라는 글을 썼다. 그러나 그것은 단지 주변적인 것만을 이해했을 뿐이다. 기독교와 유대교의 관계에 대한 전체적인 주제는 훨씬 더 깊은 것이기에 더 철저히 이해해야만 한다. 루터는 늦어도 1536년 이후, 선제후가 칙령을 내려 유대인들이 작센에 체류하는 것을 거부했을 때, 다시 이 문제에 직면했다. 이 시기에 루터는 그 문제에 대해서 책을 쓰겠다는 생각을 여러 번 언급했다.[75] 그 후 그는 아마도 이 계획을 다시 철회했다.[76] 그러나 그 후 1543년 초에 상당히 방대한 분량의 『유대인들과 그들의 거짓

71) 수많은 저작들은 루터의 입장을 파악하는데 어려움이 있음을 동시에 반증하는 것이다. 잘 요약된 정보는 J. Brosseder, Luthers Stellung zu den Juden im Spiegel seiner Interpreten, München 1972 = Beiträge zur ökumenische Theologie 8을 보라. 더 나아가 K. Meier, Zur Interpretation von Luthers Judenschriften, in: 450 Jahre lutherische Reformation 1517-1967 (Festschriften für F. Lau zum 60. Geburtstag), Berlin 1967, 233-251 의 연구보고를 보라. 이 글은 다시 K. Meier, Kirche und Judentum, Halle 1968, 127-153에 수록되었다. R. Lewin, Luthers Stellung zu den Juden. Ein Beitrag zur Geschichte der Juden in Deutschland während des Reformationszeitalters, Berlin 1911, Neudruck Aalen 1973 = Neue Studien zur Geschichte der Theologie und der Kirche 10은 여전히 중요하다. 더 나아가 J. Rogge, Luthers Stellung zu den Juden, Luther 40(1969), 13-24; G. Müller, Art. "Antisemitismus" VI,3, Reformatoren und Juden, TRE 3(1978), 145-149, 154f.; L. Poliakov, Geschichte des Antisemitismus, Bd. 2, Das Zeitalter der Verteufelung und des Ghettos, Worms 1978; H. A. Oberman, Wurzeln des Antisemitismus. Christenangst und Judenplage im Zeitalter von Humanismus und Reformation, Berlin 21983; W. Bienert, Martin Luther und die Juden, Frankfurt(M.) 1982. 등을 참고하라.

72) WA 11,(307)314-336.

73) H.A. Oberman (위 각주 71), 178 각주 88.

74) WA 50,(309)312-337.

75) WA Br 8,90,3(1537년 6월 11일자 엘자스의 유대교 대표인 요셀 폰 로스하임에게 보낸 서신); 비교. WA 50,280,8-10 『안식일주의자에 반대하여』라는 글 결론에서 간접적으로 언급.

76) 비교. WA 53,417,2f.

에 관하여』[77]라는 책이 나왔다. 집필 동기는 『안식일주의자에 반대하여』[78]라는 루터의 책에 대해 반대하는 유대인의 책이 나왔기 때문이다. 루터는 기독교인의 소명의 근거를 제거시키는 식의 몇몇 구약성경 구절에 대한 주해를 그 속에서 보았다. 루터는 여기서 논쟁의 요점을 분명히 지적했다. 루터가 책에서 밝힌 입장을 적대적인 반유대적인 것으로 이해하는 것은 커다란 왜곡인 듯싶다. 루터에게 중요한 것은 성례전 모독에 대해 만연된 비방도 유아살해나 인종적인 편견도 아니었다. 그 자신은 나중에 강조한 것처럼[79] '유대인대적'이 아닌, '유대인에 관한' 글을 쓰고자 했다. 그는 유대인들과 싸우고자 하지 않았으며 - 몇몇이 회심하리라는 희망도 오래 전에 포기했다 - 성서를 이해하는 그들의 방법론에 대해서도 알고자 하지 않았다. 오히려 그는 자신의 모든 글에서 그리스도인들을 향해 말했다. 그들이 오해하지 않도록 하는 하나의 경고이기도 했다. 왜냐하면 그것은 비단 유대인만의 문제는 아니었기 때문이다. 루터는 유대인들과 함께 율법과 복음의 관계를 바르게 이해하고자 노력했다. 루터는 유대교에서 단순히 하나의 다른 신앙이 아니라, 율법종교의 원형을 보았다. 루터는 복음을 위협하는 큰 위협이 유대교에 있음을 알았다. 그 때문에 그는 주저 없이 유대교, 교황교회 그리고 변절자를 한 맥락으로 칭한다. 그들은 근본적으로 복음에 위배되는 입장에 있다. "유대인 문제는 루터에게 있어서 그리스도의 문제를 뒤집어 놓은 것과 같다."[80] 그의 관점에서 본다면, '루터와 유대인'은 아무런 문제가 없다.[81] 더 나아가서 비록 루터가 해석학적인 설명들을 제한하지 않았다고 할지라도 교황을 반대한 후기의 글에서 대상에 적합지 않다고 소리쳤던 것처럼 그에게 절대적으로 중요한 것은 구약성서의 그리스도적 해석이었다.[82] 그러나 물론 루터는 전혀 들어보지 못한 유대인들의 완고함에 대해서는 적지 않게 놀랐다. 하나님에 의한 추방이라고 이해한 1500년대의 추방과 구약 언약의 성취인 예수 그리스도에 관한 복음을 오랫동안 선포해 왔음

---

77) WA 53,(412)417-552.

78) WA 50,(309)312-337.

79) 비교. WA 53,579,11f. "Vom Schem Hamphoras und vom Geschlecht Christi."

80) H. Bornkamm, Luthers geistige Welt, Gütersloh ^{3}1959, 36.

81) H. A. Oberman, Wurzeln des Antisemitismus (위 각주 71), 95.

82) H. Bornkamm, Luther und das Alte Testament, Tübingen 1948; G. Ebeling, Lutherstudien I, Tübingen 1971, 특히 42-51. 연관성에서 볼 때 1543년에 나온 다른 두 개의 유대인 글은 결국 성서해석에 속하는 것이다. "Vom Schem Hamphoras und vom Geschlecht Christi", WA 53,(573)579~648 그리고 "Von den letzten Worten Davids", WA 54,(16)28-100.

에도 여전히 선택된 하나님의 백성이라는 그들의 주장을 정당화하고, 밖으로 전하는 것은 루터에게는 학문적으로 잘못된 것이며, 하나님을 거짓말쟁이로 만드는 것이다. 그리스도는 유대인들과 한 몸이라고 말하면서 여기서 그를 공범자로 만들어서는 안 된다. 그 때문에 루터는 포괄적인 반유대인 대책을 세우고자 구체적인 제안을 했다. 회당 소각, 유대인의 집 파괴, 종교서적의 압류, 랍비의 교리 금지, 자유로운 통행 제거, 고리대금과 젊은이들의 양성 금지 그리고 능력있는 유대인들에게 하급 노동이다.[83] 루터는 이와 같은 계획을 유대인의 권리를 없애고, 가능하다면 완전히 추방할 일련의 계획에 포함시켰다. 루터가 그것을 얼마나 진지하게 여겼는지는 생애 마지막 무렵인 1546년 2월 15일 아이슬레벤에서 마지막 설교를 하면서 신자들에게 다시 한 번 그 점을 경고했다는 사실을 보여준다.[84]

아직 유대인들이 이 땅에 있다는 사실에 직면하여 어떤 피해가 있을지 루터는 경고하고자 했다. 확실히 사람들은 기독교적으로 그들을 대하고 그들에게 신앙을 갖도록 초청하기를 원했다고 한다. 그들의 세례는 아브라함에게 귀결되는 자신들의 소명을 진지하게 생각하고 있다는 신호일 수 있다. 만일 유대인들이 그리스도인들을 죽일 수 있다면, 그들은 그것을 실행할 것이다. 게다가 그들은 인간을 독살할 수 있는 은밀한 기술에 대해 제공하는 일조차 할 수 있다.

그러나 결국 모든 주제는 훨씬 더 많은 연관성을 가지고 있음을 알아야만 한다. 유대인 문제에 있어서도 역시 루터의 노년기의 글들이 보여주는 타협을 불허하는 태도는 루터가 완고한 모습의 유대인들을 복음을 거스르는 적그리스도와 하나님을 대적하는 사단과의 전쟁으로 보고 있다는 사실에 궁극적 이유가 있다. 루터의 유대인 관련 저서 역시, 교황을 반대하는 것처럼, 종말을 기대하는 그의 관점의 범주에 속하는 것이다.

마귀의 이름을 가진 이러한 연합체의 세 번째 파트너는 터키이다. 1528/1529[85]년에 나

83) WA 53,523-526, 비교. 536f. 4대 계획이 추진되었다. 회당의 파괴, 서적 압류, 유대인 예배 금지 그리고 하나님의 이름을 공공연하게 말하는 것 금지.

84) WA 51,195f.

85) "Vom Kriege wieder die Türken", WA 30 II,(81)107-148. 그리고 "Eine Heerpredigt wieder den Türken" ebd., (149)160-197. Vgl. H. Lamparter, Luthers Stellung zum Türkenkrieg, München 1940; R. Pfister, Reformation, Türken und Islam, Zwingliana 10,6(1956), 345-375. R. Mau, Luthers Stellung zu den Türken, LWML 647-662.

온 터키를 다룬 방대한 분량의 두 개의 글에서 루터는 이 점을 매우 분명히 밝혔다. 교황측에서 이제까지의 터키에 대한 전쟁을 십자군전쟁처럼 호소했다면, 루터는 그것을 종말론적 전쟁이라고 썼다.[86] 빈의 문턱까지 다가온 터키의 진격은 그에게는 - 다니엘서의 상황을 터키에 직접 적용하여 - 이것으로 세상이 종말을 맞을 것이라는 분명한 표지였다. 루터는 터키를 "기독교를 대적하는 마지막이자 가장 격렬한 마귀의 분노"라고 이해했기 때문에 "최후의 심판이 임박해 있음에 틀림없다."는 결론을 내렸다.[87] 물론 1529년 절박한 위험을 한 번 더 막아냈다. 그러나 위협은 여전히 사라지지 않았다. 루터는 계속해서 경고했다. 루터는 1531/32년 해가 바뀌는 즈음에 독일 북부의 개혁자인 요한네스 브렌츠(Johannes Brenz)[88]의 설교 서문에서 참회할 것을 호소했고, 게으름을 꾸짖으며 깨어 있을 것을 경고했다.[89] 1532년 8월 루터는 터키 전쟁에서 지휘관이라고 생각했으며, 루터에게 중보기도와 강의를 요청한 적이 있는 선제후 계승자인 브란덴부르크의 요아힘에게 보내는 서신에다가, 몇 년 전 두 개의 방대한 저서에 이미 서술한 내용을 다시 한 번 요약하여 보냈다.[90] 긴장이 최고조에 달한 1539년에 터키가 다시 침입할 것이라는 소문이 무성하자 『모든 목사들에게 평화를 위해 기도할 것을 권면』이라는 글에서 염려하지 말고 은혜로운 보호를 위해 기도할 것을 권면했다.[91] 그리고 2년 후 그는 기도하도록 다시금 호소해야만 했다.[92] 왜냐하면 터키의 술탄 슐레이만 1세가 요한 차폴리아스(Johann Zapolyas)의 사망(1540년 6월 21일) 후 헝가리의 왕위계승을 둘러싼 복잡한 문제를 1541년 8월 대군을 이끌고 다시 침입하여 종결시켰기 때문이다. 슐레이만은 도나우를 넘어 9월 2일 수도인 오펜(부다)을 점령했고, 마티아스교회를 이슬람사원으로 바꾸도록 조처했다.

루터는 다시금 그리스도인들이 회개해야 한다고 보았다. 그들이 복음을 무시하고, 인색하며 제국 최고법정의 직임을 남용하는 등 갖가지 악습에 사로잡혀 있기 때문이었다.

---

86) 비교. 특히 BML 519-526.

87) WA 30 II, 162,19; 17,20f.

88) 비교. 브렌츠에 대해서는 M. Brecht, Johannes Brenz, Neugestalter von Staat, Kirche und Gesellschaft, Stuttgart 1971; ders., Johannes Brenz, GKG 6, 103-117.

89) WA 30 III,(533)536f.

90) WA Br 6,(343)344f.

91) WA 50,(478)485-487, 특히 485.

92) "Vermahnung zum Gebet wider den Türken," 1541, WA 51,(577)585-625.

그는 곧 종말이 오는 것 외에 다른 희망을 갖지 않았다. 하나님도 이러한 상황을 더 이상 오래 지켜볼 수 없을 것이기 때문이다. 터키에 저항하는 방법은 하나 밖에는 없다. 즉 하나님께서 연합군을 승리하도록 만드는 것이다. 그 때문에 회개하도록 호소하고, 연약한 점을 드러내는 것이 중요하며, 특히 군인들은 자신의 황폐한 삶을 돌이켜 보고 그들이 누구와 싸워야 하는지 알게 하는 것이 중요하다. 그리고 모두가 기도해야만 한다. 이것을 위해 루터는 직접 지침을 주고, 예전에 사용하도록 중보기도문 등을 작성해 주었다. 그리고 누구도 의심하지 말고, 누구도 체념하지 말라. 전쟁에 참여하는 자는 육체와 피가 아니라, 마귀의 군대와 싸운다고 확신하라. 하나님을 신뢰하는 것만이 마귀를 대적하는 길이다. 그리고 경건한 자의 기도가 이 전쟁을 종결시킬 것이다.

이와 같은 경고로 다 끝난 것은 아니다. 루터는 터키의 위험에 대한 집중적인 연구에서 이미 터키인의 신앙세계와 그들의 생활에 관심이 있음을 보여주었고,[93] 이제 두 번째 단계가 이어졌다. 그는 코란의 반박을 독일어로 번역했다.[94] 승리에 넘치는 터키의 진군에 직면하여 기독교 신앙을 강하게 하는 것이 그 목적이었다. 왜냐하면 이것, 즉 적의 승리도 자신의 백성을 다스리는 하나님의 방법이다. 그것은 죄에 대한 벌이다. 그러나 가장 큰 형벌은 터키 자체이다. 왜냐하면 그는 영원한 저주를 얻었기 때문이다. 그리고 루터는 얼마 후 코란출판물에 서문을 기고했다.[95] 루터는 이 책의 출판을 위해 노력했다. 이것으로 이슬람의 오류를 잘 반박하고, 몇몇의 터키인들이 기독교 신앙을 갖기 위해 개종할 수도 있기 때문이었다.

마지막으로 설교자요 신학자인 루터와는 상당히 거리가 있는 다른 하나의 주제가 다시 한 번 더 논란이 되었다. 루터는 1520년대 초에 이미 여러 저서에서 초기 자본주의 경제활동의 등장과 같은 돈을 빌려주고 이자를 받는 '고리대금업'에 대해 폭로했다.[96] 1530년대 말 그는 이 주제를 다시 한 번 다룰 필요가 있다고 생각했다. 가뭄으로 인해 물가가 치

93) 루터는 1530년 "Libellus de ritu et moribus Turcorum"라는 출판물의 서문을 썼다. WA 30 II,(198)205-208.

94) "Verlegung des Alcoran Bruder Ricardi", 1542, WA 50 III,(261)272-396.

95) Vorrede zu Biblianders Koranausgabe. 1543, WA 53,(561)569-572.

96) "Sermon von dem Wucher", 1519, WA 6,(1)3-8; 1520년 개정과 내용을 확장, ebd., (33)36-60; "Von Kaufshandlung und Wucher," 1524, WA 15,(279)293-322, 두 번째 부분은 1520년 설교(Sermon)에 나타나 있다. Th. Strohm, Luthers Wirtschafts- und Sozialethik, LWML 205-223.

솟고, 가격 상승을 고려한 투기에 따른 식량부족으로 상황이 악화되자 루터는 우선 비텐베르크 시의회에 그리고 그 후 선제후에게 진정서를 보냈다.[97] 그는 설교단에서 그런 수치스러운 작태들에 대해 비난했다.[98] 그리고 마지막으로 많은 사람들의 생각을 자신의 말에 담아 전달하려는 목적으로 펜을 들어『고리대금 반대를 설교해야 할 목사들에게 주는 권면』[99]을 집필했다.

이 글에서 루터는 이미 이전의 글에서처럼 이자를 목적으로 한 사채는 고리대금이며, 이는 비난받아야 한다는 기본원칙을 강조했다. 직접 - 분명한 것은 여기서 기존의 그의 입장이 더욱 강해졌다 - 교회의 교육적 대책을 촉구하고자 판사들에게 위임하면 더 좋을 이의들을 목사들이 어떻게 제기할 수 있는지에 대해 안내하기도 했다. 위반을 한 자가 회개하지 않는 경우, 교회 밖으로 축출해야 한다. 결론에서 루터는 재물을 사용하는 세 가지 기독교적인 방법을 상세히 설명했다. 기독교적인 것은 기꺼이 주는 것, 즉 베푸는 것이며, 그 대가로 무엇인가를 취하지 않고 기꺼이 빌려주는 것이다. 그리고 마지막으로 불의와 폭력을 참고 소유와 재산을 내어주는 것이다. 종교개혁의 심장부인 비텐베르크에서조차도 일반인의 삶에서 복음 설교의 열매라고 루터가 기대했던 것은 좀처럼 보기 힘들었다. 이것은 루터의 후기의 삶 그리고 창작의 시기에 그가 겪은 매우 어려운 경험이었다. 1530년대에 나온 탁상담화를 보면 도시 안에는 복음의 열매가 없다는 것[100]과 주민들의 인색함과 비윤리[101]에 대해 루터가 한탄하는 내용이 많이 들어 있다. 불만의 이유는 여전히 학생들에게 돌아갔다. 루터는 그들의 비윤리적인 충동을 여러 차례 설교단에서 질책했다.[102] 루터의 동료들과 가족들 역시 결코 그러한 명예를 추구하지 않았고, 그 결과 가령 토지 이용이나 건축 등과 관련해서 그에게는 작은 갈등이나 불화가 일어나지 않았다. 1543/44년 해가 바뀌면서 루터는 탁상담화에서 자신에게 감사하지 않는 비텐베르크 사

97) WATR 4,329f. Nr.4472; WA Br 8,(403)404f.

98) WA 47,721-730; TR 4,345 Nr.4496.

99) 1540년이라는 연도로 인쇄되었다. WA 51,(325)331-424.

100) WA TR 1,221,5-7(1533). 전체적으로는 H. Junghans, Luther in Wittenberg, LWML 11~37.

101) WA TR 2,615,32-34(1532); 3,321,1-4;3,341,22-25(1536);4,168,4-10(1538), 도시, 선제후 그리고 독일전체에 대한 한탄은 ebd., 5,504-506.

102) WA 46,159f.(1538년 2월 2일); 177f.(1538년 2월 17일); 47,663f.(1539년 2월 2일). 1543년 5월 13일자 "Wider die Speck- und Hurenstudenten"이란 권면은 출판되었다. WA 49,(XXXI)278f.

람들에 대해 유감스럽게 생각했다. 그는 심지어 미움을 느꼈고, 적어도 자신의 가족을 아일렌부르크(Eilenburg) 혹은 차이츠(Zeitz)로 이주시키려 했다.[103] 듣는 자들이 그와 같은 그의 이야기들을 얼마나 진지하게 받아들이지 않았는지 알 수 있다. 루터에게 그것은 공허한 위협이 아니었다. 왜냐하면 그로부터 1년 반이 지난 1545년 7월 28일 크루시거(C. Cruciger)를 동행하여 간 차이츠로부터 그곳에서 특별한 과제를 가지고 있으며, 돌아오지 않을 것이라고 그의 부인에게 알려왔기 때문이다. 비텐베르크에 대한 그의 가슴은 차가워졌다. 집을 시에 내놓고 췰스도르프(Zülsdorf)[104]의 재산을 포기했다는 얘기도 나왔다.[105] 루터가 다시 돌아오겠다고 결심하기 위해서는 대학과 비텐베르크 의회 그리고 선제후 자신[106]의 커다란 노력이 필요했다.

그러나 시간이 흐르면서 관계가 더 어려워지고 긴장된 것은 단지 이곳에서만은 아니었다. 루터와 그의 동료들, 친구들 그리고 가장 긴밀했던 측근들의 관계도 마찬가지였다.[107] 루터는 근본적으로 외톨이는 아니었다. 그는 처음부터 동료들이 있었다. 그들은 루터가 생각한 것을 계속 수행했을 뿐만 아니라, 스스로 책임 있게 활동했고, 루터의 의무를 대신하고, 조언하며, 가끔은 그에게 중요한 영향을 끼쳤다. 규칙적이고 양호한 연합업무에 대한 적절한 예는 성서번역의 완성이며, 이후에 계속 이어진 수년간에 걸친 개정작업이다. 루터의 가장 중요한 동료는 희랍어 교수인 필립 멜란히톤, 저지독일어 지역 자문인 요한네스 부겐하겐, 편집자요 교정자인 게오르크 뢰러, 히브리어 교수인 마태우스 아우로갈루스, 히브리어 학자이면서 뢰러와 더불어 교정자인 카스파르 크루시거 그리고 유스투스 요나스가 있었다. 비텐베르크 신학자들은 엄청난 일들을 하면서도 동시에 하나의 최고의 팀을 이루었다. 여러 문제들에 대한 일련의 평가도 역시 그렇게 했다.[108] 종교개혁의 진전에 가장 중요했던 것은 1537년 봄 슈말칼덴에서 열린 신학자 회의였다.

그럼에도 불구하고 여기에도 역시 긍정적으로만 작용하지 않은 긴장이 있었다는 사

---

103) WA TR 5,660,18-24.

104) 라이프치히 남쪽. 루터는 1540년 그의 부인의 오빠로부터 재산을 상속받았다.

105) WA Br 11,(148)149f. (152).

106) 비교. 루터에게 보낸 1545년 8월 5일자 선제후의 편지, WA Br 11,(160)161-163(165).

107) H.G. Leder, Luthers Beziehungen zu seinen Wittenberger Freunden, LWML 419-440.

108) 비교. 위의 저항권 문제에 대해서.

실을 간과해서는 안 된다. 가령 루터와 멜란히톤[109] 사이에 교황의 인정 문제에 관해 의견 차이가 있었다는 사실은 잘 알려진 것이며,[110] 칭의론[111]과 성만찬 이해에서도 확실한 차이가 있다. 멜란히톤은 율법과 자유의지론에서도 자신의 길을 갔다. 그러므로 루터와는 멜란히톤 신학의 독자성에 대해서도 확실히 말할 수 있으며, 나아가 몇 가지 점은 분명히 루터와 대립되고 있다. 그럼에도 불구하고 그것을 통해 이들의 상호관계는 전혀 흐려지지 않았다. 루터는 멜란히톤과 그의 교리에 대해 한 번도 거리를 둔 적이 없다. 유혹적인 제안들 역시 멜란히톤을 움직이지는 못했다.

루터는 멜란히톤이 가진 교리의 특이성을 다양성의 차원에서 끝까지 인정할 수 있었으나, 그와는 달리 또 다른 측근인 요한 아그리콜라[112]의 독자적인 길은 자신에게서 더 이상 허락되지 않았다. 한 때 돈독한 우정을 나눈 동료이기에 신학적 불화에 대한 루터의 당혹감은 매우 깊었다. 균열은 이미 1527년 아그리콜라가 멜란히톤의 시찰논문에서 율법과 참회에 대해 반박했을 때 시작되었다. 죄인식과 참회의 시작은 모세도 아니고 율법도 아니며, (초기 루터의 견해와 일치하여) 그리스도와 복음이다. 그 당시 균열을 메우는 것은 성공했지만, 조정은 단지 피상적일 뿐이었다. 왜냐하면 1537년 정확히 같은 문제에 대해 논쟁이 다시 발생했고, 이번에는 루터와의 논쟁이었다. 1년 전 아그리콜라는 자신의 대가족을 데리고 아이슬레벤에서 다시 비텐베르크로 이주했고, 대학에서 강사를 했다. 그의 출판물들은 곧 명성을 가져다주었다. 그리고 반율법적 논제들이 대학에 전해지고 아그리콜라가 복음서 요약에서 매우 다른 자신의 의견을 숨김없이 드러냈을 때, 루터가 개입했다. 루터는 1537년부터 1540년까지 모두 여섯 편의 논제와 부분적으로 이어서 열린 토론들[113]

109) 비교. W.H. Neuser, Luther und Melanchthon - Einheit im Gegensatz, München 1961 = Theol. Existenz heute, NF 91; B. Lohse, Philipp Melanchthon in seinen Beziehungen zu Luther, LWML 403-418.

110) S. Melanchthons einschränkenden Zusatz zu seiner Unterschrift unter Luthers sog. Schmalkaldischen Artikeln 1537, BSLK 463f.

111) 비교. M.Greschat, Melanchthon neben Luther. Studien zur Gestalt der Rechtfertigungslehre zwischen 1528-1537, Witten 1965.

112) G. Kawerau, Johann Agricola von Eisleben, Berlin 1881/Neudruck Hildesheim 1977; R. Hermann, Zum Streit um die Überwindung des Gesetzes. Erörterungen zu Luthers Antinomerthesen, Weimar 1958; R. Rogge, Johann Agricolas Lutherverständnis, Berlin 1960; ders., Art. "Agricola, Johann", TRE 2(1978), 110-118; ders., Innerlutherische Streitigkeiten um Gesetz und Evangelium, Rechtfertigung und Heiligung, LWML 187-204; St.Kjeldgaard-Pedersen, Gesetz, Evangelium und Buße. Theologiegeschichtliche Studien zum Verhältnis zwischen dem jungen Johann Agricola(Eisleben) und Martin Luther, Leiden 1983 = Acta Theologica Danica 16; E. Koch, Johann Agricola neben Luther. Schülerschaft und theologische Eigenart, in: Lutheriana. Zum 500. Geburtstag Martin Luthers von den Mitarbeitern der Weimarer Ausgabe, hg. v. G. Hammer und K.-H. zur Mühlen = Archiv zur Weimarer Ausgabe der Werke Martin Luthers 5. Köln/Wien 1984, 131-150.

113) WA 39 I,(334)342-358(논제); 359-584(토론들)

그리고 특별한 소책자인『반율법주의자 반대』[114]에서 단호하게 반박했다. 여기서 복음은 새로운 율법이다. 율법을 제거하는 사람은 복음도 제거하는 사람이다. 루터는 이와 같은 다른 입장에서 종교개혁 전체를 다시 생각해 보았고, 최종 결론을 내릴 자세로 자신의 항변을 날카롭게 설명했으며, 아그리콜라와 우정을 완전히 끊고, 그의 거만함에 대해서, 그리고 존경받고 싶어 하는 자아현시증에 대해서 꾸짖었을 뿐만 아니라, 그것이 도덕적 진지함을 없앰으로써 그가 '유다의 마음'을 가졌다고 말했다.[115] 이 같은 전제 하에서 화해는 생각할 수 없었다. 가끔 상호이해가 있기는 했으나, 핵심적인 차이를 일치시키지는 못했다. 아그리콜라는 1539년 여전히 새로 만든 비텐베르크 위원회의 회원이었지만, 그 후 구금되었다. 그는 1540년 비텐베르크를 떠나 브란덴부르크 선제후 요아힘 2세의 궁정설교자가 되었고, 후에는 총감독관이 되었다.

루터는 가정에서도 역시 기쁨과 슬픔을 경험했다. 1533년 1월 28일 셋째 아들 파울이 태어나고, 1534년 12월 17일 셋째 딸 마가레트가 출생하면서 자녀가 다섯 명이 되었다(장녀 엘리자베스는 1527년 12월 10일 태어났으나, 1528년 8월 2일 사망했다). 편지, 특히 아내에게 보내는 편지와 탁상담화에서의 이야기를 통해 우리는 루터가 얼마나 열정적으로 자녀들의 성장에 관심을 가졌으며, 결혼과 가정은 삶의 전부였고 결코 부차적인 일이 아니었는지를 알게 된다. 그러나 여기서도 역시 걱정과 괴로움이 많았다. 둘째 딸인 막달레나 역시 1529년 5월 4일 태어났으나, 13살의 나이로 1542년 9월 20일 사망했다. 그녀는 특별히 아빠인 루터를 많이 닮은 듯 했다.[116] 루터의 아내 역시 늘 건강한 편이었으나, 병이 없지는 않았다. 그녀는 1540년 초에 유산으로 인해 건강이 악화되었고, 루터가 나중에 한 번 말했듯이, 이미 죽은 거나 다름없었으나, 다시 살게 된 것은 기도의 응답이라고 이해했다.[117]

1537년 봄에 그 자신의 회복도 기도의 응답이라고 판단했다. 루터의 생애 말기 10년

114) WA 50,(461)468-477.

115) WA TR 3,321,6.

116) 비교. WA TR 5,185-194, Nr.5490a-5502.

117) Ebd., 4,568,13f. 그리고 각주 20; WA Br 9,61 각주 2.; E. Kroker, Katharina von Bora, Berlin [16]1983, 222f.

은 점차 악화되는 병이 특징으로 나타난다.[118] 그의 건강은 그 이전에도 좋지 않았다. 그는 심장장애, 두통, 구역질, 현기증과 의욕상실에 시달리고 가끔 감기에도 걸렸다.[119] 그러나 과제, 연구, 상담과 책임감 등 무거운 짐이 그의 어깨에 놓여 있음을 생각한다면 이 시기는 비교적 안정된 건강을 유지했다고 볼 수 있다. 1540년대 초에 그의 건강은 확연히 달라졌다. 첫 징후가 나타났다. 그것은 이제부터 지속적으로 그의 삶의 불안요소가 되었다. 그것은 다양하게 루터를 압박했고, 그리하여 꼭 필요한 일들을 취소시키거나 다른 사람에게 위임하도록 만들었다. 그는 죽음에 더욱 가까이 다가가고 있었다. 루터는 결석(結石, Steinleiden)을 '사탄의 주먹', "혹사자 그리고 사탄"이라고 말하거나 바울을 인용(고후 12:7)하여 '육체의 가시'(stimulus carnis)라고 불렀다.[120] 슈말칼덴에서 중요한 회의가 열리던 1537년 봄에도 위험한 고비가 한 번 있었다. 도시에 도착한 며칠 후, 루터는 한 주 이상 계속되는 전체적인 배뇨장애에 시달렸다. 회복을 기대한 사람은 더 이상 없었다. 루터 자신도 회복을 믿지 않았다.[121] 루터는 이어진 1538년을 "포악하고 위험하며 정말 악한 해요, 많은 잔인한 죽음을 가져온 해"라고 적었다.[122] 특히, 1538년 중반에는 결석의 동증에 이질과 관절염이라고 진단해야만 하는 격렬한 관절통이 시작되었다. 더 나아가 1541년에는 고막의 상처를 불러일으키는 심한 중이염을 앓았다.[123] "나는 이제 끝났다", "나는 다 마쳤다",[124] "나는 송장이다", "충분하다", "지쳤다"[125]라며 루터는 여러 번 한탄했고 친구들에게 "나의 영혼을 주께서 평안하게 인도해 달라"[126]고 자신을 위해 기도해 줄 것을 요청했음

118) F. Küchenmeister, Dr. Martin Luthers Krankengeschichte, Leipzig 1891; W. Ebstein, Dr. Martin Luthers Krankheiten und deren Einfluß auf seinen körperlichen und geistigen Zustand, Stuttgart 1908; Ch, Schubart, Bericht über Luthers Tod und Begräbnis. Texte und Untersuchungen, Weimar 1917; A. Halder, Das Harnsteinleiden Martin Luthers, Med. Diss., München 1969.

119) BML 489-496.

120) 비교. WA Br 8,225,4; 11,120,6; 132,27.

121) 그에 대해서 후에 소위 "루터의 첫 유언"이라는 이름으로 부겐하겐이 1537년 3월 3일 기록했다. WA Br 8,(54) 55f. 루터의 유언은 본래 1542년 1월 6일자로 되어 있다. WA Br 9,(571)572-574,575f. T. Fabiny, Martin Luthers letzter Wille. Das Testament des Reformators und seine Geschichte, Berlin 1983.

122) WA TR 4,21,2f., Nr. 3937.

123) 1541년 4월 12일자 멜란히톤에게 보낸 루터의 글. WA Br 9,366f.

124) 1539년 4월 2일. WA TR 4,325,22.

125) 1543년 6월 20일. WA Br 10,335.

126) 상게서 335,14.

도 놀라운 일은 아니다. 1545년 중반에는 지독한 대장염을 겪으며, "죽고 싶다"[127]고 썼다.

그러나 그를 죽음으로 이끈 것은 이러한 고통이 아니라, 오랫동안 아마도 이미 1520년대[128] 이후 점차 강해진 협심증(eine Angina pectoris)이었다. 멜란히톤은 1544년 12월 규칙적인 발작에 대해 썼다.[129] 그 후 루터는 약해진 건강에도 불구하고 만스펠트 공작들의 갈등을 조정하고자 아이슬레벤으로 떠났던 1546년 1월, 도시 앞에서 짧게 다시 발작을 일으켰다.[130] 그리고 3주 후, 2월 18일 새벽에 일어난 반복적인 실신(Syncope)은 이 종교개혁자에게 죽음을 가져왔다.[131] 그의 시신은 할레와 비터펠트를 거쳐 비텐베르크로 옮겨졌고, 1546년 2월 22일 그곳에서 성교회 강단 아래 안장되었다.[132] 가장 절친했던 친구요 동역자인 요한네스 부겐하겐과 필립 멜란히톤이 장례 설교를 했다.

127) 1545년 6월 15일. WA Br 11,120,7; 상게서. 132,28f.

128) 할더(Halder)는 1527년 1월에 발생한 가슴의 통증을 협심증(pectanginöse Beschwerden)이라고 말했다. a.a.O., 22f.

129) 비교. Schubart (위 각주.118),85f.

130) 1546년 2월 1일자 멜란히톤에게 보내는 서신을 보라. WA Br 11,278,18-24.

131) 비교. WA 54,(478)487-496. 회의록 같은 요나스(J.Jonas)와 코엘리우스(M.Coelius)의 보고. 이들은 루터의 죽음 후 바로 기록했다. 더 나아가서 다음 책을 보라. Th.Knolle, Dr. Martin Luthers letzter Tage im Zeugnis seiner letzten Briefe, Tischreden, Predigten, Schriften und seiner Freunde, Hamburg 1946.

132) H. Junghans, Wittenberg als Lutherstadt, Berlin 1979, Abb.99.

제6장

재세례 운동

재세례 운동은 독일북부로 이동하면서 두 번째 발전 국면을 맞이했다. 무엇보다도 멜키오르 호프만의 영향이 결정적이었다.

슈바벤-할 출신의 모피 재봉사인 멜키오르 호프만(ca. 1495 ~ 1543)은 아마도 리프란트에서 종교개혁 진영에 가세한 듯하다. 그 곳의 종교개혁 운동은 칼슈타트에 의해 영향을 받았고, 이 같은 특별한 성격이 호프만에게 영향을 주었다. 호프만은 볼마르 그리고 후에 도르파트에서 평신도설교자가 되었다. 그는 이곳에서 기존의 교회규정에 반대하여 싸웠고, 성상에 반대하는 설교를 했다. 그를 체포하려는 리가 감독의 시도는 시민들로 인해 수포로 돌아갔고, 교회의 항거 및 그와 연결되어 종교개혁의 본격적인 도입으로 이어졌다. 리가 출신 설교자인 테게트마이어(Tegetmeier)가 이 일의 책임을 맡았다. 반면 호프만은 루터에게 자신의 신앙을 검증받아야 하는 과제를 가지고 있었다. 이것은 잘 진행되어[1] 그는 리프란트로 돌아올 수 있었으나, 단지 잠시 머물렀을 뿐이다. 왜냐하면 그의 가르침은 너무 완고했고, 그가 등장하자 타협을 불허하는 그의 급진성이 입증됨으로써, 그 결과 1526년 봄에 이미 리프란트에서 쫓겨났기 때문이다. 한편으로는 현재와 가까운 미래에 엄청난 일들이 일어날 것이라는 묵시적인 환상 그리고 다른 한편으로는 여러 개의 성서주석에서 보여 준 영적인 성서이해와 폭력에 호소하지는 않았으나 '열정적인 반성직주의 그리고 반지성주의적 논쟁'[2]이 특징이다. 스톡홀름과 뤼벡을 거쳐 킬(Kiel)에 온 호프만은 이곳에서 집사로서 일자리를 얻어 슐레스비히, 홀스타인에서 설교했으며 그 외에도 인쇄소를 세웠다. 그러나 이곳에서도 역시 그의 날카로운 사회비판적 성향과 특히 실제적 임재를 거부하는 성만찬 이해로 인해 고립되었다. 1529년 봄 플렌스부르크에서 특히 부겐하겐과 벌인 토론으로 인해 지역에서 쫓겨나게 되었고 재산은 압류당했다. 호프만은 이제 동프리스란트에서(칼슈타트와 함께) 잠시 머문 후에 스트라스부르로 향했고, 이곳에서 한스 뎅크(Hans Denck)가 이끄는 재세례 단체와 소위 '스트라스부르 예언자'라는 작은 모임의 영향을 받았다. 호프만은 이들에게서 세계는 엄청난 숙청이 있은 후에 그리스도의 재림을 준비하고, 불신자들은 반드시 제거될 것이라는 사상을 전수받았다. "다가오는 신정정치적 중

1) 비교. "Eine christliche Vermahnung von äußerlichem Gottesdienst und Eintracht an die in Livland"(1525), WA 18,(412) 417-421; 421-426; 426-430.

2) K. Deppermann, Melchior Hoffman, a.a.O., 327.

간나라의 새로운 군사적 예언자로서 호프만은 1534/1535년 뮌스터의 재세례 왕국을 위한 가장 중요한 이념적 전제를 만들어냈다."[3] 그는 곧 이어 추종자들에게 신앙의 세례를 베풀기 시작했다. 이제 이루어지는 재세례교회를 시청에 등록하려 하자, 시는 호프만에 대한 체포명령을 내렸다. 왜냐하면 1529년 이후 제국법에서는 '제세례'에 대해 사형을 선고했기 때문이다. 호프만은 다시 도망쳤다. 그리고 다시 프리에스란트로 갔으며, 홀란드와 그로닝겐에서 여러 해 동안 '멜키오르파'라고 부른 추종자들을 모았다. 시작된 박해(1531년 10명의 신앙 동지들이 덴학에서 처형되었다)로 인해 호프만은 박해가 지나가게 될 1533년 말까지 2년간 세례유예를 고지했다. 그렇지만 이 기간 동안 정치적 긴장이 좋은 여건을 조성하여 재세례운동은 네덜란드에서 상당히 확산되었다. 1533년 봄에 호프만은 이제 마지막 싸움을 시작해야만 하며, 스트라스부르가 새로운 예루살렘으로 선택되었다고 기대하면서 그곳으로 돌아왔다. 그곳에 있는 그의 공동체는 안정적임이 입증되었다. 하지만 누군가의 밀고로 그는 몇 주 후 체포당했다. 1533년 6월에 열린 심판위원회는 그릇된 교리를 이유로 그에게 유죄를 선고했다. 그는 생애 마지막 10년을 감옥에서 보내야만 했다.

프리에스란트와 네덜란드에서 호프만이 끼친 영향의 직접적인 결과는 1534/1535년 뮌스터에서 일어난 일들에서 나타난다.

1530년대 초 뮌스터의 종교개혁은 감독과 시의회의 긴장 내지 시의회와 상인조합의 긴장 속에서 일어났고, 이러한 긴장은 다양한 개혁그룹들(루터의 추종자들, 재세례파 등)이 서로 다른 사회적 계층과 결합하고, 특수한 신학적 입장 내지는 사회적 관심사를 대변하고 있었기에 쉽게 해소될 수 없었다.

뮌스터의 종교개혁은 상트모리츠교회의 설교자인 베른하르트 로트만(Bernhard Rothmann, 1495~1535)의 교회비판적인 설교로 시작되었다.[4] 그는 1531년 비텐베르크와 스트라스부르로 학술여행을 하면서 루터의 칭의론으로 무장을 하고 시에서 일어나는 종교개혁적인 모임에 더 자주 참여했다. 프란츠 폰 발트엑크(Franz von Waldeck) 감독이 추방을 명하자, 그는 길덴하우스로 이주하여 형식적인 개신교 신앙고백으로 반응했다. 먼저

3) 상게서., 331.

4) 비교. 그에 관해서는 W. de Bakker, Bernhard Rothmann. Die Dialektik der Radikalisierung in Münster, in: Radikale Reformatoren, a.a.O., 167-178.

람베르트교회가 상인인 베른트 크니퍼돌링크가 이끄는 로트만의 추종자들에 의해 점령당한 후, 시의회는 1532년 가을 상인조합을 통해 다른 도시 교회들 역시 개신교 설교자들에게 개방하도록 강요했다. 그 결과 도입된 시에 대한 감독의 폭력대책(진입로 봉쇄)은 반발만 불러 일으켰으며(시의회 설교에서 드러난 결과), 시를 군사요새화 하는 결과를 가져왔다. 독자적인 대책이란 고작 1532년 12월 텔크테(Telgte)시 습격이었다. 헤센의 필립 공작의 중재로 결국 1533년 2월 뒬멘(Dülmen) 협약이 체결되었다. 여기서 감독은 이미 새롭게 시작된 목사직을 인정했고 동시에 공의회가 열리기까지 신앙 문제를 결정할 권한을 시의회에 두어야 한다는 것을 확정했다.

루터는 당시에 이미 반드시 경고해야 한다고 생각했다. 그는 시의회와 로트만에게 직접 편지를 보내어 츠빙글리적인 사고의 오류와 폭동에 대해 경고했다.[5] 이와 같은 염려는 단지 소문에 의존한 것은 아니었다. 왜냐하면 1532년 8월에 시의회에 제출한 교회의 오용에 대한 16개 조항은 분명히 츠빙글리의 성찬론을 대변했기 때문이다. 그리고 루터는 계속 일어나고 있는 염려를 해결해야만 했나. 이미 이 시기에 율리히에서 시작되어 뮌스터로 확산된 소위 '바센베르크 설교자'(헨드릭 롤)들도 로트만 못지않게 영향을 주었다. 이들은 유아세례에 대하여 노골적으로 비판했다.

1533년 시의원 선거를 통해 로트만은 많은 추종자를 얻는데 성공했다. 그들은 시의원의 거의 절반을 차지했다. 크니퍼돌링크는 열 명의 선거위원중 한 명이 되었다. 로트만은 새로운 교회규정을 작성하라는 과제를 얻었다.[6] 한편으로는 지금 나타나는 영성주의적 주장들과 다른 한편으로는 점차 분명하게 부각되고 있는 로트만의 재세례적 경향으로 인해 시작된 분열이 종교개혁 운동의 내적 질서와 실제적인 제도화를 방해하고 있었다. 루터파, 로트만의 추종자 그리고 가톨릭[7] 사이에서 일어난 세례논쟁(1533년 8월)은 로트만을 제외한 재세례 설교자들의 추방으로 이어졌고, 로트만의 첫 세례 책자인『두 성례, 즉

---

5) 21.12.1532, WA Br 6,(398) 400f. bzw. 23. 12. 1532, ebd., (401)403.

6) 그 내용은 현재 남아 있지 않다. 하지만 라틴어 번역 요약본은 전해져오고 있다. 비교. bei R. Stupperich, Schriften B. Rothmanns, a.a.O., 126~129. 이에 반대하는 헤센 신학자들의 이의에 대한 답변. ebd., 129~138.

7) 보고서 ebd., 94~125.

세례와 성찬에 관한 고백』이 나오도록 자극했다.[8)]

헤센 설교자의 도움을 받아 새로운 교회규율을 도입하려 한 시의회의 시도는 무위로 끝이 났다. 그러나 가해진 모든 금지와 추방에도 불구하고 재세례 설교는 계속 되었다. 왜냐하면 상인조합이 시의회의 모든 노력을 적극적으로 반박했고, 부분적으로는 폭력도 일어났으며, 게다가 재세례 박해(멜키오르 호프만의 추종자)가 일어난 네덜란드로부터 제세례 동조자들이 꾸준히 증가 추세를 보이며 뮌스터로 몰려들었기 때문이다. 동시에 종교개혁 진영도 이러한 변화에 대응하기 시작했다.[9)] 결정적인 국면은 1534년 1월 초 얀 마티스가 보낸 첫 대표의 도착으로 이루어졌다. 얀 마티스는 멜키오르 호프만이 발표한 세례유예기간이 완료되기 전인 1533년 가을에 멜키오르파의 안내를 받으며 네덜란드에 온 사람이다. 그들은 즉시 재세례를 베풀기 시작했다. 로트만과 바센베르크 설교자가 새로 세례를 받은 자들을 이끌었다. 이제까지 이론적이던 설명들은 이제 행동에 옮겨졌다. 로트만과 다른 사람들은 중단하지 않고 계속 재세례를 베풀었다. 1월 중순 얀 마티스로부터 또 다른 대표가 도착했다. 그들 중에는 라이덴의 얀(얀 복켈존)도 있었다. 그는 짧은 시기에 특별히 크니퍼돌링크에게서 큰 영향을 받은 인물이다. 시의회는 감독의 개입에 앞서서 상황을 다시 직접 통제하고자 했지만 성공하지 못했다. 감독은 제국법에 위배됨에도 불구하고 제세례자들에게 신앙의 자유를 허용하고자 했다. 그는 감독에게 딸린 군사들의 도움으로 제세례 운동을 억압하고자 했던 지난 결과 앞에서 시의 신앙의 자유에 대해 주저했다. 대립이 절정에 이르자 얀 마티스가 직접 시에 들어와서 즉시 영적 지도력을 행사했다. 그 결과 2월 23일 시의회 선거는 제세례파에게 완전한 승리를 안겨주었다. 크니퍼돌링크는 두 명의 시장 중 한 사람이 되었다. 반대하던 상당수의 시민들은 이미 그 이전에 시를 떠났다. 성상문제가 시에서 새롭게 조명되었다. 2월 말에 모두 세례를 받으라는 보편적인 세례명령이 발표되었다. 거부하는 자는 '불신자'로부터 시를 정결케 한다는 의미에서 도시를 떠나야만 했다. 마티스는 본래 모든 '불신자'를 죽이라고 요구했었다. 그러나 크니퍼돌링크가 살육을 막을 수 있었다. 많은 사람들은 불가피하게 복종했다. 왜냐하면 감독이

8) Ebd., 138~195.

9) 비교. R. Stupperich, Straßburg und Münster in ihren Beziehungen 1531~1534, Revue d ' histoire et de philosophie religieuse 54 (1974), 69~77.

그 사이에 새로운 봉쇄를 시작했고, 추방한 개신교 설교자와 여러 명의 루터파를 처형했기 때문이다.

처음부터 주어진 이러한 외적인 위협으로 인해 비록 직접적인 도시 점령을 매우 늦게 이루어졌지만, 제세례 왕국이 신속하게 안정되고 무엇보다도 급진화 될 수 있었다. 이어지는 발전은 여러 국면으로 구분할 수 있다.

첫 번째 국면은 몇 주에 불과했으며, 일종의 '이중지배체제'(브렌들러)로 표현할 수 있다. 공적 정부라 할 수 있는 시의회와 나란히 영적 정부가 있었고, '예언자' 얀 마티스의 카리스마적 요소가 중요한 요인이 되었다. 두 기관 사이에는 긴장도 있었다. 왜냐하면 시의회에는 토착시민들이 많았으나, 반면 제세례 지도자는 이주해 온 사람들이었기 때문이다. 그 외에도 권한은 결코 분명히 분할되지 못했다. 다른 한편, 이 첫 번째 단계는 공동의 재산공유제로 가는 과정이었다. 교회와 수도원 재산은 공동으로 사용하도록 모아졌다. 이주자 내지 추방자의 재산은 강제로 몰수되었고, 그 가운데 일부는 이주해 온 사람들에게 분배되었다. 시에 남아 세례를 받은 사는 금이나 값나가는 물건, 옷, 가정에서 남아도는 것들을 모두 내어 놓아야 했다. 집을 소유하는 것은 문제 삼지 않았으나, 권리 양도는 허락하지 않았다. 가장 중요한 것은 금전의 폐지였다. 돈을 벌고, 물건을 사거나 파는 대신에 정기적인 분배가 이루어졌다. 성서를 제외한 모든 책은 소각되었다. 제세례파 외지인들은 계속 뮌스터로 몰려들었다. "새 예루살렘으로 행진하며", "바벨론"으로부터 탈출하자고 직접 구호를 외쳤다. 예언자 마티스는 전혀 예기치 않은 사건으로 4월 4일 죽음을 당했고, 무제한의 권한을 즐긴 카리스마를 가진 지도자의 도시는 약탈당하여 위기를 맞았으며, 추종자들의 관계도 큰 변화가 초래되었다. 두 번째 국면은 이렇게 시작된다.

얀 마티스를 대신하여 요한 폰 라이덴(Johann von Leiden)이 새로운 예언자로 등장했다. 그의 첫 중요한 조치는 도시의 통치관계를 새롭게 정비하는 것이었다. 시장과 행정당국자의 자리는 12명으로 구성된 원로들이 계속 차지했다. 12원로들은 이주민과 토착 제세례파로 함께 구성되어 있었다. 크니퍼돌링크는 '폭력의 지도자'가 되었다. 7월에는 다처주의가 도입되었다. 여자는 결혼하지 않고 혼자 살아서는 안 되며, 모든 남자는 여러 명의 부인과 함께 살도록 허용했고, 살아야만 했다. 도시는 남자보다 여자들이 압도적으로 많아, 2천명의 남성에 비해 여성은 5천명이나 되었다. 사회적 논지보다는 신학적 이상이 더 전면에 제기되었다. 즉 죄 없는 삶과 다산에 대한 강조가 그것이다. 이 대책에 대한 초기 반대자들은 유혈 진압되었다. 그러나 실행에 있어서 적지 않은 복잡한 문제들이 새롭게 발생하자, 여성에 대한 결혼 강요는 후에 다시 폐지되었다. 그동안 시의 대부분이 장악되었다. 그들을 몰아내려는 두 번의 시도(성령강림절과 8월 말)는 공격자가 도리어 커다란 손실을 당한 채 격퇴되었다. 엄격한 방어체제가 수립되었다. 남자와 여자를 포함하여 모든 주민들은 방어 내지는 진지를 구축하는데 동원되었다. 반면 감독은 진지를 구축하는데 큰 어려움이 많았다. 재세례파는 자기편에서 공격을 하지 않고, 기대하던 종말론적 희망이 도시에 성취되기를 기다렸으며, 방어에 대한 관심이 제한적이었다는 사실이 결국 패배에 이르게 했다.

세 번째 국면은 요한 폰 라이덴이 왕(1534년 9월)으로 도유를 받으며 시작된다. 새로운 예언자는 하나의 환상을 보고 이러한 의식을 거행했다. 12원로의 '정의의 검'은 호화로운 왕궁에 거하기 시작한 새로운 왕에게 넘겨졌다. 그는 각기 특별한 직임을 가진 135명의 신하를 거느리고 자신의 직임을 구약의 왕 같은 의미로 이해했다. 크니퍼돌링크는 "국가수호자"라 칭했고, 로트만은 '말씀수호자'라고 불렀다.

요한의 영적인 도시 통치를 문제 삼으려는 크니퍼돌링크의 노력은 설교자들 중 몇몇 반대자들의 시도와 마찬가지로 허사로 끝났다. 왕은 그들 가운데 27명을 '사도'로 세워 세상에 자신의 요구를 알리고 제세례파 지지를 홍보할 목적으로 10월에 각 지역으로 파송했다. 초기에는 놀라울 정도의 성공도 있었으나, 모두가 사로잡혀 한 사람의 예외도 없이 처형되었다. 11월과 12월에는 구원군을 모을 목적으로 재세례파 사절들이 네덜란드로 파송되었다. 실제로 그곳에서는 무기를 갖고 뮌스터로 향하고자 하는 여러 개의 단체들이 만들어졌다. 그곳에서는 이미 1535년 부활절에 구원이 예언되었다.

이 기간 동안의 뮌스터의 재세례파를 이해하는 데에는『올바르고 그리고 기독교적인 교리의 회복』(1534년 10월)[10]과『바벨론적 잔혹함의 복수와 형벌에 관한 비극적인 보도』

10) R. Stupperich, Schriften B. Rothmanns, a.a.O., 208~284.

(12월)[11]라는 로트만이 쓴 두 개의 저서가 매우 유익하다.『회복』이라는 글에서 로트만은 뮌스터에서의 사건을 마치 구속사적 발전의 마지막 단계로 서술했고, 메시아 왕국을 위한 프로그램으로 입안했다.『복수』에 대한 논문은 파송한 사도들이 사로잡혀 처형되었다는 소식을 담았고, 통치자를 정복해야 할 과제를 알렸다. 이유는 다윗의 왕권이 곧 세워질 것이라는 것이다.

요한 폰 라이덴은 1535년 초에 27개의 조항을 담은 칙령을 선포하여 자신의 통치권뿐만 아니라 내적 질서와 대외적 관계를 통제했다. 내·외적인 상황은 아직은 안정적이었다. 그러나 2월에 들어 - 어느덧 제국의 문제가 되어 가톨릭뿐만 아니라, 프로테스탄트 제후들 역시 지지하여 - 포위망은 전체로 확대되어 외부세계와 완전히 단절되고 그와 함께 생활필수품의 공급이 중단되어 회의적인 상황이 시작되고 있었다. 그러나 구원군에 대한 희망은 놓지 않았다. 5월에는 승리 이후를 위한 대책이 마련되었다. 12명의 제세례자들이 북쪽으로 마인강과 서쪽으로 엘베강(쿠어작센과 헤센 제외)의 제국 지역을 담당하는 영주로 임명되었다. 그러나 지난 부활질 때부터 이미 고대하던 구원군은 오지 않았다. 배고픔은 전력과 용기를 약화시켰다. 여자와 아이들을 도시 밖으로 나가게 하려 했지만 아무도 나갈 수 없었다. 재세례자 모두가 사로잡히기까지 그들은 도시와 포위망 사이를 긴 시간동안 방황해야만 했다. 도시에서 도망간 남자들은 거의 모두 죽임을 당했다. 포위자들에게 도시로 진입하는 길을 알려준 두 명의 밀고자만이 살아남았다. 6월 25일 저녁 첫 연합군이 도시로 진입했다. 그리고 다음 날 방어벽이 무너졌다. 여자들을 제외하면 포로들은 소수에 불과했다. 그 가운데는 지도자 얀 폰 라이덴과 베른트 크니퍼돌링크가 있었다. 그들은 오랜 심문과 고문을 받은 후, 1536년 1월 22일에 비로소 뮌스터에서 잔인하게 처형되었다. 그들의 시체를 철장에 넣어 람베르트 교회 탑에 매달았다. 뮌스터는 종교개혁 이전의 옛 제도들이 다시 도입되고 감독의 도시가 되었다.

뮌스터 사건과 '왕국'이 겪은 재난은 재세례 운동 전체에 커다란 충격을 주었다. 스트라스부르 감옥의 멜키오르 호프만을 포함하여 많은 사람들은 난동과는 거리를 두었다. 다른 한편, 재세례자들에 대한 국가와 교회의 대책은 이제 도처에서 더 강하고 확고해졌

11) 상게서., 284-297.

다. 보름스 제국회의(1535년 4월)는 뮌스터 사건만을 취급했고 제후들에게 강력한 공동대응을 요구했다.

1535년 이후에는 어느 정도 일치된 재세례 운동이 거의 없었다. 지역 또한 독일 북서지역 혹은 네덜란드 지역 등으로 제한되지 않았다. 재세례 운동은 여러 방향으로 분산되었고, 개별그룹으로 나뉘어졌다.

보콜트(Bocholt, 1536년 여름) 모임에서는 데이비드 요리스(David Joris, 1501/1502~1556)가 여러 흐름들(필립 오베를 따르는 네덜란드의 오베파, 베스트팔렌과 라인하류 지역의 얀 폰 바텐부르크의 추종자들, 베스트팔렌과 올덴부르크에 있는 남은 뮌스터파 그리고 스트라스부르에서 동프리슬란트까지 넓게 산재해 있던 멜키오르파)의 다양한 이견에도 불구하고 재세례 운동의 몇 가지 방향을 확정할 수 있었다. 즉 멜키오르 호프만의 주요 교리 확정, 선교와 신앙세례의 계속 수행 그리고 모든 폭력의 철폐이다. 그러나 이 같은 결정은 군사적 단체(얀 폰 바텐부르크)와의 결렬을 가져왔고 그리고 요리스가 제안한 새로운 리더의 역할은 가령 스트라스부르의 재세례자들에 의해 거부당했다. 데이비드 요리스는 '예언자'로서 시종일관 열광주의를 옹호했고, 그에 비하여 스트라스부르 사람들은 성서의 권위를 앞세웠다. 형제와 자매로서 부끄러움이나 욕망이 없이 완전히 정결함 가운데 그리고 낙원같은 무죄함에서 살아가게 될 새로운 인간에 대한 요리스의 비전은 전체의 찬사를 받았다.

메노 시몬스(1496~1561)의 영향은 더욱 컸다. 1536년까지 비트마춤(프리슬란트)의 가톨릭 사제였던 그는, 그의 형이 300명의 재세례자들과 함께 처형당한 이후 교회를 떠났고,[12] 한 번 더 세례를 받았으며, 1537년에는 오베 필립에 의해 장로로 안수 받았다. 그 후 지칠 줄 모르고 프로이센에 이르기까지 계속 여행을 했으며, 설교와 많은 성서를 가지고 선교하면서 북부, 특히 해안지역에서 가장 성공적인 재세례파 선교사가 되었다. 그는 급진주의적 경향을 거부했으며, 그것 없이도 정말 가능하다고 본 재세례운동의 통일를 위해 싸웠다. 하지만 그는 새로운 분열을 겪기도 했으며, 직접 분리를 감행하기도 했다. 비록 그의 체포에 100굴덴의 현상금이 나붙었음에도 불구하고 놀랍게 그는 모든 추적을 벗어났다. 1554년에는 올데스로에(Oldesloe)에게서 피신처를 찾았다. 그의 저서는 계속 보급된

12) 비교. 그의 글 "교황권에서의 나의 이탈", bei H. Fast, Der linke Flügel der Reformation, a.a.O., (147)149~162.

반면, 그 자신은 계속 고립되어 갔고, 결국 뷔스텐펠데(슈레스비히-홀스타인)에서 자신의 이름을 따서 불리어진 '메노나이트'의 미래에 대해 커다란 근심을 가지면서 사망했다. 하지만 "메노 시몬스와 다른 장로들이 인도한 재세례 운동은 1560년 칼빈주의가 등장하기까지(홀란드와 프리슬란트에서 반스페인 봉기가 일어나기까지) 네덜란드의 가장 중요한 종교개혁의 현상이었고,"[13] 시몬스가 지향한 방향은 고유한 형태를 띤 유일한 멜키오르적인 운동이었다.

추방, 재산몰수 그리고 처형이라는 뮌스터의 재난 이후 박해의 여파로 필립의 방백 가운데 헤센 백작의 명성이 가장 높아갔다.[14] 비록 그의 지역이 거의 모든 방향에서 비타협적인 노선과 연결되어 있다고 할지라도 다른 제후들의 경고와 종교개혁자들의 거부와 달리, 그는 과격한 행동이 아닌 개인적인 접촉과 상호소통을 추구했다. 그는 1535년 이후에도 역시 제국법에 명시된 사형에 찬성하지 않고, 우두머리인 멜키오르 링크(Melchior Rinck)의 수감에 반대했다.[15] 1536년 봄 게뮌덴(Gemünden) 지역의 한 버려진 교회에서 중요한 교회지도자가 포함된 30명의 재세례파 사람들이 체포되었는데, 이는 헤센시의 세세례운동의 한 국면을 이루었다. 이와 관련하여 제기된 '제세례 요구'(1537)[16]는 아무런 효과가 없었다. 재세례파 지도자와 토론을 위해 스트라스부르에서 마르틴 부처를 부른 것은 매우 중요한 일이었다(10월/11월 1538).[17] 부처는 공동체 교육, 출교 그리고 사회윤리 문제에 있어서 재세례파의 요구를 수용하여 대화의 분위기를 유연하게 했고, 그 결과 상당히 많은 수의 재세례자들을 특히, 두 명의 재세례자인 타쉬(Tasch)와 아이젠부르크(Eisenburg)를 통해 국가교회로 돌아오게 하는 토대를 만들었다. 이들은 스트라스부르에서도 활동했으며 게다가 멜키오르 호프만을 전향시키고자 노력한 인물들이다.[18]

---

13) A.F. Mellink, Das niederländisch-westfälische Täufertum im 16. Jahrhundert, in: Umstrittenes Täufertum, a.a.O., 206-222, 인용 221.

14) S.F.H.Littel, Landgraf Philipp und die Toleranz. Ein christlicher Fürst, der linke Flügel der Reformation und der christliche Primitivismus, Bad Nauheim 1957.

15) 비교. E. Geldbach, Die Lehre des hessischen Täuferführers Melchior Rinck, JHKG 21(1970), 119~135.

16) Urkundliche Quellen zurrrr hessischen Reformationsgeschichte, a.a.O., 138-146.

17) 토론보고서. 상게서, 213-237.

18) 이와 연관하여 1538년에 나온 치겐하이너 교육지침(Ziegenhainer Zuchtordnung)을 보라. 비교. o. S. 41. 또한 신앙세례 폐지에 대한 보상으로서 견진성사를 도입하고자 한 부처의 노력도 비교하라. 비교. B. Hareide, Die Konfirmation in der Reformationszeit, Göttingen 1971, 17ff. = Arbeiten zur Pastoraltheologie 8.

그러나 부처의 이러한 노력은 전체적으로 볼 때 재세례파에 대한 종교개혁자들의 태도와는 부합하지 않는다. 싸늘한 거부와 강제 진압에 대한 지지가 전반적으로 압도적이었다. 비텐베르크인들[19]의 눈에 뮌스터 사건은 이미 일찍이 가졌던 재세례자들이 가진 사상과 폭동의 연관성에 대한 판단을 확인해준 것이었다. 우르바누스 레기우스는 1535년 「뮌스터의 새로운 발렌틴주의와 도나투스파 고백에 대한 반박, 오스나브뤽 그리스도인들에게」라는 글을 썼고, 루터는 거기에 서문을 작성해 주었다.[20] 종교개혁자들 가운데 재세례파 비판자로서 특별한 위치를 점하고 있는 사람은 취리히 그로쓰뮌스터교회의 츠빙글리의 후계자인 하인리히 불링거이다.[21] 그는 서신, 논문 그리고 수많은 글(특히 그의 방대한 주요저서인 1560년『재세례파의 기원』)을 통한 토론에서 재세례파와 싸웠고, 신학적인 논쟁을 펼치며 재세례파의 모습을 부각시킨 그의 판단은 근대에 이르기까지 중요성을 잃지 않고 있다. 뫼렌에 있는 후터파 형제공동체(Bruderhof)는 독특한 특징을 가졌다. 이것은 야콥 후터가 1520년대 말 티롤에서 추방당한 후 조직했으며, 기존의 잘 발전하던 아우스터리츠(Austerlitz)에 있는 공동체에 기초해 세운 것이다. 이들은 공동소유라는 초대교회적인 이상을 추구했다. 소유의 포기는 이들에게 예수공동체의 척도였다. 후터는 1535년 체포되어 1536년 2월 25일 인스부르크에서 화형 당했다. 그러나 그의 공동체는 중단 없이 지속되었다. 후터 공동체의 일원인 카스파르 브라이트미첼은『역사서』(Geschichtsbuch)를 집필하여 재세례파 역사의 중요한 원자료를 남겨주었고, 직접 재세례파 운동의 연대기 역사가가 되었다.[22]

---

19) 루터에 대해서는 비교. o.S.53f.; 멜란히톤에 대해서는: R. Stupperich, Melanchthon und die Täufer, in: KuD 3(1957), 150-170; 더 나아가 J.S.Oyer, Lutheran Reformers Against Anabaptists. Luther, Melanchthon and Menius and the Anabaptists of Central Germany, Den Haag 1964.

20) WA 38,(336)338-340.

21) H. Fast, Heinrich Bullinger und die Täufer, Weierhof 1959 = Schriftenreihe des Mennonitischen Geschichtsvereins 7.

22) Die älteste Chronik der Hutterischen Brüder, hg. v. A.J.F. Zieglschmid, Ithaca (N.Y.) 1943; 비교. J. Loserth, Der Communismus der Mährischen Wiedertäufer im 16. und 17. Jahrhundert. Beiträge zu ihrer Geschichte, Lehre und Verfassung, Wien 1894; L. Müller, Der Kommunismus der Mährischen Wiedertäufer, Leipzig 1927; H.G. Fischer, Jacob Hutter. Sein Leben und sein Wirken. Ein Zeugnis evangelischer Frömmigkeit im 16. Jahrhundert, Theol. Diss., Wien 1949.

종교개혁사 (1532~1555-1556)

- 종교개혁의 강화, 칼빈,
가톨릭 개혁과 트렌트 공의회 -

제7장

종교대화의 시기

A 아우크스부르크 제국회의(1530)와 중재의 실현

신학적 대화를 통해 신앙의 일치에 도달하고 궁극적으로는 교회와 정치적 분열을 피하려는 제국회의 및 여타의 노력은 결실을 얻지 못했다. 공식적인 위원회의 협상이나 이어진 특별대화 역시 명료한 결론에 도달하지 못했다. 물론 그러는 사이에 몇몇 개별적 교리(예를 들어 칭의론)에 대해 합의가 이루어질 희망은 있었다. 멜란히톤은 개신교 진영 협상대표자로서 때때로 자신에게 주어진 권한 내에서 타협의 의지를 보여주었다. 그러나 루터는 이와 달리 협상이 진행되는 동안 특별한 전망이 없음을 이미 알고 있었고, 불쾌함을 분명히 드러냈다.[1] 그가 옳게 처신한 듯하다. 마지막에 제국회의 결정은 강경했고, 11월 19일자 최종결정문은 보름스 칙령을 다시 시행하는 것이었다. 루터가 1536년 '슈말칼덴 조항'에 "그러므로 우리는 영원히 분리되어 서로 대립할 것이다."[2]라고 쓴 것을 보면, 아우크스부르크에서 미사에 대한 조정협상과 연관하여 그렇게 한 것이다.

이러한 명백한 결과에도 불구하고 신학적 대화를 통해 합의를 이루어내겠다는 생각을 아직 포기한 것은 아니었다. 물론 훨씬 더 오래 되었지만, 적어도 아우크스부르크 이후로 한편으로는 종교개혁 추종자들과 다른 한편으로는 '교황주의자'들의 차이점이 너무나 틀에 박혀 오히려 차별화하고자 양편이 은연중에 절대적인 대결을 피하고 파행을 피할 수 있는 길을 찾고자 힘을 모으고 있었음이 분명해졌다. 이러한 노력들은 한편으로는 모든 극단적인 요구들은 피하고, 다른 한편으로는 교회의 개혁이 불가피하다는 관점에 동의하도록 하는 것이었다. 루터측의 대표자는 필립 멜란히톤과 마르틴 부처였다. 가톨릭측에서는 한 무리의 사람들을 생각할 수 있지만, 무엇보다도 에라스무스 사상(De amabili ecclesiae concordia, 1533)에 의해 주도되었다. 거기에는 율리우스 플룩(Julius Pflug, 1499-1564, 차이츠의 수석신부, 그 후 마이센의 학장, 후에 나움부르크의 주교)과 같은 신학자뿐만 아니라, 게오르크 비첼(1501-1573, 니게메크의 신부로 처음에는 개혁적인 의미로 설교했으나 훗날 가톨릭 개혁자로서 활동했고 1533년부터 1538년까지 아이스레벤에서, 후에는 드레스덴,

1) 1530년 8월 26일 멜란히톤에게 보낸 서신, WA Br 5, 576-579: "Mihi in totum displicet tractatus de doctrinae concordia, ut quae plene sit impossibilis, nisi papa velit papatum suum aboleri"(578,42f).

2) BSLK 419,14f.

라이프치히, 마지막에는 마인츠에 살았다. 1532년 주요한 저서인『교회일치의 방법/Methodus concordiae ecclesiasticae』을 집필했다), 아우크스부르크 주교지역과 같은 주교단의 일원이자 귀족과 제국귀족의 대표자인 선제후 루드빅 폰 팔츠, 프리드리히 백작, 선제후 요아힘 2세 폰 브란덴부르크, 요한 백작 그리고 빌헬름 폰 율리히 등이 속해 있었다.

B 작센 회담 (1534년과 1539년)

아우크스부르크에서 너무나 빨리 종결되어 버린 종교회담의 방향을 다시 되살리려는 첫 번째 시도는 플룩에 의해서였다. 1534년 4월 말 혹은 5월 초 라이프치히 바울수도원에서 마인츠 주교 알브레히트의 대표자들과 작센의 종교개혁 신학자들 사이에 회의가 개최되었다.[3] 플룩은 마이센 감독과 게오르크 백작의 관찰자로서 협상 현장에 있었다. 협상 과정에 대해 자세히 알려지지는 않았다. 협상의 논점은 우선 칭의론이었으며, 곧 어느 정도의 합의점을 찾았다. 그러나 두 번째 논점인 미사에 대해서는 합의를 보지 못했다. 서로 다른 생각에 접점을 찾을 수가 없었다.

그러나 곧 - 게다가 작센에서 나타난 상황처럼 - 이와 같은 협상의 길에 대안이 없다는 사실이 나타났다. 1537년 1월 작센의 게오르크의 후계자로 임명된 백작 요한의 아들의 예기치 않은 죽음과 게오르크의 형제인 하인리히가 루터 측에 가세한 영향으로 인해 영주의 고문인 게오르크 폰 카를로비츠는 영주에게 고지하지 않은 채 종교개혁 진영과 종교적 화해를 위해 자신의 지역 밖에서 개혁을 도입하고, 지역 내에서는 관용을 보여주려 노력했다. 그는 지역의 정치적 관점을 이끌어내려 했다. 일반적인 동의는 그 계획에 대한 것이 아니라, 모든 급진적인, 경우에 따라서는 게오르크 백작의 죽음 이후 선제후가 추진한 지역의 종교적 상황에 대한 공격을 막는 것이었다. 그 일은 잘 진행되어 1539년 1월 1일 라이프치히에서 두 번째 종교회담이 시작되었고, 멜란히톤과 브뤽이 선제후이자, 의장인 파이게(J. Feige)의 대표로서 그리고 마르틴 부처는 헤센 내지는 작센 영주 측 대표로서 카

3) G. Wartenberg, Die Leipziger Religiongespräche von 1534 und 1539. Ihre Bedeutung für die sächsich-albertinische Innenpolitik und für das Wirken Georgs von Karlowitz, RR 35 bis 41.

를로비츠 루드빅 팍스와 게오르크 비첼과 더불어 참여했다. 합의를 가능하게 하는 토대는, 카를로비츠가 제시한 것처럼 '사도적 교회라는 척도'여야 했다.[4] 그러나 명확한 척도를 세우려는 이와 같은 시도는 협상이 조기에 끝나는 결과를 가져왔다. 카를로비츠는 그러한 분명한 척도들이 1세기 교회로 소급하여 얻은 것이 아님을 알게 되었음에 틀림없다. 선제후 측의 대표들은 더 이상 회의에 참여하지 않았다. 이 회의는 정부고문들이 참여한 가운데 비첼과 부처에 의해 계속 되었다. 그들은 타락과 인간의 구원, 자유의지, 성례전, 교회관습, 직제 등 15개 조항의 합의협약서를 작성했다.[5] 이들의 성과는 그러나 미미했다. 필립 백작은 그것을 수용했으며, 그것으로써 기꺼이 계속 협상할 의사가 있음을 보였다. 게오르크 백작은 플룩과 마이센 주교인 요한 8세에게 검토하도록 그것을 건네주었고, "교회의 영역에서 이루어진 모든 조정노력을 분명히 거부했다."[6] 그러나 비텐베르크로부터 강한 반발이 나왔다. 1540년 1월 7일에는 "졸작으로 위험하고 염려스러우며" 그리고 "사변적"이라고 평했다.[7] 이번에도 숨겨놓은 목적을 달성하지 못했다. 1539년 1월 게오르그의 두 번째 아들 프리드리히의 죽음은 장차 하인리히 백작을 통한 징부이양을 불가피하게 했다.

C 만투아 공의회 소집(1536/37)과 결렬

교황 바울 3세에 의한 1537년 5월 23일 만투아 공의회 소집(1536년 6월 2일자 칙령 "Ad Dominici gregis curam")[8]은 슈말칼덴 동맹 측에 의해 거부당했다. 슈말칼덴 동맹 측(1537년 2월)은 공의회 참석이 처음부터 교황에게 복종하는 것과 같다고 생각했다. 왜냐하면 교황은 판결자로 등장했지만, 사실은 반대편일 뿐이기 때문이었다. 공의회가 개최되는 장소

4) 이것은 그러나 비첼의 평가를 고려하라: "Typus ecclesiae prioris", s. Wartenberg, ebd., 38f. und 비교. M. Ditsche, Das "Richtscheit der Apostolischen Kirche" beim Leipziger Religionsgespräch von 1539, in: Reformata Reformanda (Festschrift für H. Jedin), Bd. 1, Münster 1965, 466-475.

5) Text bei Cardauns, a.a.O., 85-108, 라틴어번역 in ARC 6, 1-20.

6) 바르텐베르크, 라이프치히 종교협약, (s.o. 각주3) 40.

7) WA Br 9,8-11, 인용 9,6f.;15.

8) CT 4,2-6; 전체 참조 E. Wolgast, Das Konzil in den Erörterungen der kursächsischen Theologen und Politiker 1533-1537, ARG 73(1982) 122-152.

역시 논쟁의 본무대인 독일 회의에 따른 이전의 요구와 부합하지 않았다. 회의에 참석한 황제 측 수석인 헬트(Held)는 공의회 소집문을 건네지도 못했으며, 다시 떠나야만 했다. 멜란히톤은 공의회 참석 거부 이유가 담긴 글과 동봉할 서신을 작성했다.[9] 그럼에도 불구하고 공의회는 개신교의 거부 때문이 아니라, 프랑스 때문에 좌절되었다. 독일의 가톨릭 제후들과 주교들도 초청에 대한 반응이 크지 않았고 심지어 거부하기도 했다. 영국에는 소집문을 건네지도 못했다. 벌써 세 번째로 황제와 전쟁 중인 프랑스의 프란츠 1세는 자신과 고위 성직자들의 안전을 이유로 만투아 공의회 참석 요청을 수락할 수 없다고 선언했다. 그리고 만투아의 백작 역시 1537년 4월 20일 안전을 위해 공의회를 11월 1일로 연기해야 한다는 요구를 제시했다. 그러나 이 날짜 역시 지켜지지 않았다. 뒤늦게나마 새로운 장소로 비첸차를 정했으나, 물론 여기서도 개신교의 요구를 고려하지는 않아 그로 인해 세 번째 날짜로 1538년 5월 1일을 정했다. 그 결과는 이제 공의회를 정말로 개최하겠다는 교황의 진정한 의도를 거의 아무도 믿지 않았다는 점이다. 약속한 날짜에 그 장소에 나타난 사람은 웁살라에서 추방당한 감독 요한네스 마그누스 단 한 명에 불과했다는 결과가 이를 뒷받침하고 있다. 그로 인해 교황은 4월 25일 공의회를 세 번째 연기했고, 고위 성직자들의 불참을 핑계로 시간도 정하지 않았다. 교황 자신도 참여하지 않았으며, 황제와 프랑스 왕과의 평화협상이 진행되는 니차(Nizza)로 가면서 그 협상에서 일반적인 협상조건들이 개선될 수 있기를 희망했다. 그 희망은 단지 제한적으로 이루어져 10년간 휴전협정이 체결되었다. 프랑스는 공의회 계획을 찬성하지 않았다. 그러나 1539년 부활절이라는 새로운 날짜를 가진 새로운 칙령(1538년 6월 28일자로 날짜가 명시되었으나, 실제로는 8월 2일에 나온 것이다)이 내려졌다. 그렇지만 이것 역시 정치적 상황과 연루되어 이전처럼 실현되지 못했다. 추기경회의는 예정된 날짜가 훨씬 지난 후인 1539년 5월 21일자 '좋은 장소로 정하고자'(ad beneplacitum) 연기한다는 형식으로 공의회를 다시 미루는 불가피한 결정을 내려야만 했다.

이 같은 상황이 준 영향은 정말로 다양하다. 만일 공의회가 열리지 못할 경우, 발생할

9) "Causae, quare Synodum indictam a Romano Pontifice Paulo III. recusarint Principes, Status et Civitates Imperii, profitentes puram et catholicam evangelicam doctrinam", CR 3,313-325, 비교. CT 4,71-92 그리고 E. Bizer, Die Wittenberger Theologen und das Konzil 1537, ARG 47(1956) 77-101.

수도 있는 것에 대해 슈말칼덴 회의 이전에 이미 질의서를 작성했던 황제 측 수석인사 헬트는 개신교 측이 거절하자, 가톨릭 제후들 편에서 새로운 가톨릭 동맹을 체결할 계획을 추진했고, 1538년 6월 10일 뉘른베르크에서 기독교 신앙을 지키고 신성한 나라의 좋은 전통을 포함하여 평화와 합의를 이루고자 '기독교연합'을 결성했다.[10] 가독교연합 구성원은 황제, 오스트리아 왕 페르디난트, 바이에른, 작센 백작 게오르크, 브라운슈바이크의 하인리히, 마인츠, 막데부르크 그리고 할버스타트 대주교 알브레히트 그리고 잘츠부르크의 주교였다. 그러나 이들은 슈말칼덴 동맹에 대한 실제적인 반대 세력은 되지 못했다. 가톨릭의 많은 제후들, 특히 성직자 제후들이 참여하지 않았기 때문이다. 합스부르크와 바이에른의 해묵은 대립은 여기서도 역시 일종의 분열균처럼 작용했다. 그 외에도 사용해야 할 수단을 선택하는 일에서도 결코 일치하지 못했다. 바이에른이 강력한 대응을 주문하고, 다음해에 그것을 관철하려고 시도한 반면에,[11] 황제는 무엇보다도 프랑스와 터키와의 외교정책의 어려움 속에서 불가피한 경우에만 행동해야 한다고 확신하고 있었다.

D 협상정책으로의 복귀와 프랑크푸르트 유예 (1539)

신학적 대화를 통해 일치를 얻고자 하는 새로운 시도와 협상정책으로의 복귀는 브란덴부르크 선제후인 요아힘 2세에게 기인하며,[12] 그가 왕 페르디난트와 바우첸(1538년 5월)에서 봉토협상에 즈음하여 싸움을 조정하고자 중재활동을 하면서 제안한 것이다. 제누아의 공의회 문제에 대해 교황과 대화를 나누면서 소식을 들은 황제는 교황과 마찬가지로 그러한 시도에 동의했다. 아마도 프랑스의 강경한 거부 때문에 공의회 없이 신앙의 일치를 이루어내고자 한 생각이 큰 역할을 한 듯하다. 그 결과 요아힘 2세, 황제의 위임을 받은 룬트의 전 대주교 요한 폰 베체 등이 참여하여 시작된 협의들은 매우 오래 지속되었고, 양측의 요구를 조정하려는 일반적인 어려움 때문에 부분적으로는 상이한 방향으로

10) Hortleder, Ursachen, a.a.O., III, 14f. 비교. Luttenberger, Glaubenseinheit und Reichsfriede, a.a.O., 41-53.

11) 비교. die Quellen zur Opposition im Reiche gegen die Verständigungspolitik des Kaisers in ARC 3(1968).

12) 비교. W. Delius, Kurfürst Joachim II. von Brandenburg und das Konzil von Trient, in: Reformation und Humanismus (Robert Stupperich zum 65. Geburtstag), Witten 1969, 195~211.

흘러가는 듯 보였다. 프로테스탄트측 제후들에 대한 제국법정에서의 소송, 고슬라와 민덴에 대한 제국추방령은 계속되는 염려의 큰 동기였다. 1539년 봄에 가톨릭 귀족들의 공격 소식이 소문으로 나돌자, 슈말칼덴 동맹 측에서는 진지하게 고위성직자 공격의 가능성을 숙고했다. 힘든 과정을 거쳐 슈말칼덴 동맹 측의 몇 가지 요구(시간적 제약이 없는 포괄적이고 법적인 보호)와 황제의 최소한의 요구(1년 동안의 평화, 새로운 것과 세속적인 것을 동시에 폐지하는 일에 있어서 확정되지 않은 판결의 연기)가 서로 합의점을 찾는데 성공했다. 실제적인 입장 조정은 여하튼 이루어지지 않았다. 1539년 4월 19일에 서명한 '프랑크푸르트 유예'(Frankfurter Anstand)[13]에서 프로테스탄트들에게 15개월의 '유예'(1521년에 내려진 보름스 칙령의 중지)가 인정되었고, 이 기간 동안에 종교를 이유로 한 국가의 공격은 허용되지 않았다. 뉘른베르크 평화는 유효하며, 유예기간이 지난 후에는 공의회가 열릴 때까지 아우크스부르크 신앙고백을 따르는 모든 사람에게로 동일하게 확대되어야 한다. 이 기간 동안에는 모든 소송과 국가의 추방도 연기되어야 한다. 군사적 준비도 중지해야 했다. 그리고 결국 8월 1일 황제는 일치협약을 준비할 목적으로 뉘른베르크로 갔다. 프로테스탄트 측 귀족들의 생각에 따르면, 이러한 결과는 빈약하고도 충분한 것이었다. 모든 일은 여전히 황제의 재가에 매여 있었다. 만일 황제가 현재 아우크스부르크 신앙고백 추종자들에 대한 평화 제약에 반대하는 개신교 제후들을 인정하지 않고 뉘른베르크 협약의 확대를 방해하지 않는다면, 유예는 단지 6개월만 유효하다. 그러나 평화는 여전히 몇 시간만 확실했으며, 그것은 다시 협상되고, 새로이 공식적으로 그리고 보다 넓은 차원에서 신앙의 문제를 논해야 한다는 생각에 이르렀다.

E 하게나우, 보름스 그리고 레겐스부르크 종교협상 (1540/41)

교황청은 독일 민족공의회가 열릴 위험이 새로이 부각되고 있다고 보았다. 또한 회의에는 참여하지 않았으나, 결의문 속에서 1530년 아우크스부르크 제국회의 종결의 오류

13) W. Neuser, Die Vorbereitung der Religionsgespräche, a.a.O., 75-85. 전체적으로는 다음 책을 보라. P. Fuchtel, Der Frankfurter Anstand vom Jahre 1539, ARG 28(1931), 145-206; R. Wohlfeil, Art. "Frankfurter Anstand", TRE 11(1983) 342-346(Lit.).

만을 보고 그 때문에 회의를 인정하지 않은 뉘른베르크 동맹 급진파의 압력을 받아 황제는 자신의 동의를 거부했다. 종교대화를 위한 일정은 수용되지 않았다. 다른 한편, 종교개혁의 확산 역시 멈출 수 없었고, 작센 공작령과 브란덴부르크에서 종교개혁적인 교회법이 도입되자, 가톨릭 제후들은 계약의 파기라고 비난했다. 이처럼 새로운 외교적 난항의 징조가 보이자 황제는 계속해서 해결 방법을 모색했다. 그는 1540년 4월 18일 서신을 통해 6월 6일 스파이어에서 종교회의를 갖겠다고 알렸다.[14] 그러나 스파이어에서 페스트가 발병하자 장소를 하게나우로 변경해야만 했다. 페르디난트 왕이 이 회의를 주재했으며, 양측 모두 주요한 신학자들이 배석한 가운데 몇몇 제후들도 참여했다. 비텐베르크로부터 크루시거, 미코니우스 그리고 메니우스가 왔고(멜란히톤은 병으로 불참), 프로테스탄트 측을 대표하여 브렌츠, 부처, 카피토, 오시안더 그리고 당시(1538~1541) 프랑스에서 빠져나온 피난민교회에서 목회를 하던 칼빈 역시 스트라스부르 사람들과 함께 참여했다.[15] 가톨릭 측에서는 요한네스 파버, 에크 그리고 코클레우스가 탁월했다. 교황 대사인 모로네는 고문 역할을 했다. 대화는 6월 28일 시작되었으나, 곧 어려운 난관에 봉착했다. 왜냐하면 객관적인 출발점과 근거와 척도에 대해 합의를 이룰 수가 없었기 때문이다. 프로테스탄트 측에서는 성서와 CA를 제시했고, 이미 연초에 그와 일치하는 결론들을 작성한 반면[16], 페르디난트 왕은 교부와 공의회 그리고 교황의 권한과 같은 결과들을 승인하고자 했다. 7월 28일자 결론은[17] 실제적이면서 동시에 구체적인 결과를 확정했다. 즉 3개월 후인 10월 28일에 새로운 협의를 위해 보름스에서 모이기로 결정했다. 단, 양측은 자신의 측근 그리고 한 사람 혹은 여러 명의 고문과 신학자들을 이끌고 온 제국 귀족들에게 의견을 물어 각각 11명만이 참여할 것을 정했다. 11명의 가톨릭 대표는 즉시 결정되었다. 황제는 회의의 종결을 승인했고, 잠시 후 정해진 일정에 초대했다. 회의가 시작되기 전에 황제는 조정이 성사될 경우, 가결을 해야 하기에 1541년 세 왕의 날(Dreikönigstag)에 레겐스부르크에서

14) 초청 전문에 대해서는 Neuser, ebd., 86-89를 보라.

15) 비교. W. Neuser, Calvins Beitrag zu den Religionsgesprächen von Hagenau, Worms und Regensburg(1540/41), in: Studien zur Geschichte und Theologie der Reformation (Festschrift für Ernst Bizer), Neukirchen 1969, 213-237.

16) 1540년 1월 18일자 비텐베르크 신학자들의 결과보고를 보라. WA Br 9,(19) 21-35, 이것은 3월에 열린 슈말칼덴 동맹 회의에서 신앙고백의 기초로 수용되었다. 비교. W. Maurer, Confessio Augustana Variata, ARG 53(1962), 97-151.

17) W. Neuser의 본문 Die Vorbereitung der Religionsgespräche, a.a.O., 96-107.

제국회의를 갖겠다고 소집했다.

하게나우 회의는 특별히 중요한 몇 가지 결과를 가져왔다. 아우크스부르크 신앙고백은 역사적, 신학적 그리고 교회정치적 문제들과 더 이상 일치하지 않는다는 것을 회의는 강조했다. CA의 본문은 "개신교가 1530/40년에 이룩한 내적이고 외적인 발전을 담고 있으나, 그로 인하여 적의 분열의 경향이 더 유리해졌고, 신학적이고 법적인 상황을 어둡게 만들었다."[18] 이 점에서 특별히 비텐베르크 협정과 그 사이에 이루어진 작센에서의 공의회와 교황의 결정을 생각할 수 있다. 이것을 토대로 멜란히톤은 '다가올 토론에 대한 준비 프로그램'[19]으로서 1540년 초가을에 아우크스부르크 신앙고백 개정판(CA variata)을 작성했다.

황제 측 대표와 수상 그란벨라의 지체로 인하여 협의는 11월 25일에야 열렸고, 사전협의는 나누어 열렸으며, 여기서 개신교 대표들은 어려움 없이 1월에 나온 비텐베르크 보고서와 아우크스부르크 신앙고백 개정판을 곧 열리게 될 협상의 기본 자료로 채택했다. 교황 대사는 톰마시오 캄페기(Tommassio Campeggi)였다. 어려움은 협의의 상대를 정하는 문제에서부터 나왔다. 왜냐하면 가톨릭 측에서는 종교개혁에 매우 호의적이라고 평가되는 브란덴부르크 제후, 팔츠 제후 그리고 율리히 클레베등이 있었기 때문이다.[20] 같은 진영 안에 긴장이 조성되었을 뿐만 아니라, 결정 방식 역시 토론을 벌여야 했고, 절차의 문제로 인해 지체되기도 했다. 1541년 1월 14일에야 비로소 멜란히톤과 에크의 토론으로 원죄와 신학적인 문제들이 다루어질 수 있었다. 가톨릭 측에서는 기존의 아우크스부르크 신앙고백서를 개정판과 먼저 비교해야 했음을 지체의 이유로 삼았다. 아우크스부르크 신앙고백서 개정판은 이의 없이 수용되었고, 멜란히톤은 특별히 변경할 것은 없었다고 덧붙였다. 그러나 1월 18일 황제의 명령은 전체회의를 이미 공지한 레겐스부르크로 연기시켰고, 황제도 개인적으로 그 회의에 참석하기를 원했다. 그란벨라가 황제에게 연기를 요청했다. 왜냐하면 절차 문제를 둘러싼 문제들이 원하는 결과에 대한 전망을 처음부터 불투명하게

18) Maurer (위의 각주 16), 112.

19) 상게서., 121.

20) 개신교 측 대표자, 고문 그리고 신학자 목록은 Neuser, a.a.O., 199f.를 보라. 상세내용은 55-65.

했기 때문이다. 다른 한편 신학적인 협의가 비밀리에 이루어져 그 결과가 작성되었다. 그러나 이것에 대한 협의는 또 다른 차원을 요구하는 것이다.

이 비밀회의는 그란벨라의 요청으로 1540년 12월 15일부터 31일까지 황제 측 고문인 게어하르트 벨트빅(Gerhard Veltwyk)과 요한네스 그롭퍼를 한편으로 하고 두 명의 스트라스부르 개혁가인 카피토와 부처를 다른 편으로 하여 열렸다. 부처와 그롭퍼는 이미 하게나우 회의 때부터 알고 있었으며, 나름대로 서로에 대해 평가하고 있었다. 그롭퍼는 개혁에 우호적인 쾰른의 대주교 헤르만 폰 비트가 권유하여 회의에 참여했고,[21] 부처는 이미 라이프치히 회의에서 특별한 역할을 하여 이제 헤센의 필립 백작을 통해 임무를 부여받고 보름스에 머물며 대화를 위해 특별한 지침을 가지고 있었다. 왜냐하면 그러는 사이에 백작의 이중결혼이 소문이 나[22] 백작은 황제의 정책을 상당히 실어 날랐다. 이러한 협상[23]의 결과가 소위 보름스 책자(Wormser Buch)[24]였다. 그것은 정말 그롭퍼가 자신의 요람(Enchiridion)에 기초하여 작성한 건의서를 토대로 만든 것이다.[25] 그란벨라는 이제 이것을 통해 계속적인 대화를 위한 충분한 노대를 갖게 되기를 희망했다. 그는 그 때문에 좋은 이유를 들어 즉시(멜란히톤과 에크가 아직 공식적인 토론을 시작하기 전) 황제에게 회의 연기를 요청할 수 있었고, 황제는 1541년 1월 18일에 이것을 조치했다. 레겐스부르크로의 제국회의의 공고는 다시 갱신되었다.

비밀회의의 결과는 물론 비밀이 아니었다. 그란벨라 자신은 그 결과의 승인을 위해 노력했다. 상당한 동감을 표명한 두 명,[26] 즉 헤센의 필립과 브란덴부르크의 요아힘 2세에게

---

21) 위의 34를 보라.

22) 비교. G. Müller, Landgraf Philipp von Hessen und das Regensburger Buch, in: Bucer und seine Zeit. Forschungsbeiträge und Bibliographie, hg. v. M. de Kroon und F. Krüger, Wiesbaden 1976 = Veröffentlichungen des Instituts für europ. Geschichte Mainz 80.

23) 진행과정에 대해서 Stupperich, Der Humanismus und die Wiedervereinigung der Konfessionen, a.a.O., 86-90.

24) 이 제목의 표기는 일치된 것은 아니다. 종종 "레겐스부르크 협약"(Regensburger Buch) 혹은 "보름스-레겐스부르크 협약"(Worms-Regensburger Buch)이라고도 칭한다. 왜냐하면 나중의 레겐스부르크 판이 몇몇 사안에 대해서 다르기 때문이다. 본문은 in ARC 6,(21)24-88, 또한 CR 4, 190-236.

25) 저작권에 대한 논쟁은 특히 다음책을 보라. R. Stupperich, Der Ursprung des "Regensburger Buches" von 1541 und seine Rechtfertigungslehre, ARG 36(1939), 88-116; W. Lipgens, Kardinal Johannes Gropper (1503-1559) und die Anfänge der katholischen Reform in Deutschland, Münster 1951 = RST 75, 124 각주 15, 비교. ebd. 225 Nr. 9; R. Braunisch, Die "Artikel" der "Warhaftigen Antwort" (1545) des Johannes Gropper. Zur Verfasserfrage des Worms-Regensburger Buches (1540/41), in: Von Konstanz nach Trient (August Franzen zum 60. Geburtstag), München/Paderborn/Wien 1972, 519-545.

26) 비교. G. Müller, Landgraf Philipp von Hessen und das Regensburger Buch (위의 각주 22번), 105ff.

넘겨지는 길에 루터 역시 『보름스 책자』를 입수했다. 그러나 루터는, 비록 저자가 좋은 생각을 가졌음을 인정했을지라도 그것을 거부했다.[27] 루터는 멜란히톤과 달리 조정계획의 내용을 "모호하고 의심스럽다"(ambigua et dubia)고 썼다.[28] 멜란히톤 역시 회의적임을 표명했다.[29] 작센 선제후는 협상은 오직 아우크스부르크 신앙고백서와 변증문을 기초로 해서만 가능하다고 선언했다.[30]

레겐스부르크 제국회의는 1541년 4월 5일 황제의 제의를 낭독함으로 시작되었다. 그 속에서 그가 얼마나 종교문제를 중요하게 여기며, 또한 새로운 회담을 갖기를 원했는지 알 수 있었다. 몇몇 소수의 정예 인원이 이 회의를 이끌었다. 가톨릭 측에서는 플룩, 에크, 그롭퍼 그리고 종교개혁 진영에서는 멜란히톤, 부처, 작센 설교자인 요한네스 피스토리우스였다. 여기에 증인들도 있었다. 즉 의장인 그란벨라와 팔츠의 백작인 프리드리히였다. 교황은 황제가 강력히 원하여 추기경 콘타리니를 파송했으며, "독일에서 교황청에 대한 개혁을 추진하는 모든 영혼과 더 나아가 복음에 근접한 종교 단체의 지도자를 프로테스탄트와 더불어 정직한 친구로 여겼다."[31] 그러나 교황은 아무 권한이 없었고 회의에도 역시 참여하지 않았다. 또한 가톨릭의 교섭자들과 계속 접촉을 유지했다. 황제는 대화의 근거로서 - 제목 없이 봉인만 찍어 - 보름스 회담의 결과를 출판했다.

협상은 4월 27일에 시작하여 첫 네 개의 조항(인간의 창조와 원상태, 자유의지, 죄의 원인, 원죄)에 관해 깊은 대화도 할 필요가 없이 매우 빠르게 합의를 보았다. 그러나 다섯 번째 조항인 칭의에 관해서는 깊은 차이를 드러냈다. 사전에 제출한 내용은 너무 길고 불분명하다는 이유로 거부되었다. 내용에 관해서는 멜란히톤 뿐만 아니라, 에크 역시 달가워하지 않았다. 따라서 새롭게 작성하고자 노력했지만, 아무도 제출된 견해(에크, 멜란히톤 그리고 마지막으로 콘타리니가 제출)에 만족할 수 없었다. 결국 새로운 형식을 찾았다. 그란벨라가 기초를 작성했으며, 모든 참여자(황제, 콘타리니 그리고 칼빈 역시)가 만족을 표명했

27) 요아힘 2세에 대해서 WA Br 9,332-334.

28) 5월 12일, 상게서 411,13.

29) CR 4,98.

30) 1541년 3월 15일 자신의 고문에 대한 지침, CR 4, 123-132.

31) H. Jedin, Geschichte des Konzils von Trient, a.a.O., 1,306.

다. 그러나 결정적인 타개는 아직은 아니었다. 교회에 관한 조항에서 한 가지 쟁점을 철회하여 결렬을 피했지만, 협상은 미사에 관한 조항에서 다시 막혔다. 여기서 콘타리니는 의안을 사전심의하면서 화체에 관해 한 개의 단락을 첨부했었다. 고해의 성례전이 어려움을 가져왔듯이, 이 조항 역시 조정하지 못했다. 5월 말이 되어 무언가 결과를 도출해야 할 때, 프로테스탄트는 청원서를 제출했다. "아우크스부르크 신앙고백문을 종합적으로 판단하여 선별한 조항들은 성경에(in libro) 수용되지 않은 특정 문구의 신앙고백과는 다르다."(Articuli, quos delecti ex coniunctis Augustanae confessioni exhibuerunt oppositos certis locis in libro non receptis.)[32] 공식적으로 합의를 본 조항들 옆에는 함께 참여할 수 없었던 다른 사람의 리스트가 있다. 조항은 길지 않으나(10개 조항), 비중은 더 높아졌다.

분명히 모든 여건이 양호했고, 정직하고 성실한 양측의 준비에도 불구하고 대화는 결렬되었다. 선제후 요아힘 2세가 루터에게 의견을 구하고, 적어도 조정된 조항은 구속력이 있음을 수용하라는 관용의 계획에 동의를 얻고자 대표를 보내기까지 살려야 할 것을 구하고자 한 번 더 노력이 있었다. 루터는 "제국회의가 아무런 성과 없이 끝나지 않도록" 해야 한다고 이미 설명했다.[33] 그는 조항 한 개를 면밀히 검토한 후에 조정을 거부하며, 아우크스부르크 신앙고백서(Confessio Augustana)의 유지를 요구했다.[34] 로마 교황청도 마찬가지로 거부했다.[35] 이것으로 마지막 기회 역시 결국 무위로 끝이 났다. 7월 1일자 가톨릭 측의 최종 입장은 레겐스부르크 합의서(Regensburger Buch) 전체를 분명히 거부했다.[36] 프로테스탄트 측의 7월 12일자 마지막 말도 마찬가지로 분명한 것이었다.[37] 크게 만족해하며 수락한 칭의 조항에 대한 합의는 유지되지 못했다.[38] 이 조항은 사실 타협적이었다. 그 핵심은 '이중의 의'(duplex iustitia)에 관한 논제였다.

---

32) CR 4, 348-376.

33) 선제후 요한과 게오르크 폰 안할트에게 보내는 서신, 1541년 6월 11-12, WA Br 9,(436)437-440(계획서); 440-442(완성본).

34) 1541년 6월 29일 요한 프리드리히 폰 작센에게 보내는 루터와 부겐하겐의 서신, ebd., 459~463.

35) 1541년 6월 15일 대사 콘타리니에게 보낸 추기경 파르네제의 서신, CT 4, 195f.

36) CR 4, 450-455.

37) 상게서 476-478(황제에게 보내는 간략한 첫 번째 서신); 479-491(레겐스부르크 합의서에 대한 긴 평가서, 라틴어); 491-505(독일어)

38) 여러개의 글이 있다. ARC 6,30-44; 44-52; 52-54; 비교. K.-H. zur Mühlen, Die Einigung über den Rechtfertigungsartikel auf dem Regenburger Religionsgespräch von 1541 - eine verpaßte Chance? ZThK 76(1979), 331-359; V. Pfnür, Die Einigung bei den Religionsgesprächen von Worms und Regensburg 1540/41 eine Täuschung? RR 55-88.

"그리스도를 믿음으로 의롭게 되며, 의로운 사람이라고 칭한다. 즉 받아들여지는 것이며, 우리의 가치나 행위 때문이 아니다"(Fide in Christum iustificamur, seu reputamur iusti, id est, accepti, ... non propter nostram dignitatem aut opera)는 말은 종교개혁적으로 잘 표현되었다.[39] 그러나 우리는 의로운 일들을 행하기 때문에 '전가된 의'(isutitia imputata)가 '내재하는 의'(iustitia inhaerens)를 대신하고 있다.[40] 이것은 종교개혁적 이해와 모순되지 않음에 틀림없다. 루터 자신도 초기에 종교개혁적인 논쟁을 하면서 '이중의 의에 관한 설교'(Sermo de duplici iustitia)를 썼다.[41]

칼빈은 합의서에 진심으로 동의했다. 그 합의서는 모든 점에서 자신의 가르침에 부합했다.[42] 다른 한편 콘타리니 역시 그것에 동감을 가졌다.[43] 그럼에도 불구하고 그 합의서는 양편에 의해서 거부되었다. 루터는(솔직한 신학적 판단을 해야 한다는 경험에 부담을 가졌고, 게다가 당시 상당히 악화된 건강상태가 더욱 어려움을 가중시켰다[44]) 그 합의서를 "엉성하게 엮어 놓은 것", "함께 운을 짜 맞추었다"[45]고 칭했다. 왜냐하면 많은 문장에서 상대편의 수정과 보충을 목적으로 가톨릭과 개혁 진영의 교리가 서로 배합되었기 때문이다. 충분한 신학적 판단은 물론 없었다. 가톨릭 진영은 (1541년 5월 27일자 회의에서) 합의서의 불명료함을 비난했다. 그리고 트렌트 공의회 역시 이중의 의에 관한 교리를 강하게 비난했다.[46]

그럼에도 불구하고 레겐스부르크 회담과 그것을 가지고 의도한 합의가 칭의론에 대한 조항 때문에 좌초된 것은 아니다. 오히려 모든 계획은[47] 교회를 계층구조적인 구원의 기관으로 이해한 교회론 전체와 오류를 범할 수 없는 교리 그리고 교황의 최고 권한에 관

39) ARC 6,54,2f.

40) 상게서 4f.

41) 1519, WA 2,(143)145-152; 비교. W.v. Lowenich, Duplex iustitia. Luthers Stellung zu einer Unionsformel des 16. Jahrhunderts, Wiesbaden 1972 = Veröffentlichungen des Instituts für europ. Geschichte Mainz 68.

42) W. Neuser, Calvins Urteil über den Rechtfertigungsartikel des Regensburger Buches, in: Reformation und Humanismus (Robert Stupperich zum 65. Geburtstag), Witten 1969, 176-194.

43) 비교. v. Lowenich (위위 각주 41), 38-47. 여기에 상당한 증빙자료가 있다.

44) 상게서 54f.

45) WA Br 9,406,8. 14.

46) 제11장 B 2.를 보라.

47) H. Jedin, An welchen Gegensätzen sind die vortridentinischen Religiongespräche zwischen Katholiken und Protestanten gescheitert?, in: ders., Kirche des Glaubens - Kirche der Geschichte, Freiburg(Br.)1966, 1.361-366.

한 내용 때문에 좌초된 것이다. 합의할 수 없는 논란은 성만찬 조항[48] 중 화체설에서 발생했다. 이것은 사전에 제출된 것으로서 미리 다룰 수도 없다는 것이 합의서의 원칙이었다.

이것으로 합의계획은 최종 결렬되었다. 당혹감은 모두에게 동일했다. 교황 측에서는 이제 공의회를 지체 없이 소집할 것이라고 황제에게 알렸다. 황제는 답변에서 공의회와 연관된 모든 사항을 교황의 손에 위임했다. 즉 황제는 자신의 노력을 공식적으로 포기한 것이다. 7월 29일자[49] 제국회의 종결은 그럼에도 다시금 몇 가지가 소극적이었다. 제국회의는 독일 국가공의회의 가능성에 대해서 다시 언급했고, 18개월 이내에 독일에서 공의회를 열도록 요구했다. 그 외에도 아우크스부르크와 뉘른베르크 평화가 18개월 동안 유효함을 확증했고, 더 나아가 가톨릭 제후들은 - 그에 대한 콘타리니의 경고 후에 - 그들 편에서 "기독교적인 질서와 종교개혁을 수용하도록 의무를 부여했다."[50] 터키의 공격 시(슐레이만 1세는 어느덧 헝가리를 향해 진격했고, 오펜을 점령했다) 개신교의 참여를 보장한 또 하나의 비밀 선언[51]에서 황제는 프로테스탄트에게 그들이 가진 현재의 재산을 보장해 주었고, 제국법정에서 평능함을 약속했다. 소송은 중시되어야 했나. 이것으로 종교회담의 실패에도 불구하고 가교는 부서지지 않았다. 적어도 다음 시대를 위해서 평화가 다시 유지되었다. 그러나 물론 평화가 확실해진 것은 아니었다.

48) 비교. J. Mehlhausen, Die Abendmahlsformel des Regenburger Buches, in: Studien zur Geschichte und Theologie der Reformation (Festschrift für Ernst Bizer), Neukirchen 1969, 189-211.

49) CR 4,625-630, 계획 CT 4,200f.

50) 상게서 628; ARC 4,1 각주 1, 콘타리니의 경고, 상게서 (1) 5-7.

51) CR 4,623-625.

종교개혁사 (1532~1555-1556)

- 종교개혁의 강화, 칼빈, 가톨릭 개혁과 트렌트 공의회 -

제8장

슈말칼덴 전쟁 전야에서부터 아우크스부르크 종교평화까지

평화를 확고히 하기 위해서는 실제로 이루어진 일보다 더 강력한 보장이 필요해 보였다. 평화를 유지하는 것, 아마도 더 좋은 말로 전쟁을 억제했던 것은 프로테스탄트 제후들의 지원에 대한 황제의 의존과 더불어 계속 새롭게 전개되는 외교적 협의들이었다. 다른 한편 슈말칼덴 동맹의 힘도 한 몫을 했다. 그들의 군사력은 가톨릭 연합체인 뉘른베르크 동맹을 능가했다. 세 번째는 이로 인한 황제의 양보이다. 이것은 물론 특정한 기간에만 해당했으며, 거기에 조건이 연루된 것이다. 이러한 제 요인 중 단 하나의 누락도 전쟁의 위험성을 고조시켰다.

A 슈말칼덴 동맹의 긴장

내적 결속의 상처는 슈말칼덴 동맹에게 엄청날 정도의 운명적인 것이었다. 가장 활동적인 수장인 헤센의 필립 백작이 개인적 삶의 변화를 자초하면서 안전의 위험요인이 되었다.[1] 작센의 게오르크 백작의 딸 크리스티네(Christine)와 결혼한 지 19년이 되었고, 7명의 자녀도 낳았다. 그럼에도 필립이 바라는 애정은 없었고, 여러 상대를 바꾸어 가며 욕구를 충족했다. 이것은 그에게 양심의 가책과 더불어 매독에 감염되는 결과를 가져와 그의 누이인 작센의 백작부인 엘리자베스가 두 번째 결혼을 권했다. 그는 누이의 집 사무장의 딸인 17세의 마가레트(Margarete von der Sale)를 선택했다. 그녀의 어머니는 그 시대에 통용했던 내연관계의 가능성을 거부하며, 부인이 동의하고, 다른 선제후들의 양해와 탁월한 학자들의 적법하다는 선언 하에 완전한 결혼을 요구했다. 이중결혼의 생각은 이렇게 이루어졌고, 구약성서의 족장을 모델로 삼았다. 필립은 이에 대해 부처와 루터에게 의견을 물었다(1539년 12월 초). 이로 인해 1539년 12월 10일 소위 '비텐베르크 조언'[2]이 이루어져 루터, 멜란히톤, 부처 그리고 나중에 헤센의 다른 신학자들도 같이 서명했다.

고해자에 대한 조언에서는 단 한 번의 결혼이 원칙임을 확인해 주지만, 특별히 양심의 고통이 있는 경우에 교회는 이러한 요구를 면제할 수 있으며, 이것은 신적인 법에만 해당

1) W.W. Rockwell, Die Doppelehe des Landgrafen Philipp von Hessen, Marburg 1904; W. Maurer, Luther und die Doppelehe Landgraf Philipps von Hessen, Luther 24(1953), 97-120; A. Stein, Luther über Eherecht und Juristen, LWML 171-185, 특히. 177-181.

2) WA Br 8, (628)639-644.

하는 것이다. 세속의 법은 중혼을 금하고 있고, - 1532년 이후부터 제국법은 사형을 선고하고 있다 - 신적인 법과 서로 관련이 없다. 필립의 경우, '두 번째 결혼'은 하나의 내연관계로 간주되어야 한다. 그와 같은 결정은 기밀로 유지해야 한다.

1540년 3월 4일 멜란히톤의 주례로 필립의 결혼은 이루어졌다. 그러나 비밀은 유지되지 못했다. 작센 선제후들은 설명을 요구했다. 페르디난트 왕은 하게나우 회담이 진행되던 6월에 그 소식을 들었다. '전면 부인'하며 결혼을 그냥 거부하고 마가레트를 내연의 여인으로 남겨두는 것이 뜻하는[3] 전부를 세상에 알리라는 루터의 강력한 충고(1540년 7월)는 도움이 되지 못했고, 역으로 문제를 더욱 복잡하게 만들었다. 황제의 공격은 고사하고, 제국법에 따라 소송이 제기되었다. 백작은 사면을 얻어내고자 황제에게 접근했고, 결국 얻어냈다. 1541년 6월 13일 황제와 백작 사이에 협약(레겐스부르크 제국회의가 진행되는 동안 체결되었다)이 이루어졌다. 백작에게는 황제에게 위협이 되었던 슈말칼덴 동맹에 대한 영국과 프랑스의 접근을 차단하고, 빌헬름 폰 클레베의 수용을 허락하지 말라는 의무가 주어졌다. 그는 종교문제로 프로테스탄트에 대한 전쟁이 발발하는 것을 제외하고는 자신의 문제를 비껴갈 수 있었다.[4]

그러나 이것은 동맹의 연합정책에 타격을 준 것만은 아니었다. 더 나아가 동맹의 주요 구성원 가운데 몇몇이 황제에게 묶여 행동의 자유가 제한되었다. 이 일은 1년 후, 그가 작센의 선제후 요한 프리드리히와 함께 브라운슈바이크 문제를 군사력으로 해결하고자 하는 것을 막지는 못했으나[5], 이러한 행동은 단지 외교적으로 새로운 불씨가 되었을 뿐만 아니라, 내적인 새로운 긴장감을 조성하여 슈말칼덴 동맹에 부담을 안겼다. 요한 프리드리히와 모리츠 백작 사이에 벌어진 부르첸(Wurzen) 지역의 직위를 둘러싼 작센 내부의 갈등도 극복해야만 했다.[6] 지역 방백인 필립이 마지막 순간에 중재하듯 관여했으나, 이 두 명의 작센 제후들의 반목은 - 영주 게오르크의 죽음 이후 이루어진 신앙의 합의에도 불구

---

3) WA Br 9, 195,64f., 비교. 상게서., 178,42ff. 각주14; 203,128ff.; Rockwell, Die Doppelehe, a.a.O., 177f.

4) M. Lenz, Briefwechsel Landgraf Philipps des Großmütigen von Hessen mit Bucer, 3, Leipzig, 1981, 91-96.

5) 위의 32를 보라.

6) 비교. Luthers offenen Brief an den Kurfürsten und den Herzog, 7. April 1542, WA Br 10,(31)32-37. G.Wartenberg, Die albertinischen Kirchenpolitik unter Herzog Moritz von Sachsen (1541-1546), Leipzig, Univ., Fak. f. Theol., Diss. B, 1982; ders., Martin Luther und Moritz von Sachsen, in: LuJ 42(1975), 52-70.

하고 - 다시금 수면에 떠올랐고, 평화를 통해서도 해소되지 않았다.

B 황제의 정책 (1541~1546)

다른 한편 황제는 그 자신이 만들어 놓은 이점들을 즉시 이용하지는 못했다. 또 다시 터키 문제가 전면에 등장했다. 프로테스탄트 제후들은 원조를 약속하면서 본래 스파이어 제국회의(1542년 2월)에서 제안한 평화기간을 5년 더 연장할 것과 제국법정의 시찰 약속을 요구했다. 이후에 열린 뉘른베르크 제국회의(1542년 여름과 1542/43년 봄) 역시 동일한 문제를 다루었다. 그러나 1542년 터키의 진격은 이미 이전에 지중해에서 알제리를 공격했을 때와 마찬가지로 실패했다.

술탄과 연합한 프란츠 1세는 이 상황을 이태리 북부를 점령할 수 있는 네 번째 기회로 이용했고, 황제가 요구한 백작 통치령인 겔더른(Geldern)의 소유를 안전하게 지키고자 한, 북부의 백작인 빌헬름 폰 클레베로부터 지지를 받았다. 이와 같은 상황은 황제에게 매우 어려운 것이었다. 그는 세 방면으로 싸움을 전개해야만 했다. 그러나 이제 그의 기존 정책이 옳음이 입증되었다. 프랑스와 슈말칼덴 동맹의 연합도 이루어지지 않았고, 빌헬름 폰 클레베의 편입도 없었다. 헤센의 필립은 그것을 막을 수 있음을 알고 있었다. 그 결과 백작은 1543년 8월 홀로 황제에 대항했으나, 큰 손실을 입고 황제에게 복종해야만 했다. 그는 겔더른, 프랑스를 포함한 모든 외교 동맹 그리고 교회의 변화(1543년 9월 6일자 벤로협약)를 포기했다. 칼 황제는 그로 인해 프란츠에 대항하고자 자신의 군대를 북프랑스 쪽에 배치하고, 2월 20일 열린 새로운 스파이어 제국회의에 참여했다.

여기서 황제는 황제의 승리로 인해 놀라며 불안해하던 프로테스탄트가 프랑스 왕 프란츠를 제국의 적으로 돌리게 하는데 성공했다. 그들은 터키뿐만 아니라, 프랑스 방어를 위해 요청받은 군사적 원조를 승인했다. 대신 황제는 그들에게 새로운 여러 가지 요구를 승인해주었다. 6월 10일 제국회의를 마치면서 공의회를 열기까지 - 모임 자체는 불투명했으나 - 종교문제에 대해 잠정적인 결정을 하고자 가을 혹은 겨울에 새로 제국회의를 갖고 '기독교의 종교개혁', 즉 사신들의 문제를 다루기로 했다. 민족공의회도 역시 다시 거론

되었다. 신앙의 문제는 '보편적이고 자유로운 기독교회의, 민족적 회의 혹은 제국회의라는 기독교적이고 화목한 조정을 통해' 조율되어야 하며, 프로테스탄트가 요구하는 언어 사용 역시 수용되어야 한다고 분명히 확정되었다. 그때까지 모든 '평화 상태'는 다시 갱신되었고, 임박해 있던 소송들도 다시 한 번 연기되었다. 교회 재산의 자유로운 사용 역시 교회와 자선을 목적으로 사용하도록 했다.[7] 이것은 이미 '교파-중립적 제국교회법을 의미했다... 교황은 이에 관해 아무 말이 없었다.'[8]

칼 황제가 제국회의 종결과 그러한 양해들을 정말 진지하게 생각했는지는 의심해 볼 수 있다. 프로테스탄트들도 그를 그렇게 생각했고, 로마 교황청 역시 마찬가지였다. 교황은 그 결과에 대해 1544년 8월 24일 답변하며 수신자인 황제를 강하게 비판했다.[9] 교황은 답변에서 황제가 자신의 권한을 남용하여, 교황의 권한까지 손상시켰다고 비난했다. 교황은 황제의 거짓을 처벌하기 위해 11월 19일 트렌트에서 1545년 3월 15일에 새로운 공의회를 개최할 것이라고 공지했다.[10] 교황 바울 3세가 스파이어의 결과를 잘못 해석했음을 황제의 계속된 태도가 분명하게 알게 해주었다. 스파이어에서는 정책의 변화가 없었으며, 기존의 방법을 유지했으나, 다만 다른 수단을 사용했을 뿐이다. 왜냐하면 9월 14일에 이미 크레피 평화조약으로 프랑스의 프란츠와 네 번째 전쟁을 성공적으로 종결할 수 있었기 때문이다. 9월 19일에 이루어진 비밀협약에서 황제는 프랑스의 반프로테스탄트 지지뿐만 아니라, 프란츠 왕에게 차후에 열릴 공의회에 관계자 파송을 의무화시켰다.[11] 이것으로 이제까지 황제에 대항했던 슈말칼덴 동맹은 양쪽을 모두 경계해야 했다. 칼 대제는 스파이어에서 덴마크와 함께 특별평화조약을 체결했기 때문에 슈말칼덴 동맹의 고립과 봉쇄는 계속되었다. 크리스챤 3세는 프랑스로부터의 독립을 황제에게 인정받는 대신 네덜란드에게 순트해협의 자유로운 통과를 그 대가로 지불했다.

칼 황제는 이제 그 목적이 분명히 '전쟁'이라할 수 있는 이와 같은 방법을 계속 지속했

---

7) CT 4,358-362(신앙의 문제와 공의회와 관련된 것은 78-95).

8) K. Repgen, Papst, Kaiser und Reich, a.a.O., 59.

9) CT 4,364-373, 374-379. 교황의 이러한 행동은 루터의 마지막 반교황저서 『악마의 사주를 받은 로마교황에 반대하여』가 나오는 배경이 되었다. WA54,(195)206~299.

10) 공의회소집칙령 CT 4,385-388.

11) A. Hasenclever, Die Geheimartikel zum Frieden von Crépy vom 19. September 1544, ZKG 45(1926), 418-426.

다. 이미 스파이어에서 겨울로 예상했던 다음 제국회의는 1545년 봄에야 비로소 열릴 수 있었다. 5월에야 나타난 황제는 트렌트 공의회를 이미 오랫동안 요구한 공의회이자, 더불어 이제까지의 '평화상태'의 끝으로 보고자 한 것이 분명했다. 다른 한편 프로테스탄트 제후들은 스파이어의 결정을 강조하며, 황제의 군사 준비 소식이 점점 위협적이 되었을 때, 더욱 긴박해진 안전에 대한 보장을 요구했다. 사실 황제는 이제까지 고립정책을 수행하면서 폴란드 그리고 특히 교황과 협상을 했다. 구체적인 성과는 매우 신속하게 이루어졌다. 교황청 대사인 파르네제는 군사 원조와 상당한 재정지원 약속을 중재했다. 분명 아직 모든 것은 시간의 문제였다.

다시 한 번 기한을 잡아 1546년 1월 말에 개최하려던 레겐스부르크 종교회담 역시 여기에 속하나, 그러나 어느 편에 의해서도 성공에 대한 희망을 갖고 추진되지는 않았다.[12] 개신교 측에서는 부처, 에어하르트 슈네프, 요한네스 브렌츠 그리고 게오르크 마요르와 마지막 국면에 바이트 디트리히가 멜란히톤 대신에 참여했고, 가톨릭 측은 코클레우스, 에버하르트 빌릭크, 요한네스 호프마이스디 그리고 페트루스 말바다였다. 게다가 그러는 사이에 1545년 12월 13일 실제로 트렌트공의회가 개최되었다. 아우크스부르크 신앙고백서로 시작한 협상은 아무런 성과가 없었고, 오로지 칭의의 문제만을 언급했다. 다시금 진행 문제에 많은 시간과 노력이 소모되었다. 3월 중순에 아무 성과도 없이 양편은 돌아섰다. 루터는 2월 18일 아이슬레벤에서 사망했다.

레겐스부르크에서 열린 제국회의 역시 아무런 성과 없이 막을 내렸다. 그러나 1546년 6월 5일 이후로는 적어도 종교, 평화 그리고 법에 대한 오랜 문제들을 다루기도 했었다. 이제 향후의 발전이 더 이상 의심스럽지 않다는 점에서 제국회의는 한 단계 진전한 것이다. 황제의 군사 준비에 대한 프로테스탄트(모든 제후들은 심의를 통해 대표할 수 있다!)의 문의에 대하여는 6월 16일에 이들이 '불순종하는 제후들' 일 것이라는 소식을 들었다. 이것은 이미 전쟁 선언이었고,[13] 교황(6월 26일 서명) 그리고 바이에른(6월 7일)과 체결한 협정도 이것을 지지했다. 협약은 계속 이어졌다. 가장 중요한 것은 물론 헤센공작의 사위인 작

17) H. Nebelsieck, Elf Briefe und Aktenstücke über das Religionsgespräch in Regensburg von 1546, ARG 32(1935), 127-136; 253-283.

13) 비교. E. Bizer, Reformationsgeschichte 1532-1555 = Die Kirche in ihrer Geschichte, Bd. 3, Lfg. K, Göttingen 1964, 141.

센의 모리츠와 맺은 것이었다. '에르네스트와 슈말칼덴 동맹에 대한 모리츠의 적대적 태도'[14]는 특별히 부르첸(Wurzen)을 둘러싼 파당싸움에서 잘 드러났다. 이와 같은 태도의 이유는 정치적 독립성 확보에 목적을 둔 수 십년 전부터 서서히 타오르던 두 작센 사이의 경쟁에 있었다. 모리츠는 외적으로는 개신교 신앙을 고백했지만, 기본적으로 종교와는 무관했다. "그는 항상 정치가로 남고자 했고, 언제나 그의 행동의 진정한 동기는 개신교 교리의 확산이나 강화가 아니라, 자신의 지역적 힘의 확산과 공고화였다."[15] 그는 슈말칼덴 동맹의 회원은 되지 않았으나 그들과 가까웠다. 공의회를 감독하겠다는 황제의 확약에 대해 모리츠는 공의회 결의사항에 대한 인정을 약속했고, 협조에 대한 대가로 선제후 직위를 보장받았다(6월 19일). 더 나아가 황제는 브란덴부르크 지방관인 한스 폰 퀴스트린과 브란덴부르크 - 쿨롬바흐의 알브레히트 알치비아데스를 끌어 들었고, 이들에게는 그 대가로 종교적 영역을 인정해 주었다.

황제는 이것으로 이미 사전에 전쟁 종결을 위한 매우 중요한 외교적 성과에 도달했다. 그러나 이 일들은 그의 목적에 어느 정도의 의심을 갖게 하는데 기여했다. 왜냐하면 이러한 동맹과 그러한 조건 하에서도 황제는 슈말칼덴 동맹 측과 프로테스탄트들을 참된, 오랜 전통을 가진 가톨릭과 교황에게 순종하게 하는 데는 성공할 수가 없었기 때문이다. 교황과 황제의 동맹은 교황에게 복종하는 것을 전쟁의 목적으로 삼았었다.[16] 결국 6월 20일에 누가 '불순종하는 제후들'이었는지가 분명해졌다. 작센의 프리드리히 선제후와 헤센의 필립 백작이 그들이었다. 제국회의는 이날 그들에 대해 유죄를 판결했다. 브라운슈바이크의 하인리히 백작에 대항한 행동이 그 이유였다. 이것은 '동맹 전체의 문제도 아니었고, 직접적인 종교적 문제도 아니었으며, 그 때문에 유죄 판결에 더 적합한 것이었다.'[17]

14) G. Wartenberg, Luther und Herzog Moritz (위의 각주 6), 69.

15) F. Hartung, Karl V. und die deutschen Reichsstände, a.a.O., 62.

16) 비교. W. Friedensburg, Kaiser Karl IV. und Papst Paul III., a.a.O., 78.

17) E. Bizer, Reformationsgeschichte (위의 각주 13), 142.

C 전쟁과 잠정안

전쟁은 곧바로 시작되었다. 7월 초 교황 군대가 출정했다. 슈말칼덴 동맹 측의 준비는 매우 느리고 신중했다. 독일 남부의 제후들이 가장 발 빠르게 행동했으며, 알프스 길의 차단이 이들의 손에 놓여 있었다. 레겐스부르크에 있던 황제의 위치 역시 위태로워졌다. 그러나 어려움이 없이 유리한 위치를 얻었다. 여러 개의 황제 지역의 연합을 좌절시키려는 노력은 허사로 끝났다. 아무런 중요한 만남도 일어나지 않았다. 군대를 전략적으로 이동하며 8월 한 달이 그냥 갔다. 그러나 시간은 가면서 변화를 가져왔다. 교황의 군대는 익숙지 않은 기후로 인한 장애, 질병 그리고 탈영으로 크게 격감했다. 슈말칼덴 동맹 측에서는 곧바로 전쟁비용의 부족을 알아차렸다. 11월에 그들의 군대는 북부로 후퇴했고, 몇몇 연합체는 해산하였으며, 남부 전체를 전투 없이 황제에게 이양했다. 도시들과 팔츠의 선제후 프리드리히 그리고 뷔르템베르크 백작인 울리히는 복종해야만 했다.

황제는 교황과 다시 불화에 빠져들었다. 이유는 여러 가지였다. 우신 황제가 교황의 대사를 배제시킨 가운데 항복한 자들과 협상했다는 것이요, 또한 공의회가 칭의 조항을 계속 다루었다는 것이다. 황제는 사실 프로테스탄트가 그 결과를 수용하는데 어려움이 생기지 않을까 염려했다. 또 하나의 불화 이유는 프랑스와 새로운 노력을 모색하면서 교황 측이 알려준 동맹 통보였다. '그 배경에는 결국 황제 칼 5세의 의도에 대한 교황의 뿌리 깊은 불신이 있었다.'[18] 결국 공의회는 황제가 명령하여 참여한 소수의 트렌트 감독들의 뜻과는 달리 교황청이 제시한 볼로냐로 옮겨졌고, 거기서 황제는 제국회의에 부합한 공의회라는 것 외에는 아무것도 인정할 수가 없었다. '독일 프로테스탄트들이 교회국가에 있는 한 도시에서 열리는 공의회를 인정하고 파견하고자 움직인 적이 결코 한 번도 없다. 볼로냐에서 가결된 교회법은 결코 독일에서 효력을 가질 수도 없을 것이다. 이제 발생한 교황과 황제의 불화는 가장 큰 어려움 가운데 있던 독일프로테스탄트의 구원이었다.'[19]

---

18) H. Jedin, Geschichte des Konzils von Trient, a.a.O., 2, 352.

19) 상게서., 376.

교황 대사인 모로네는 이 불화를 매우 염려했다.[20)]

1547년 3월 황제는 작센으로 진격했다. 가을에 모리츠 백작이 이미 한 번 이곳을 점령했으나, 남쪽에서 바싹 접근해오는 선제후들을 막아낼 수는 없었다. 그러나 이제 선제후들은 백작의 작센 지역이 황제 연합군과 하나가 되는 것을 막아내지 못했다. 이들은 직접 비텐베르크 - 막데부르크 방향으로 진격하였으나, 4월 28일 일요일에 뮐베르크(리사와 토루가우 사이)에서 엘베강을 넘은 황제군에게 크게 놀랐다. 신속하게 후퇴를 하는 과정에서 선제후는 가볍게 부상을 입고 사로잡혔다. 5월 19일 비텐베르크는 항복했다. 한 달 후, 협상과 모리츠의 중재로 헤센의 필립 백작이 복종했고, 모리츠의 약속에 속아 마찬가지로 사로잡혔다. 이것으로 전쟁은 사실 끝이 났다. 왜냐하면 황제는 북부 역시 굴복시키려는 계획을 접었기 때문이다. 북부는 네덜란드에서 브레멘까지 진격한 그의 두 번째 군대의 패배로 인해 전혀 다른 상황이 전개되어 있었다. 이미 6월 4일에 모리츠는 선제후 지역을 소유했고, 본래 약속받은 선제후 직위를 얻었다. 굴복하지 않은 막데부르크에 대해서는 7월 27일 추방령이 선고되었으나, 바로 효력을 나타내지는 않았다.

늦어도 아우크스부르크(1547년 9월부터 1548년 6월까지)에서 열린 '성난 제국회의'에서 황제의 전쟁 목적이 프로테스탄트의 복종이나 그들의 가톨릭 복귀로 제한된 것이 아님이 분명해졌다.[21)] 직접 그와 연관된 것들은 제국의 신질서라는 구체적인 정치적 목적들이었고, 특별히 슈말칼덴 동맹의 존재와 행동 능력은 제국의 취약한 구조를 잘 보여 주었다. 황제는 이제 위대한 제국 개혁을 꿈꾸며 견고한 제국연맹(전에 있던 슈바벤 동맹을 본보기로 삼아)을 토대로 개개의 제국 귀족들을 이전보다 강하게 결속시키고, 특히 귀족에 대한 황제의 권한을 강화시킬 계획을 수립했다. 그런 차원에서 황제의 목적은 슈말칼덴 동맹의 차원을 훨씬 넘어 가톨릭 귀족들을 끌어들였다. 그러나 오랜 협상에도 불구하고 그 계획은 성사되지 못했다. 슈말칼덴 동맹자들의 고립 또한 성사시키지 못했다. 또 다시 바이에른과 합스부르크 사이의 경쟁심이 결정적인 역할을 했다. "동맹이 보여주었듯이, 지역

20) 비교. K. Repgen, Papst, Kaiser und Reich, a.a.O., 63f. und 각주 31.

21) H. Rabe, Reichsbund und Interim, a.a.O., 종교-정치적 협상에 대한 원자료 ARC 5(1973).

분권주의가 황제에게 예속되기에는 이미 너무 강해져 있었다."[22)]

종교문제는 여전히 황제가 풀어야 할 커다란 과제였다. 동맹에 가입한 개신교 귀족들에게 해준 사전 약속은, 교황 그리고 공의회가 받아들인 특징과 불화를 일으킨 것처럼, 로마교회의 예전의 도입과 개신교 지역에서의 로마교회의 관할권 회복을 방해했다. 공의회에 문제 해결을 기대하는 것은 허사였다. 황제는 직접 나서야 했고, 그 결과 교황, 공의회 그리고 프로테스탄트에게 조건 없는 만남을 요청했다. 다시 한 번 잠정적 해결이 모색될 수 있었으며, 이것이 바로 '잠정안'(Interim)이다. 이것은 위원회가 여러 심의를 거쳐 장기간의 협의 끝에 작성했으며, 마인츠 부주교인 미하엘 헬딩, 나움부르크 주교인 율리우스 플룩 그리고 요한 아그리콜라가 주로 참여했다. 그들이 작성한 잠정안은 이미 여러 차례 실행한 종교대화, 특히 1541년 레겐스부르크 종교대화의 결과물의 하나로 보아야 한다. 물론 그럼에도 불구하고 보름스-레겐스부르크 협의서(Worms-Regensburger Buch)에서 직접 온 것은 아니다. 가장 중요한 기초자료는 인문주의적 중재정신이 담겼으며, 상당히 중요하게 여긴 플룩의 '교정된 거룩한 교의'(Formula sacrorum emendandorum)였디. 그러나 황제가 잠정안에 대한 동의를 구하자, 바로 여기에 첫 번째 어려움이 있었다. 개신교 귀족 측에서 보기에 잠정안은 부분적으로 결정적인 모순(한스 폰 퀴르스틴)이 있었다. 이에 비해 가톨릭 측에서는 잠정안은 수용하라는 부당한 요구에 반박했다. 귀족들은 그러한 해결이 적절치 않다고 설명했다. 그 사이에 보완한 변경안도 전체의 성격에 영향을 주지는 못했다. 그러나 가톨릭 귀족들은 그것도 맞지 않다고 여전히 주장했다. 그러므로 잠정안은 가톨릭 귀족들을 그들의 신앙에 충성하도록 호소한[23)] '개신교 측 제국 귀족들을 위해 일방적으로 요구한 특별법'[24)]이 되었다

잠정안은 다양하면서도 상세한 26장의 단락을 가진 국가의 작품이다. 무엇보다도 모든 교리(타락 이전과 이후의 인간, 칭의, 신앙 그리고 행위, 교회와 교직, 7성례전을 전제로 한 일반적인 성례전과 특별한 성례전, 매우 상세한 미사의 희생성격, 성인숭배)를 다루었고, 마지막

22) F. Hartung, Karl V. und die deutschen Reichsstände, a.a.O., 40f.

23) Das Augsburger Interim. Lateinisch und deutsch, hg. v. J. Mehlhausen, Neukirchen 1970 = Texte zur Geschichte der evangelischen Theologie 3; 비교. 부록, 잠정안의 배경과 목적에 대한 상세한 설명이 담긴 6월 30일자 제국회의 종결에 대한 서문은 148-157, 잠정안에 대한 가톨릭 측의 입장은 148-157을 보라. 더 나아가 ARC 6,(308) 310-345. 여기에 다른 원자료도 있다.

24) H. Rabe, Reichsbund und Interim, a.a.O., 446.

장에서는 성체축일, 성인축제, 금식규정을 포함하여 여러 가지 의식들을 논했다. 다만 사제의 혼인과 성만찬 수찬은 "이 점에 대해서는 공의회가 결정하기까지" 두 가지 형태로 시행한다고 양해했다.[25]

결과는 빈약했고, 즉각적인 반박에 의해 관철의 문제는 처음부터 부담스러웠다. 결국 황제는 6월 14일에 열린 제국회의 마지막 날『종교개혁의 문서』(Formula reformationis)라는 문건을 제출했다. 이것은 가톨릭의 성직자 귀족들을 염두에 둔 것으로 구체적인 개혁조치를 취해 줄 것을 요청한 것이다(직위 독점, 성직자의 생활방식, 주교의 직무 수행, 시찰, 성직록 지급, 수도원의 상황).[26] 여기서 물론 문제는 황제가 '그때까지 전혀 생소했던 국가교회적 통치를 어느 정도까지 제국 차원으로'[27] 관철시킬 수 있는가 하는 것이었다. 왜냐하면 개혁은 본래 교회의 사안이며, 교회가 주도해야만 했기 때문이다. 그것은 공의회의 의사일정에 있었다. 참석한 주교들은, 꼭 필요하지는 않았으나, 그 문제를 받아들였고, 성당참사원들과 계속 협상이 이루어졌다. '칼 5세의 종교개혁문서는 트렌트공의회 이전에 독일에서 가장 중요한 개혁의 동기들 중 하나가 되었다.'[28]

잠정안 선언에 대한 반응은 매우 다양했다. 개신교 설교자들은 거의 대부분이 거부했다. 황제의 공격을 두려워하거나 남부 독일의 제국도시들(아우크스부르크, 울름, 슈바벤 홀, 콘스탄츠)처럼 실제로 공격이 일어난 곳에서는 잠정안에 맹세를 거부한 성직자들이 체포되거나 혹은 박해를 피해 도망을 쳤다(브렌츠). 도시들은 부분적으로 스페인의 점령 하에 있었다. 울름과 아우크스부르크에서는 기존의 의회법이 바뀌어졌다. 콘스탄츠는 독립을 잃고, 다시 가톨릭화 되었다. 스트라스부르 역시 이 문제를 차일피일 미루려 시도하다가 결국 복종했다. 끝까지 타협하지 않고 저항했던 마르틴 부처는 영국으로 추방당했고, 거기서 캠브리지의 교수가 되어 1551년 죽었다.[29]

---

25) J. Mehlhausen, ebd., 142.

26) ARC 6,(348) 349-380.

27) K. Repgen, Papst, Kaiser und Reich, a,a.O., 65.

28) H. Rabe, Reichsbund und Interim, a.a.O., 449.

29) Der "Summarische Vergriff" in: Martin Bucers deutsche Schriften, 17, Gütersloh 1981,(111) 121-150. W.Bellardi, Bucers "Summarischer Vergriff" und das Interim in Straßburg, in: ZKG 85(1974), 64-76. 전체에 대해서는 E. Weyrauch, Konfessionelle Krise und soziale Stabilität. Das Interim in Straßburg (1548-1562), Stuttgart 1978 = Spätmittelalter und frühe Neuzeit. Tübinger Beiträge zur Geschichtforschung 7.

다른 곳(뉘른베르크, 브란덴부르크-안스바흐)에서는 독자적인 잠정안을 마련하고자 시도했다. 뷔르템베르크의 백작 울리히는 다만 잠정안의 형식만을 모방하고 임시적으로 사용하고자 했고, 그 자신과 포기할 수 없는 복음 사이를 구분하기를 원했다. 그럼에도 불구하고 모든 개신교 목사들은 떠나야만 했다. 그로 인해 개인적인 어려운 상황이 발생하여 떠난 사람들, 즉 '잠정안사제들'(Interimspristern)과 더불어 설교자와 교사직을 다시 중지시켰다.[30)]

독일 북부에서는 많은 곳에서 잠정안이 거부되었다. 한자동맹의 도시인 뤼벡, 함부르크 그리고 뉘네부르크[31)]가 메클렌부르크 귀족(스페른베르크 주의회)들처럼 반대했다.

헤센의 상황은 복잡했다.[32)] 포로가 된 공작은 조속한 자신의 석방을 위해 즉시 잠정안의 수용을 지지했다. 비록 설교자들이 강력하게 거부했음에도 불구하고 그는 도입하라는 공개적인 명령을 내렸다. 황제와 마찬가지로 그의 명령에 근거하여 의회는 결국 출판을 결정했다. 이것으로 실제적인 행동은 더 이상 무의미했다. 왜냐하면 구체적인 결과들이 어느 정도 도입되고, 정부가 추진했기 때문이다. 성직자들은 여전히 거부했지만, 잠정안에 순종하는 사제들도 다른 지역에서처럼 헤센에 조금은 있었다. 공작 역시 자신의 오판을 곧 알아차렸고 반대하던 성직자들이 헤센을 떠나지 않도록 노력했다. 특히 마인츠 - 1546년 세바스티안 폰 호이젠스탐[33)] 이후로 - 대교구가 주축이 되어 직위 독점, 잠정안 도입의 감시, 주교의 시찰과 회의로 추진한 분명한 재가톨릭화 경향은 결국 일반적인 정치적 변혁 속에서 불가피한 종국을 맞이했다.

한편으로는 포로가 된 요한 프리드리히의 고집과 다른 한편으로는 황제와 결탁한 새로운 선제후 모리츠가 정하는 작센의 태도는 매우 중요했다. 모리츠는 제국회의 협상이 진행되는 동안에 자신의 신학자들 없이는 아무것도 결정할 수 없다고 이미 선언했었고, 그와 그의 신하들이 자신들의 종교를 버리기를 원치 않음을 가리키며 황제의 보증과 마

---

30) G. Bossert, Das Interim in Würtemberg, Halle 1895 = SVRG 46/47.

31) W.-D. Hausschild, Zum Kampf gegen das Augsburger Interim in norddeutschen Hansestädten, ZKG 84(1973), 60-81.

32) F. Hermann, Das Interim in Hessen, Marburg 1901.

33) 교구에 잠정안을 도입하려는 그의 활동과 생애에 대해서는 R. Decot, Religionfriede und Kirchenreform. Der Mainzer Kurfürst und Erzbischof Sebastian von Heusenstamm 1545 1555, Wiesbaden 1980, 특히 91-145, = Veröffentlichungen d. Inst. f. Europ. Gesch. Mainz 100.

찬가지로 몇몇의 조항을 비판했다. 한편으로는 그 역시 이제 자신을 불신하는 신학자들 편에서 같은 어려움을 겪고 있다고 생각했으며, 다른 한편으로는 이제 되찾은 나움부르크(잠정안 저자 중 한명인 풀룩)와 마이센(카를로비츠) 주교들이 제국회의 결정의 관철을 지지했다.

멜란히톤은 상당히 슬픈 역할을 했다. 1548년 4월 28일자 편지에서 그는 오랫동안 고민해오던 문제인 루터와 분명히 거리를 두었다.[34] 그 역시 이 같은 형식의 잠정안을 거부했지만, 중재를 위해 노력해야만 했고, 여기서 '라이프치히 잠정안'이 나왔다(1548년 12월). 여기에는 독자적인 형식의 칭의론이 포함되어 있고, 교회 질서를 성서에 결부시켰으며, 외적인 사안들, 예배, 외적인 관습과 축일에서는 다시 가톨릭적인 척도들이 도입되었다.[35] "신학적인 주요 사상은 외적으로 볼 때 미신이 조장되지 않는 한에서 '비근본적이며' '중간적인 것'이라고 동의할 수 있는 교리를 결정해야만 한다는 것이었다."[36] 이것으로 물론 양편의 주교들이나 황제가 수용하지 않은 새로운 타협이 이루어졌다. 1549년 9월 간편 요약본인 소위 『라이프치히 소잠정안』(Kleine Leipziger Interim)이 출판되었고,[37] 설교자에게 그것을 이용해야 한다는 의무가 부여되었다. 상당수의 신학자들은 불쾌하게 여기며 그것을 거부했다. 게다가 본격적인 거부 분위기가 조성되었다. 비텐베르크에서 막데부르크로 간 마티아스 플라키우스가 주동자였으며, 그는 막데부르크에서 암스도르프와 함께 라이프치히 잠정안에 대한 싸움을 주도했다. 그의 칭의론은 중요한 사안을 '보통의 것'(Adiaphora)이라 여기며 외면하는 것을 비난했다.(아디아포라 논쟁) 황제에게 복종하기를 거부했기 때문에 1547년 이후 독일제국에서 제외된 막데부르크는 - 넘쳐나는 논쟁서적들에서 언급되는 바에 따르면 - 모든 잠정안 반대자들의 집결지이자, 저항의 중심지요 상징이었다. 1550년 10월에서야 비로소 1546년 레겐스부르크 협약에 근거하여 칼 황제와 페르디난트 왕과 함께 막데부르크에 대한 보호통치권을 소유한 작센 선제후 모리츠는 추방령의 완전한 집행을 황제로부터 위임받았다. 그 결과 도시 점령을 시작했고, 1551년 11

34) CR 6,879-885.

35) CR 7,(258)259-264.

36) B. Bizer, Reformationsgeschichte (위의 각주 13), 156.

37) CR 7, 424-426 (선제후 모리츠의 칙령); 426-428.

월까지 지속했다. 그 후 도시점령은 상호 양해 하에 중단되었으며, 그 사이에 전체적인 정치적 상황이 급변한 것이 그 이유였다.

D 제후들의 혁명과 아우크스부르크 종교평화

전쟁 후 황제의 태도나 종교문제에 대한 처신 및 선제후를 대하는 권력자의 모습에 깊이 충격을 받은 한스 폰 퀴스트린(Hans von Küstrin)은 '완고한 제국회의'가 열리는 동안 이미 황제와 거리를 두었고, 잠정안의 수용을 거부했으며, 독일 북부의 다른 제후들에게 지원을 구했다. 그는 프로이센의 백작 알브레히트와 메클렌부르크의 요한 알브레히트에게서 지원을 얻을 수 있었고, 그들과 함께 1550년 2월에 쾨니히스베르크에서 방어동맹을 체결했다. 프랑스와의 새로운 연합 시도는 결정되지 않았다. 덴마크의 왕은 처음부터 거절했다. 칼 황제와 그의 동생 페르디난트의 불화는 선제후 측에 유리하게 작용했다. 이 불화는 황제권을 강화하고 자신의 아들 필립에게 황제 직위를 보상해주려는 길의 계획으로 인해 야기되었다.

'쾨니히스베르크 동맹'은 1년 후 작센의 모리츠 선제후의 가입으로 기대하지 않았던 지원을 얻었다.[38] 모리츠 역시 시간이 흐르면 흐를수록 칼 황제에게 당혹해 했다. 약속한 지역에 대한 요구는 이루어지지 않았다. 약속과 달리 장인 필립 폰 헤센은 1년간 감옥에 있었고, 그로 인해 병을 앓았다. 그는 '쾨니히스베르크 연맹'을 처음에는 자신을 견제하기 위한 것이 아닌가 하는 의심의 눈으로 바라보았다. 모리츠의 막데부르크 점령은 반대편 제후들에게 자신의 힘을 보여주기 위한 것이었다. 그는 막데부르크를 위해 소집된 지원군을 해산시키거나 아니면 그 자신에게 충성하게끔 했다. 여러 차례에 걸친 그의 연맹 개입은 무엇보다도 프랑스의 앙리 2세와의 새로운 연합이 더욱 분명한 국면을 보여 줌으로써 세력의 증가를 가져왔다. 불어권 도시인 캄브라이, 메츠, 토울 그리고 베르덩에서의 제국성직권을 프랑스로 넘기는 대신 제후들은 많은 재정적 지원을 얻었고, 이제는 황제에게도 군사적 행동을 취할 수 있었다. 여러 소식통들이 경고를 했음에도 불구하고 황제는

38) K.E.Born, Moritz von Sachsen und die Fürstenverschwörung gegen Karl V., HZ 191(1960), 18-66.

1552년 3월 인스부르크 전선에서 제후들의 발 빠른 침입에 매우 당혹해 했다. 그는 도망쳐야만 했다. 페르디난트 왕 그리고 중립적인 제후들의 대표들과의 어려운 협상에서 모리츠는 황제로부터 포로가 된 필립 백작을 석방하겠다는 동의를 얻었다.(1552년 8월 15일 파사우협약) 차기 제국회의까지 종교평화를 유지하고, 제국법정에 계류된 소송들 역시 최종적으로 조율되어야만 했다. 종교적 화해와 무관하고 공의회에 대한 프로테스탄트의 복종도 고려하지 않는 항구적인 평화에 대한 모리츠의 최종적인 요구는 그러나 관철시킬 수 없었다.

그럼에도 불구하고 슈말칼덴 전쟁을 통해 황제의 우위는 무너졌고, 잠정안 역시 제거되었다. 제국의 상황을 자신의 방식대로 정치적, 종교적으로 해결하려는 황제의 시도는 결국 좌초되었다.

그 후 1555년 2월부터 9월까지 열린 아우크스부르크 제국회의는 제국회의가 가결한 범위 안에서 보편적인 지역평화를 공고히 하는 것으로 그 종결선을 그었다. 황제는 처음부터 원하지 않았고, 그래서 회의에는 참여하지 않았다.[39] 제국회의는 아우크스부르크 신앙고백서에 대한 신앙고백 때문에 제국 귀족들을 무력조치해서는 안되며, 종교문제는 오직 평화적인 방법으로 다루어야만 한다고 확정했다. 이제 혹은 후일 가톨릭 신앙 혹은 CA를 고백한 귀족들의 존속은 보장했으나, 이와는 달리 이 두 개의 신앙고백에 속하지 않는 자들은 종교평화에 포함시키지 않았다. '종교적 제한 조건'은 주교와 고위성직자들이 CA와 유착된 경우에 그들 지역에 종교개혁을 도입해서는 안 된다고 결정했다. 다른 한편, 추가적인 왕의 선언에서 기사단, 도시들, 교회들, 주교들 그리고 다른 성직 계급에 속해 있었으나, 이제 CA를 고백하는 경우, 이 고백을 유지할 수 있도록 보장해 주었다.[40] 개신교 지역에 대한 가톨릭 주교들의 종교적 재판은 "유야무야 중지되거나 연기되었다"(폐지되지는 않았다!)고 설명했다. 양심과 신앙고백의 자유를 백성들에게 역시 확대하려는 뷔르템베르크와 브란덴부르크의 노력은 페르디난트 왕의 이의제기로 무산되었다. 이주를 허용한다고 보장했지만, 그러나 페르디난트는 합스부르크 지역에서 용인하지 않았다.

---

39) Der Augsburger Religionsfriede vom 25. September 1555. Kritische Ausgabe des Textes mit den Entwürfen und der königlichen Deklaration, bearb. v. K. Brandi, Göttingen 21927. 비교. G. Pfeiffer, Art. "Augsburger Religionsfriede", TRE 4(1979) 639-645 (Lit.)

40) Text der Deklaration in der Ausgabe von Brandi, 상게서., 52-54.

전체적으로 볼 때 종교평화는 새로운 변화의 씨앗을 이미 내포하는, 어렵게 이룩한 하나의 타협이었다. 그것은 현재에 적합한 모든 진영의 평화와 안전요구를 성취해 주었으나, 양측의 기본적인 생각을 바꾸지는 못했고, 무엇보다도 동등한 권리를 가진 교파적 의미에서 동일한 질서를 만들어내지 못했다.[41] 그것은 제국, 황제 그리고 교황의 서열에 대해서는 아무것도 변화시키지 못했다. 다른 한편, 가결은 정치적 필요성에 부합했고, 정치적 수단으로 설명하고자 노력했다. 이로 인해 직면한 문제를 해결하기 위한 이제까지의 모든 노력과는 완전히 다른 차원에서 움직였다. 신앙의 일치는, 비록 종교의 조정이 계속 가능했음에도 불구하고, 더 이상 토론되지 않았다. (후에 나온) "그의 지역, 그의 종교"(Cuius regio, eius religio)[42]라는 말은 아무도 만족시킬 수 없었던 결과를 나타내고 있지만, 이후의 시대에 신학적으로 그리고 교회적으로 생각할 수 있는 '국가교회적 체계의 공고화'라는 발전을 이끌었다.

그럼에도 불구하고 신앙의 일치는 인정되어 수십 년간의 평화를 보장할 수가 있었다. 유연한 적용도 일조를 했다. 이로 인해 북부와 중부 독일 성직자 지역의 세속화뿐만 아니라, 기존의 루터를 따르던 제국귀족들이 칼빈주의로 넘어갔다(1563년 팔츠의 프리드리히 3세, 몇몇 지역들이 뒤를 따랐다).[43]

제국도시들 안에서의 상황은 특별한 숙고가 필요하다. 제국평화는 그들에게 현재처럼 두 신앙고백이 함께 유지되는 것을 가능하게 했다. 적어도 여기서 - 이와 같은 결정에 뒤따라오는 모든 제국법적인, 종교정치적인 그리고 실제적인 문제에도 불구하고 - 비록 신학적이기보다는 더욱 정치적인 평화사상일 수 있지만, 신앙의 자유와 양심의 자유에 관한 사상들이 백성들에게도 역시 뿌리를 내렸을 수 있다.[44]

교황과 교황청이 아우크스부르크 평화조약을 수용한 것은 매우 중요한 것이었다. 두

---

41) 비교. W. Dress, Konfession und Toleranz. Theologia Viatorum 11(1973), 45-55, 또한 Evangelisches Erbe und Weltoffenheit, Berlin 1980, 219-227; F. Dickmann, Das Problem der Gleichberechtigung der Konfessionen im Reich im 16. und 17. Jahrhundert, in: Zur Geschichte der Toleranz und Religionsfreiheit, hg. v. H. Lutz, Darmstadt 1977, 203-251 = Wege der Forschung 246.

42) 이 말은 루터파인 요아킴 스테파니가 처음 사용했다. Institutionis iuris canonici, 1599. 제국회의에서는 "한 명의 통치자가 있는 곳에 하나의 종교가 있다(Ubi unus dominus, ibi una sit religio)"는 말이 사용되었다.

43) 비교. W. Hollweg, Der Augsburger Reichstag von 1566 und seine Bedeutung für die Entstehung der reformierten Kirche und ihres Bekenntnisses, Neukirchen 1964 = Beiträge zur Geschichte und Lehre der Reformierten Kirche 17.

44) G. Pfeiffer, Der Augsburger Religionsfriede und die Reichsstädte, Zeitschrift d. histor. Vereins f. Schwaben 61(1955), 213-321.

교황의 죽음은 제국회의 협의를 어렵게 만들었다. 바울 3세의 후계자로서 1550년 2월 이후 교황이 된 율리우스 3세는 1555년 3월 23일 사망했고, 그의 후계인 마르첼루스 2세는 교황이 된 지 3주 후인 4월 30일 사망했다. 그를 이어 바울 4세가 교황이 되었으나, 그의 나이 이미 79세였다. "그는 50년 이상을 분명한 개혁의지와 집중적으로 개혁에 힘을 기울인 의심의 여지없는 단체에 몸담고 있었다... 그러나 그의 교황직은 인간적으로, 교회적으로 그리고 정치적으로 하나의 비극이었다."[45] 가톨릭 귀족과 왕에 대한 그의 경고들은 성공하지 못했다. 제국회의의 마지막 협상은 교황 대사가 참석하지 않은 가운데 열렸다. 제국회의가 끝날 때에 그는 왕과 파사우 주교에게 여러 개의 비난 글들을 보냈다. 그러나 제국회의 종결에 대한 직접적이고 공식적인 교황의 반박은 없었다.

45) K. Repgen, Papst, Kaiser und Reich, a.a.O., 78.

종교개혁사 (1532~1555-1556)
-종교개혁의 강화, 칼빈,
가톨릭 개혁과 트렌트 공의회-

제9장

스위스 종교개혁의 계속: 취리히와 제네바로부터 후기 헬베틱 신조까지

제2차 카펠 전투에서 취리히의 패배와 이어진 추크 평화협약(Friedensvertrag von Zug)은 상황을 분명하게 해주었다. 추크 평화협정은 1555년 아우크스부르크 종교평화가 제국을 위해 가져온 교파 분열의 인정, 즉 다시 말하면 각자의 신앙에 대해 서로 관용을 갖는다는 것을 미리 확인하는 것이었다. 개별적으로 볼 때 이것은 그러나 재가톨릭화의 시작을 뜻했고, 게다가 공동통치를 의미했다. 해당지역에서는 개신교회가 권리를 가지고 있다고 하지만, 엄청난 압력을 받아야 했다(예, 투르가우). 독일 남부 도시(콘스탄츠, 뮐하우젠)들에 있어서도 역시 그들이 가입한 종교개혁 방어동맹인 '기독교보호동맹'이 해체되어야만 했다. 그럼에도 불구하고 패배한 취리히에 대한 제약은 과하지는 않았다. 공동통치 정부에 대한 계속적인 참여는 가능했다. 일반적인 재가톨릭화는 생각할 수 없었다. 그 반대로 종교개혁은 더 넓은 지역인 바트란트와 제네바 등으로 확산되었다.

스위스 종교개혁 발전에 있어서 가장 중요한 것은 불링거가 츠빙글리의 후계가 된 것이다. 취리히는 이로 인해 종교개혁의 영적인 중심지로 남았다. 다른 한편, 제네바의 종교개혁과 칼빈의 제네바 초청은 프랑스풍의 스위스에서 새로운 중심을 형성하게 해주었다. 철저히 독자적이라고 볼 수 있는 두 개의 도시가 연합하여 공동의 길을 가고자 합의함으로써 이후에 등장하는 모든 개혁교회를 위한 토대가 이루어졌다.

A 불링거의 취리히 초빙

취리히는 2차 카펠 전투에서 패한 후 많은 인명피해와 츠빙글리의 죽음을 슬퍼했을 뿐만 아니라, 원대한 종교정치적 계획들('개혁교회 확산정책', F. Büsser) 역시 포기해야만 했다. 국가와 교회, 신앙과 정치적 행동의 관계에 대한 근본적인 질문을 고려하면서 내외적으로 새로운 시작을 해야 할 때였다. 주변지방(Landschaft)은 '전쟁 선동자'를 문책하라고 압박했다. 이것은 곧 죽은 츠빙글리, 베드로교회 설교자인 레오 쥬드 그리고 몇몇 사람을 지칭하는 것이었다. 도시와 지방의 관계도 새로 굳건히 다져야만 했다. 취리히에서도 역시 다시 미사가 드려질 것이라는 소문 자체는 전혀 근거가 없는 것은 아니었다.

이러한 상황에서 시당국은 1531년 12월 9일 당시 27살의 하인리히 불링거를 츠빙글리의 후계로서 그로쓰뮌스터 교회 목사로 임명했다. 그러나 그는 전쟁에서 패하고 난 후, 고향 브렘가르텐을 떠났고 난민이 되어 몇 주 후에야 취리히로 들어왔다. 그렇지만 이미 오래 전부터 취리히에서 그를 모르는 사람은 없었다.

하인리히 불링거[1)]는 1504년 브렘가르텐(오늘날 아르가우 주)에서 목사의 아들로 태어났다. 그는 그곳에서 라틴어 학교를 다녔고 12년간 라인 상류의 엠머리히에 있는 성당부속학교에서 공부했다. 이곳에서 그는 인문주의뿐만 아니라, 근대의 경건(Devotio moderna)에 의해 첫 자극을 얻었지만, 이에 대한 정확한 증거자료는 없다. 15살에 그는 쾰른 대학에 들어가, 2년 반 동안의 수업을 받고 인문학 석사가 되었다. 그는 교부에 대해 집중적으로 공부했고, 새로운 신학과 특별히 해석학적 저서들(에라스무스, 멜란히톤, 루터)을 공부하면서 로마가톨릭과 거리를 두었고, '학문적 그리고 해석학적인 새지평'(Gäbler)이라는 의미에서 종교개혁으로 전향했다. 1522년 봄 그는 고향으로 돌아왔고 그로부터 1년 후 카펠 시토수도회가 새로 설립한 학교에서 라틴어를 가르쳤다. 그는 라틴어 수업과 함께 성서, 에라스무스의 저작물 그리고 멜란히톤의 신학총론에 대한 공개 강의도 했다. 즉 그는 이미 이곳에서 자신의 책임 하에 신학을 가르치기 시작했고, 종교개혁자 중 특히 멜란히톤(요한복음 주석)에게 더욱 의존했다. 츠빙글리를 알게 된 것은 1525년이다. 같은 해에 수도원이 그의 영향으로 종교개혁을 받아들였다. 1528년 교사이면서 동시에 이웃 동네인 하우젠에서 목사로 활동한 후에 - 같은 해 열린 유명한 베른 토론에도 취리히 대표의 한 사람으로 참여했다 - 1529년 목사로서 아버지의 직위를 이어 받고자 고향인 브렘가르텐으로 돌아왔다. 그는 종교개혁적인 설교 내용으로 인해 직위를 잃었지만, 그로 인해 시작된 그의 반박은 도시에서 종교개혁적인 노력을 더 강화시켜 주었다. 같은 해 불링거는 취리히 출신의 전직 수녀와 결혼했다. 불링거는 2년 반 동안 브렘가르텐에서 활동했다. 이 시기에 종교개혁은 눈부신 확산과 진전을 보였으나, 도시에는 여전히 소수의 가톨릭이 남아 있었고, 아직 특별한 교파적 갈등은 나타나지 않았다. 1531년 11월 취리히 행은 그의 생애에 커다란 이정표가 되었다.

---

1) 일반적인 것 외에 새로운 상세한 참고도서는 없다. U. Gäbler, Heinrich Bullinger, in: GKG 6,197-209. F. Büsser in TRE 7(1981), 375-387(참고문헌).

12월 9일자 회의에서 취리히 의회의 성직자들은 '세속적인 일'에 전혀 관여하지 말 것과 복음 선포에만 집중해야 한다는 주변 지방의 요청을 받아들였다. 의회는 불링거와 시의 다른 성직자들에게 의회의 이름으로 이 요청 사항을 전달했다. 4일 후 불링거는 이에 대해 자신이나 타인이나 시의 일에 관여하지 않을 의무가 있다고 답변을 했다. 그러나 복음 선포의 자유는 무엇을 통해서도 침해되어서는 안 된다. 그는 사도행전 5장 29절과 디모데후서 2장 9절을 직접 인용하여 정치적 문제에서도 역시 주어진 경우에 비판적으로 의견을 표할 권리를 주장했다. 의회와 시장은 다시금 이에 대해 동의했다. 이것은 그가 40년이 넘도록 시에서 활동할 수 있는 근거가 되었다. 1575년 9월 17일 죽기까지 그는 자신에게 주어진 직임을 수행했다. 그의 중요한 몇 가지 활동들을 보면 다음과 같다.

불링거는 우선 취리히에서 첫째가는 그로쓰뮌스터 교회 목사로서 설교를 수행했다. 때론 한 주에 여섯 번까지도 설교를 했다. 그는 계속해서 성서에 대해 설명했다. 카펠에 있을 때부터 이미 시작했던 성서 주석은 이와 직접 연관되었다. 그의 손끝에서 이루어진 거의 모는 신약성서 주석이 인쇄되이 니왔다. 불링거의 목회활동(결혼상담, 결혼을 주제로 여러 권의 책을 썼다)은 여전히 특별하게 강조되고 있다. 또 다른 몇 가지 활동 가운데 취리히 교회협의회의 의장직이 있다. 불링거는 의장으로서 1528년 만들어진 것으로, 시장 및 8명의 시의원 그리고 취리히의 모든 성직자(130명 이상)들이 참석하는 회의를 주관했다. 그것은 정치기관과 교회기관의 관계를 위해 공적인 차원에서 이루어진 것이다. 교리적 문제와 특히 개별 목사에 대한 엄격한 감독인 소위 검열이 이들의 과제이다. 이들은 "다른 지역이 하는 시찰과 같은 비슷한 과제를 취리히에서 수행했다. 목사들의 단합 강화, 교리와 교회 질서에 있어서 일치된 방향, 정부의 감시 기능이다."[2] 1532년 불링거가 입안한 설교자와 지역총회 규정은 아래와 같은 목적을 추구했다. "공직자 역할을 해야 할 목사의 의무, 성직자 보호와 감독에 대한 정부의 의무,"[3] 다른 말로 한다면, "국가와 교회는 양립 혹은 대립관계에 있지 않고 오히려 동일한 공동사회의 두 기능이다."[4] 교회는 복음을 전할 과제

2) U. Gäbler, Heinrich Bullinger, a.a.O., 204.

3) K. Maeder, Bullinger und die Synode, in: Bullinger-Tagung 1975, a.a.O., 69-76, 인용 73.

4) U. Gäbler, Heinrich Bullinger, a.a.O., 204.

를 가진 반면, 기독교 신앙과 삶의 외적인 관심사를 조절하는 것은 의회의 과제이다. 물론 의회는 마찬가지로 그리스도인과 교회의 구성원 출신으로 구성되어 있음을 전제했을 때이다. 교회는 독자적인 결의기구를 둘 수 없다. 이러한 프로그램은 특히 불링거가 정부에 위임한 치리회(Ehegerichtsordnung)의 업무수행에서 매우 중요했다. 불링거는 점차 목사들과 시 당국으로부터 신뢰를 얻었다. 2년 후, 츠빙글리는 결코 얻지 못했던 취리히 시민권을 그가 얻었다는 것이 이것을 말해준다.

불링거는 취리히에 온 첫 해에 더 나아가 교육감, 즉 시에 있는 고등교육기관의 책임자이기도 했다. 그 가운데는 라틴어 학교뿐만 아니라, 츠빙글리가 세운 '프로페차이'(Prophezei), 즉 후에 신학과로 발전한 신학교도 있었다. 고시기관에서의 회의와 의사결정을 통해 불링거는 인사정책에도 상당한 영향력을 행사했다.

불링거의 활동은 취리히와 그 주변지역으로만 제한되지 않았다. 그는 계속해서 '개혁파 프로테스탄트의 원로'로 인정을 받았다. 그는 또한 스위스의 모든 지역을 뛰어 넘어 '훌륭한 선생이요, 유럽의 모든 개혁파 교회의 고문'[5]이 되었다. 이점에 대해서는 무엇보다도 거의 모든 유럽의 나라들이 명시되어 있는 방대한 양의 서신교환이 이것을 입증해주고 있다. 물론 스위스 종교개혁의 중심지들이 명시된 서신이 가장 많으며, 프랑스, 독일, 네덜란드, 영국, 헝가리 그리고 폴란드에서 온 서신들도 상당수 있다. 그의 저서들(설교집, 하우스북)은 수차례 외국에서 출판되었다. "불링거는 그 시대에 가장 잘 알려지고 영향력 있는 인물가운데 속했다"[6]고 생각할 수 있다. 그는 스위스의 종교개혁은 하나의 통일된 노선을 취해야 한다고 생각했고, 그것이 개혁교회가 되도록 하는데 큰 역할을 했다. 개혁파 신앙고백의 형성에 대한 간과할 수 없는 그의 기여와 마찬가지로 새롭게 형성된 종교개혁의 중심지인 제네바와 칼빈과 연합하는데 가교가 되었고, 이로 인해 스위스 교회는 개혁파 교회의 정화의 핵이 되었다.

그 첫 증거는 두 가지 이유에서 이루어진 1536년 2월(바젤 회의)[7] 소위 '제1헬베티카

5) F. Büsser, TRE 7, 380.

6) 상게서., 381.

7) 본문은 BSRK 101-109; 비교. W. Köhler, Zwingli und Luther. Ihr Streit über das Abendmahl nach seinen politischen und religiösen Beziehungen, Bd. 2, Gütersloh 1953 = Quellen und Forschungen zur Reformationsgeschichte 7, 412-416, 위의 45.

신앙고백'(Confessio Helvetica Prior) 작성의 참여였다. 첫째 이유는 만투아 공의회가 소집되었고, 그곳에 참여해야 한다는 불가피성 때문이었다. '비텐베르크 협정'(Wittenberg Konkordie)으로 이어진 종교개혁 진영 전체의 합일을 도모한 부처(Bucer)의 노력은 이것과 긴밀히 연결되어 있다. 바젤 고백은 이러한 노력에 대한 스위스 측의 답변이며, 이것은 합일에 응하겠다는 것이 아니라, 신학적으로 독자적인 길을 가겠다는 결정을 뜻했다. 1520년대에 루터와 츠빙글리의 논쟁에서 이미 보여준 바와 같이 대세를 결정짓는 요인은 바로 성만찬교리였다. 1536년 5월 1일에 열린 아라우(Aarau) 회의에서는 협정회의에 사람을 보내지 않기로 결정했다. 스위스는 츠빙글리의 신학으로 연속성을 유지했다.

불링거는 모든 측면을 고려할 때, 단순히 츠빙글리의 후계자로 보아서는 안 되며, 츠빙글리, 더 나아가 칼빈과 더불어 독자적인 신학적 개성을 가진 사람으로 평가해야 한다고 적지 않게 지적되어 왔다. 불링거는 '취리히 종교개혁의 동등한 완성자'였다. '츠빙글리 신학의 해석과 보존도 여기에 속한다. 그러나 그것은 당연한 것이며, 다른 동기에서 출발하고 후기의 신학적이며 교회적인 상황과 절대성을 고려한 일이었다.'[8] 불링거의 신학적 사고에서 특별히 중요한 것은 계약의 개념이다. 즉 그의 신학은 구속사적으로 강하게 전개되고 있다.("De testamento seu foedere Dei unico et aeterno", 1534) '불링거의 통합신학(Foederaltheologie)은 츠빙글리가 선포한 종교개혁의 오직 믿음(sola fide)에 대한 성서적이며 구속사적인 개념이다. 츠빙글리 신학의 보존, 해석 그리고 계승은 여기 불링거에게서 조직신학적으로 포장되어 전달된 동기들과 그들의 신학적 설명 속에 나타나고 있다. 개혁신학을 위한 성서적인 계약사상의 재발견은 츠빙글리에게도 부합한다. 하나의 주제로 계약신학이 처음 도입된 것은 불링거 때문이다.'[9]

루터와 루터파 측에 반대하며 불링거는 특별히 츠빙글리의 성찬론을 옹호했다. 그는 입의 식사(manducatio oralis)처럼 편재론을 수용하지 않았다. 불링거가 1536년 성찬론의 합의를 위한 협의와 연관하여 루터의 성찬론에 대한 분명한 경계의 표시로 츠빙글리의 마지막 저서인 『Fidei Expositio』를 다시 한 번 출판했다는 것은 의미 있는 일이다. 이것은 명

8) J. Staedtke, Bullingers Theologie - eine Fortsetzung der Zwinglischen?, in: Bullinger-Tagung 1975, a.a.O., 87-98, 인용 88.

9) 상게서., 92.

백한 자신의 입장서술이었고, 칼빈과의 일치를 통한 후기의 변화 역시 근본적으로 아무것도 달라지지 않았다.[10]

불링거는 다른 개혁자들과 일반적인 이해를 같이하면서도 재세례파 반대에서는 늘 전면에 있었다. 세례를 신앙의 표지로 보는 세례론이나 교회교육과 정부에 대한 입장 등 재세례파의 특별한 교리를 그는 격렬하게 비판했다. 그는 신학 초창기인 1525년 취리히에서 열린 토론에도 이미 참여했다. 방대한 저서인 『도를 넘은 재세례파의 악행에 관하여』(1531)와 『재세례파의 기원』(1560)은 광범위한 영향을 주었고, 오랜 기간 동안 역사서술과 신학적 판단을 하는데 있어서 본보기가 되었다.

역사가는 불링거를 잊지 말아야 한다. 그는 스위스 종교개혁사 (1567년 완성)[11]를 집필했고, 종교개혁의 역사에 대한 자료집 시리즈를 냈다. 이 가운데 아직도 많은 것들이 출판되지 않았다.

B 제네바 종교개혁과 초기 칼빈

제네바 종교개혁은 도시가 정치적, 사회적인 자유를 얻고자 실제 시장격인 주교와 후원자인 사보이 공작에 대항하여 싸운 결과들 가운데 하나이다. 제네바 종교개혁은 이미 그 사이에 성취한 권리들에 근거하여 진행되었고, 1526년에 베른과 프라이부르크와 체결한 '도성권리협약'(Burgrechtsvertrag)을 통해 지지를 얻었다. 이미 1530년 이 두 도시 군대의 공격으로 프리덴 폰 상트 율리엔(Frieden von St. Julien)에서 부분적인 성공을 거두었다. 공작은 도시를 더 이상 압박해서는 안 되며, 그 대신 바트(Waadt)의 인접 지역은 담보를 해주어야만 했다.

당시에는 이미 작은 물결과도 같은 개혁적 사상을 가진 시민들이 제네바에 존재했다. 작은 규모의 베른 주둔군 역시 이 도시에서 어느 정도의 영향력을 행사했다. 그러나 1532년 10월 초 기욤 파렐의 첫 체류는 적법한 추방으로 끝이 났다. 그가 보낸 앙뜨앙느 프로

10) 비교. W. A. Schulze, Bullingers Stellung zummm Luthertum, in: Heinrich Bullinger 1504-1575, a.a.O., 2,287-314.

11) Heinrich Bullingers Reformationsgeschichte, hg. v. J.J.Hottinger und H.H.Vögeli, Bd. 1 bis 3, Frauenfeld 1838-1840, Registerband bearb. v. W. Fuhrmann, Zürich 1913.

망(Antoine Froment) 역시 단지 두 달만 머물 수 있었다. 1533년 가을 도미니크파인 퍼르비티(Furbity)가 '이단'에 반대하는 격렬한 설교를 했을 때 상황은 날카롭게 돌변했고, 이로 인해 연합지역인 베른이 직접 공격을 받을 수 있다고 느꼈다. 파렐은 베른 대표단과 함께 두 번째로 도시에 들어와 일할 수 있었다. 1534년 봄에 퍼르비티와 논쟁을 한 후 프란시스코 교회는 개신교 예배를 드릴 수 있었고, 얼마 후 시의회는 가톨릭 도시인 프라이부르크와 맺은 '도성권리협약'을 취소하고, 개신교적인 베른과만 연합했다.

주교는 1533년 중엽 약간의 무력적인 반대에 직면하여 이미 제네바를 떠났고, 1534년 8월에 파문을 선언했다. 사보이 공작은 군사적 개입을 준비했다. 그럼에도 불구하고 도시는 여전히 종교개혁을 수용하지 않았다. 시의회는 명확한 입장표명을 피했고, 교회와 수도원의 개입을 통해서도 정치적 태도를 바꾸게 할 수는 없었다. 1535년 중엽에 있은 새로운 토론과 대성당의 성상문제가 입장표명의 계기가 되었다. 시의회는 이제 종교개혁의 도입과 미사 금지를 결정했다. 많은 가톨릭 신자는 도시를 떠났고, 수도원은 비게 되었다. 베른과 다른 개신교 지역들도 제네바를 돕겠나고 결의했다. 1536년 1월 베른은 공작에게 전쟁을 선포하고 신속히 진군하여 바트(Waadt)를 점령했다. 이것으로 외부의 압력에서 벗어나 5월 시민들의 결정을 통해 종교개혁이 최종적으로 제네바에 도입되었다. 교회를 새롭게 정비해야 할 과제는 파렐에게 주어졌다. 또한 이 일을 위한 동역자로는 우연히 도시를 경유하고자 제네바에 머물던 프랑스 피난민인 존 칼빈이 정해졌다.

기욤 파렐(Guillaume Farel, 1489-1565)[12]은 이 시기에 이미 충분한 종교개혁적 경험을 제공해 주었다. 그는 이미 1520년대 초반에 인문주의자 파버 스타플랜시스와 모(Meaux)에 있는 성서연구모임과 교제를 통해 종교개혁에 근접해 있었다. 그는 바젤의 외콜람파드 그리고 츠빙글리와 친분을 갖고, 곧 종교개혁 사상의 열정적인 옹호자가 되었으며, 특히 에라스무스를 반대했다. 말과 글로 프랑스의 고향에 종교개혁을 도입하려는 그의 열정은 여러 차례의 노력이 확고한 기반을 얻게 하는데 기여했지만, 다시 포기해야만 했다(1524년 뷔르템베르크의 울리히 공작이 통치하는 묌펠가르트 공작령에서의 설교자, 베상콘 주교로 인한 파문, 1526년 스트라스부르 프랑스 피난민 교회 목사, 메츠에서의 설교 등). 그는 1526년

12) O. Fatio, Art, "Farel, Guillaume" in: TRE 11(1983), 30-36(참고도서).

말에 우르시누스라는 익명으로 베른의 소유령인 바트의 아이글레에서 교사가 되었고 나중에는 설교 허락도 받았다. 그곳에서 그는 처음 프랑스어로 개혁교회 예전을 집필했다. 1530년에는 베른 시의회에 의해 목사로서 무르텐으로 파송 받았다. 그리고 그곳에서부터 선교적으로 전 지역(뇌샤텔)에 영향을 주었고, 결국 제네바에도 영향을 끼쳤다.

존 칼빈(Jean Cauvin, 1509-1564) 역시 1536년 파렐이 그를 종용했을 때 제네바에 머물렀으며, 젊은 시절임에도 불구하고 아는 사람은 없었다. 봄에 바젤에서는 그의『기독교강요』초판이 나왔고, 그를 유명인사로 만들어 주었다. 칼빈은 1509년 7월 10일 노용(프랑스 북부)에서 태어났다. 그는 - 루터보다도 25살이나 어렸고, 파렐보다는 20살, 부처보다는 18살이 어렸다 - 종교개혁의 모든 영향력 있는 인사들 가운데서 가장 어렸을 뿐만 아니라, 분명히 제2세대 종교개혁의 대표자였다. 그의 부친은 주교의 비서였다(1520년대 중반 교회와 갈등을 겪고, 1528년 출교 당했으며, 1531년 사망했다). 높은 사회적 지위로 인해 칼빈은 처음부터 좋은 교육의 혜택을 받았다. 그는 14살에 파리 몽테규 대학에서 공부를 시작했고, 같은 학교에 에라스무스가 있었으며, 거의 같은 시기에 이그나티우스 폰 로욜라가 공부를 했다. 그는 인문학 석사를 지원했으나 자신의 뜻과는 달리 신학을 공부할 수 없었으며, 아버지의 뜻을 따라 법학을 공부하고자 오를레앙과 부르쥬로 갔다(1527/28). 1531년 - 부친의 사망 후 - 그는 고전어를 공부하고자 파리로 돌아왔다. 그리고 1년 후, 첫 학문적 저작인 세네카의『관용론』(De Clementia) 주석이 나왔다. 이것은 인문주의적 성격의 작품이며, 자신의 언어와 해석학적 능력 및 교부에 대한 전문적 지식을 검증받기 위한 것이었다. 종교개혁적 특징들은 아직 없었다.

칼빈의 종교개혁으로의 전환, 그의 회심은 과정과 마지막 동기를 고려해 볼 때 완전히 분명하지는 않다.[13] 비록 칼빈 자신이 한 곳에서 '갑작스러운 회심'(subita conversio)을 말하고 있음에도 불구하고, 많은 요인이 내재된 점진적인 성숙의 과정을 다루어야 한다는 의견이 지배적이다. 부모와 교회와의 갈등 관계, 첫 번째 파리 체류기간 동안의 교제(콥의 가족, 사촌 올리베탕), 오를레앙과 부르쥬에서 소개받아 두 번째 파리 학업기간(상인 에티

13) 비교. E. Sprenger, Das Rätsel um die Bekehrung Calvins, Neukirchen 1960 = Beiträge zur Geschichte und Lehre der reformierten Kirche 11; K. Reuter, Vom Scholaren bis zum jungen Reformator, a.a.O.

앙 드 라 폴게 집에서의 상인공동체의 영향)에 심화된 인문주의적 정신에서 비롯된 교회비판적 측면(예를 들어 스승 볼마르의 집에서) 등. 칼빈 자신이 '깨우침으로의 회심'(conversio ad docilitatem)이라고 썼다는 것은 어쨌든 인문주의적인 배경을 가리키는 것이다.

외적으로 볼 때 칼빈의 내적 변화는 그의 삶에 결정적인 변화를 초래한 일련의 행동에서 알 수 있다. 1533년 11월 1일 그의 친구인 파리 대학 의사 니콜라스 콥이 총장 취임연설을 했을 때, 그 연설문 작성에 칼빈이 관여했다.[14] 그는 스콜라신학을 날카롭게 공격하고자 에라스무스의 인문주의와 루터의 사상을 결합시켰다. 이 연설의 첫 결과는 콥이 칼빈처럼 도피해야만 했다는 점이다. 콥은 프랑스를 떠났으나, 반면 칼빈은 우선 샤를 데스뻬빌(Charles d' Espeville)이라는 익명을 쓰며 프랑스에 머물렀다. 그는 남쪽으로 향했고, 스페인 국경 근처 크레(Claix)에 사는 친구 뒤 틸레(du Tillet)에게서 도피처를 찾았다. 그곳에서 칼빈은 여러 개신교 단체와 접촉했다. 나바라의 여왕 마가레트 앙굴렘의 궁에서 칼빈은 프랑스 인문주의의 우두머리인 파버 스타플랜시스를 개인적으로 알게 되었다. 쫓기고 있는 상황에서도 그는 신학 연구를 계속하고자 꼭 필요한 휴식을 가졌다. 칼빈은 이미 이곳에서 - 신학 독학자로서! - 새롭게 얻게된 종교 - 신학적 입장을 분명히 고백한 그의 『기독교강요』에 대한 첫 계획을 세웠다. 그의 신학적인 첫 작품은(왜냐하면 그 사이에 구상했으나, 매우 늦게 인쇄되어 나온 논문『깨어있는 성도들의 영혼들』(De psychopannychia)은 본래 다른 연관성을 지니고 있기 때문이다) 즉시 그의 신학적 주요저서가 되었다. 1534년 봄에 그는 자신의 내적 통찰로부터 외적인 결론들을 얻었다. 그는 노용에서 오는 성직록 수입을 포기했고, 그를 자신의 과거에 얽매이게 하는 물질적 안전의 다리를 부숴버렸다.

1534년 가을 그가 프랑스에 계속 머무르는 것은 더 이상 가능하지 않았다. 플랭카드 사건(10월 17/18일)은 나라 전체에 엄청난 박해의 물결을 일으켰고, 칼빈 역시 외국으로 도피해야만 했다. 메츠, 스트라스부르 등을 경유한 끝에 1535년 1월 바젤에 도착했다. 그리고 그곳에서 1년 후에『기독교강요』가 출판되어 나왔다.[15] 앞에 실린 프랑스 왕 프란츠 1

14) CR 38, Opp. Calvini 10,2,30-36; Opp. sel. 1,(1)4-10.

15) CR 29, Opp. Calvini 1,8-252; Opp.sel. 1,(11)19-283; 비교. F. Büsser, Calvins Institutio, in: WdR 157-173.

세[16]에게 드리는 헌사를 통해 공식적으로 종교개혁 추종자에 대한 변론을 했다. 그들의 가르침은 이단이 아니며, 성서에 근거하고 있고 교부들의 가르침과 일치하고 있다. 그들은 혁명적인 의도를 갖고 있지 않으며 국가에도 위험하지 않다. 내용적으로 볼 때 이 책은 교리문답을 목적으로 했고, 이미 표지에서 보듯이 특별히 경건에 힘쓰는 모든 사람들을 염두에 두었다.

이미 이곳 바젤(여기서도 그는 칼비누스라는 자신의 이름의 철자를 변형하여 만든 루카니우스라는 익명으로 살았다)에서부터 칼빈은 여러 명의 중요한 종교개혁자들과 접촉했다. 그는 후에 스트라스부르로 이주해간 카피토, 불링거 그리고 1531년 이후 스위스 서부의 종교개혁에서 지도적인 역할을 한 비렛과 알게 되었다. 그는 다시 한 번 프랑스로 돌아왔고(공작부인 레나타가 박해를 당한 많은 개신교 망명자들을 보호했던 페라라에 체류했다), 게다가 파리로 향했다. 그리고 프란츠 1세와 칼 5세 사이에 벌어진 새로운 전쟁으로 엘자스를 경유하는 길이 폐쇄되자, 제네바를 경유하는 길을 택했다. 그리고 여기서 1536년 7월 초 파렐의 요청을 받았다. 칼빈은 그것을 하나님의 요청으로 받아들이고, 제네바에 머물렀다.[17]

파렐이 칼빈에게 부여한 과제는 강의 위주의 신학 교사의 일이었다. 강의는 종교개혁을 받아들인 제네바 호수를 둘러싼 많은 지역에 파송할 새로운 설교자를 양성하고자 성베드로 교회에서 이루어졌다.[18] 파렐은 직접 구약을 가르쳤다. 칼빈은 이미 유명해진 기독교강요의 저자로서 신약성서를 가르쳐야만 했다. 그는 지체 없이 시작했고, 또 다른 여러 가지 임무에서도 매우 빠르게 신뢰를 얻었다. 같은 해에 그는 설교의 임무도 부여받았다. 제네바 종교개혁의 결정이 내려진 1536년 10월에 열린 대로잔토론회에도 참여했다. 그럼에도 불구하고 주요 과제는 제네바시를 위해 교회규정을 만드는 것이었다. 1537년 1월 파렐과 칼빈은 시의회에 자신들이 만든 조항을 제출했고, 이것은 차후 교회업무에 중요하게 사용되었다.[19] 그 안에 계획된 많은 것들은 새로운 것이며, 다른 종교개혁적인 교회규

16) CR 29, Opp. Calvini 1,8-26; Opp. sel. 1,21-36, 독일어 in: Johannes Calvins Lebenswerk in seinen Briefen, a.a.O., 1,34-50.

17) 자신을 붙들고자 파렐이 어떻게 간청했으며, 게다가 저주의 말까지 했는지를 칼빈이 직접 쓰고 있다. CR 59, Opp. Calvini 31,23-26.

18) E. Pfisterer, Calvins Wirken in Genf, a.a.O., 115-119.

19) "Articles concernant l'organisation de l'eglise et du culte á Genève", CR 38, Opp. Calvini 10,1,5-14; Opp. sel. 1,(363)369-377.

정과 비교컨대 전례가 없었다. 성만찬 규정은 강도가 높았다. 부적합한 모든 사람은 참여하지 못하도록 배제했다. 감독할 수 있는 업무 수행을 위해 시의회가 지명하는 장로 임명을 요구했다. 모든 시민들이 신앙고백을 해야 한다는 요구를 신앙을 위해 윤리 분야에 대한 규정들과 일치시켰다. 불복하는 자는 도시를 떠나야만 했다. 또 다른 요점은 예배에 시편 찬양의 도입, 교리문답, 그리고 치리회의 설치였다. 그리고 얼마 후 칼빈은 요리문답[20]과 이어서 신앙고백서를 작성했다.[21]

이와 같은 단호한 조처들은 곧 바로 시의 위기를 불러왔다. 조항을 이미 승인했던 시의회 역시 신앙의 의무를 그런 식으로 관철시키는 것에 반대했다. 왜냐하면 많은 사람들이 선서를 거부했기 때문이다. 베른 측에서 일반화된 예전적 관례들(세례반의 계속적 이용, 성찬에서 효모가 들어가지 않은 빵의 사용, 성탄절, 신년, 성령강림절과 같은 축제일의 존속)을 제네바 역시 지켜줄 것을 요구했을 때 상황은 더욱 나빠졌다. 이 두 설교자에 대한 본격적인 반대세력도 형성되었다. 1538년 봄 시장선거에서 후보가 새 규정에 대한 적응이 도시 밖에서 성공적이었다고 말했을 때, 갈등은 피할 수 없게 되었다. 파렐은 칼빈처럼 기본입장에서 물러나기를 거부했다. 그 결과 4월 23일 지체 없이 제네바를 떠나게 되었다.

파렐은 뇌샤텔로 가서 그곳에서 제네바로 부름 받은 앙뜨안느 마르코트(Antoine Marcourt)의 자리를 넘겨받을 수 있었다. 그는 거기서 1565년 사망할 때까지 머물렀다. 하지만 칼빈과는 계속 긴밀한 접촉을 유지했다. 칼빈은 먼저 바젤로 갔으나, 그 후 스트라스부르에서 프랑스 피난민 교회 목사가 되어 달라는 부처의 요청에 응했다.

칼빈은 스트라스부르에서 몇 가지 중요한 경험을 했다. 그는 재세례파를 알게 되었다. 그리고 집중적인 노력을 기울인 끝에 많은 재세례파들을 자신이 시무하는 교회로 인도했다. 칼빈은 이곳에서 결혼도 했다. 부인 이델레뜨 드 뷔러(Idellette de Bure)는 한때 재세례파 과부였다. 칼빈은 무엇보다도 교회규정과 성찬교육에 대한 자신의 확신을 시정부와 상의 없이 시행할 수 있는 기회를 가졌다. 또한 스트라스부르 교회와 연합을 통해 교회 예전의 영역에서도 자신의 계획들을 실현하기 위한 중요한 자극을 얻었다.

---

20) CR 50, Opp. Calvini 22,33-74; Opp. sel. 1,378-417

21) CR 50, Opp. Calvini 22,85-96; Opp. sel. 1,418-426.

칼빈은 스트라스부르에서 그의 기독교강요의 근본적인 개정에 착수할 수 있는 기회를 가졌다. 1539년 두 번째 판이 나왔고, 이미 이제 더 이상 교리문답용이 아니라, 교의학 교재로서 성서적 교리에 대해 학생들에게 강의하고자 집필했다. 1541년에는 불어 번역본이 나왔고, 계속해서 라틴어와 불어판이 뒤를 이었다. 중요한 라틴어 최종판은 1559년에 나왔고, 다시 한 번 전반적으로 개정하고 재구성했으며, 칼빈이 직접 신학적 논쟁을 하면서 모은 경험이 반영되어 새로운 강조점을 부각시켰다.[22]

신학 저서들도 계속 나왔다. 해석학적 연구를 통해 로마서 주석이 나왔다.[23] 특별히 중요한 것은 그의 글『거룩한 성찬 논문』(Traicte de la Sainte Cène)[24]이며, 여기서 자신의 성찬론을 전개하면서 츠빙글리 및 루터와 다른 자신의 입장을 분명히 했다.

스트라스부르에 있는 동안에도 칼빈은 중요한 종교개혁의 인사들과 접촉을 했다. 부처와 카피토와 더불어 특히 멜란히톤과 교제했다. 1540/1541년 보름스와 레겐스부르크에서 열린 종교회담 참여는 더 큰 차원으로 진입하는 계기가 되어 그와 같은 회담의 효용성에 대해 숙고하게 해주었고, 동시에 여러 경향의 개신교들과 연합의 희망을 키워주었다. 칼빈은 레겐스부르크에서 아우크스부르크 신앙고백서 개정판(Confessio Augustana Variata)에 서명했다. 비개정판(invariata)은 이미 스트라스부르에서 서명했었다.

마지막으로 칼빈은 이곳 스트라스부르에서 제네바로부터 다시 그에게 부여된 하나의 과제를 처리했다. 제네바는 두 명의 설교자를 추방했음에도 상황은 나아지지 않았다. 오히려 그 반대로 시의회 지지 세력과 파렐 및 칼빈 지지 세력 사이에 분열의 위험이 나타났다. 칼빈은 스트라스부르에서 어떤 분열도 일어나서는 안 된다며 긴급히 경고했다. 이러한 상황에서 1539년 봄 제네바인들에게 로마교회로 돌아가라고 호소하는 카르펜트라스(프랑스 남부)의 주교인 추기경 사돌레토의 글이 나왔다. 이 서신에 대해 합당한 답변을 주고자 사람들은 칼빈에게 요청했고, 며칠 후 그의 유명한『사돌레토에게 주는 답변』(Responsio ad Sadoletum)이 집필되었다. 이 책은 곧 인쇄되었으며, 불어번역판도 출판되었

22) 비교. 칼빈의 생애 말년에 나온 라틴어와 불어판 참고도서. in: Opp. sel. 3, VI-L.

23) Auslegung der Heiligen Schrift, Neue Reihe, a.a.O., 16(1960)9-297

24) CR 33, Opp. Calvini 5,433-460; Opp. sel. 1;(499)503-530.

다.[25] 하나의 '편지' 이상의 이 글은 종교개혁의 빛나는 진술이자 동시에 그가 종교개혁을 실행하면서 신학적이며 실제적으로 얻은 것들에 대한 중심 주제에 대한 요약이다. 그런 측면에서 기독교강요, 교리문답서 그리고 1537년의 신앙고백과 같은 기조 속에 있다.

어느덧 제네바의 정치적 상황이 새로 변화했다. 칼빈의 추종자들이 다시 선거에서 승리했다. 반대자들은 그들의 동화정책을 베른에서 계속 감행하고자 했다. 상황이 달라졌다. 파렐과 칼빈 대신에 제네바로 온 두 명의 설교자는 그들의 사역을 그만두어야 했다. 시의회는 1540년 10월 칼빈에게 제네바 복귀를 요청하기로 결정했다. 바젤과 취리히도 지지했다. 칼빈이 새로운 부름에 응하기로 결정하기까지는 1년 정도가 소요되었다. 1541년 9월 칼빈은 다시 제네바로 왔다.

C 칼빈의 두 번째 제네바 활동기간

1. 새로운 규정에 대한 싸움

칼빈은 제네바에서 4년 전 손에서 놓았던 펜을 즉시 다시 잡았다. 중단했던 성서주석을 다시 시작했던 것이다. 그리고 몇 주 후 전체 종교개혁 수행에 필요한 윤곽을 제시하게 될 새로운 교회법규를 시의회에 제출했다. 『교회법규』(Ordonnances ecclesiastiques)[26]는 스트라스부르에서 부처의 활동에 버금가는 그동안 겪은 경험들에 근거한 것이다.

가장 중요한 내용은 교회에 네 가지 직임, 즉 목사, 교사, 장로 그리고 집사의 직임을 둔 것이다. 목사는 교회의 영적인 일들을 주관하며, 장로와 함께 신자들의 삶을 지도할 의무가 있다. 교사의 과제는 모든 신앙교육이며, 특별한 신학적 교육도 여기에 속한다. 장로들은 교회위원회(consistoire)의 대표들이며, 신자들의 삶의 변화를 지켜주어야 한다. 그들은 여러 개의 시위원회로부터 선출할 수 있으며, 이 때 "전체가 한 눈에 파악이 되도록"(49항) 시의 지역 안배를 고려해야만 한다. 집사는 가난한 자와 과부를 돌보고, 노인과 환자를 돌

25) 사돌레토 서신 CR 33, Opp. Calvini 5,369-384; Opp. sel. 1,441-456. 칼빈의 답변 CR ebd., 385-416; Opp. sel. 1,457-489, 독일어: Mußte Reformation sein? Calvins Antwort an Kardinal Sadoleto, übers. und eingel. v. G. Gloede, Berlin 1957.

26) CR 38, Opp. Calvini 10,1,15-30. 몇가지 추가로(예를들어 1561년 혼인규정과 마지막에 첨부된 몇가지 규정) 분량이 늘었으나, 1561년 최종 형태를 갖게 되었다. 불어 in. Bekenntnisschriften und Kirchenordnungen, a.a.O.,(42) 43-64; 독일어 in: Reformierte Bekenntnisschriften und Kirchenordnungen, a.a.O., 72-107.

본다.

얼마 후, 교회법규에 이어 새로운 교리문답이 나왔다.[27] 이 분야에서도 칼빈은 그 사이에 값어치 있는 경험에 근거한 자료들을 모았었다. 이제 이 자료들은 다양한 주제에 따른 작은 교리집이 아니라, 질문 그리고 답변의 형식으로 구성했다.

교회법규를 제정하는 것과 그것의 집행은 별개의 일이었다.[28] 특별히 엄격한 윤리적 규율은 반발을 일으켰다(칼빈에 대한 아미 페렝(Ami Perrin)의 반대는 정치적이며 민족적인 성격을 가지고 있었다). 물론 신분이 높은 사람도 예외가 없었으며, 간통, 매춘 그리고 신성모독을 포함하여 악담, 조롱, 허가받지 않은 사치, 경박한 생활, 교회에서의 정직하지 못한 행동, 가톨릭 서적의 소지 등이 이에 해당되었다. 많은 사람들은 겸손하게 살아야만 했다. 육체와 생활에 대한 벌칙 역시 흔한 일이었다.[29] 그 가운데 많은 것들이 하나님의 뜻이라는 미명하에 일어난 것은 걱정스러운 것이었으며, "어떻게 칼빈이 사회질서에 대한 자신의 생각을 하나님의 뜻과 동일시했는지 놀라울 뿐이다. 그의 목적은 교회뿐만 아니라 성서를 척도로 사회 개혁하는 것, 즉 성서정치의 수립이었고, 그 목적을 실현시킬 방식에 대해 전혀 머뭇거림이 없었다."[30] 그는 가끔 신정정치를 말하기도 했었다.

그렇게 할 수 있는 권한의 문제는 오랫동안 논의가 분분했다. 1538년 파렐과 칼빈을 도시 밖으로 추방시켰고, 여전히 잔존해 있던 문제들이 여기서도 나타났다. 그것은 국가권력과 교회 권력의 관계에 대한 문제였다. 칼빈은 교회문제에 대한 시의 정치적 심의에 동의하고자 하지 않았으며, 그 반대로 교회가 사회에까지 영향을 줄 수 있는 임무가 있다고 생각했다. 그러므로 교회위원회와 시의회 사이에는 계속 긴장이 감돌았고, 특히, 파문과 성찬식에 부적합자 그리고 참회 미이행자에게 출교를 적용할 때에 난항을 겪었다. 그것은 1553년 가을 세르베투스 재판에서 절정에 이르러 파문논쟁이 일어났고, 스위스 다른 지역의 종교개혁 교회들도 가세했다. 1555년에야 이 문제는 해결되었다. 칼빈을 추종하

---

27) "Le Catéchisme de l'eglise de Genève", CR 34, Opp. Calvini 6,9-159, 1545년 스트라스부르에서 출판된 라틴어판, ebd. sowie in: Opp. sel.2,(59)72-151; 프랑스어판 in: Bekenntnisschriften und Kirchenordnungen, a.a.O.,(1)3-41; 독일어판 in: Reformierte Bekenntnisschriften und Kirchenordnungen, a.a.O., 13-68.

28) 상세한 내용은 다음을 비교하라. E. Pfisterer, Calvins Wirken in Genf, a.a.O., 86-110; IV. 제네바인 감독.

29) 비교. 상게서, 29-63: 칼빈 시대에 형사재판과정.

30) W. Nijenbuis, Art. "Calvin", a.a.O., 573.

는 대다수가 선거에서 승리했다. '자유당' - 칼빈의 추종자들이 이렇게 불렀다 - 은 영향력을 상실했다. 지도자인 페렝은 도시를 떠났다. '프랑스인'에 대한 저항은 무산되었다.

윤리적 영역에서 중요한 것은 종교적 영역에도 해당하는 것이었다. 이것 역시 완전히 관철시키기란 칼빈에게 쉽지 않았다. 매주 목사 '회의'가 열렸다. 참석자는 순서대로 자신의 성서주석을 다른 사람에게 판단 받아야 했다. 교리일치를 위한 노력을 손상시키는 심각한 일련의 논쟁도 일어났지만 다른 한편, 일련의 과정은 칼빈의 모습을 역사 속에서 불투명하게 하는데 일조했다.

제네바 라틴어 학교 교장인 세바스티안 카스텔리오(Sebastian Castellio)와 벌인 아가서 주석(카스텔리오는 아가서를 세속적인 사랑의 노래로 인식했다)과 그리스도의 지옥순례에 대한 논쟁이 대표적 예이다. 여기에 개인적인 갈등도 게재되어 카스텔리오는 그 때문에 결국 시를 떠났다.

프랑스 난민인 히로니무스 볼섹(Hieronymus Bolsec)에 대한 재판도 여기에 속한다. 그는 의사로서 도시에서 살았으며, 1551년 목사 '회의'에도 참여했다. 그는 칼빈의 예정론이 성서적이지 않다며 그를 비판했다. 첫 번째 설명들은 공개되지 않았다. 그 후 볼섹이 자신의 의견을 알리고자 대중에게 향했을 때 체포되었고, 칼빈은 취리히, 베른 그리고 바젤에 있는 설교자들에게 자문을 요청했다. 이들은 자제와 타협을 권고했다. 그럼에도 불구하고 볼섹은 "성서와 순수한 복음적 종교가 가르치는 교리를 반대하는 거짓된 사람"이라는 이유로 도시에서 추방되었다. 그는 칼빈에 대한 공격을 다시 시작했던 베른에 잠시 머문 후, 프랑스로 돌아가 가톨릭으로 전향했다. 그는 칼빈에 대한 적대감을 계속 가지고 있었다. 1577년 날카로운 비판이 담긴 칼빈의 생애가 그의 펜을 통해 출판되었다.

2. '공동신앙고백'(Consensus Tigurinus)에서 취리히와의 일치

내부의 긴장들은 외부로 표출되어 본래 정치적 동기는 없었다고 할지라도 커다란 정치적 영향을 끼쳤다. 교회의 관습, 교회추방 그리고 죄를 용서하는 권한의 문제에 대한 칼빈의 설론은 고유한 강조점을 가지고 있었고, 제네바 사람들에게 스위스 외에 다른 종교개혁 지역에 있는 교회와는 다른 모습으로 비춰졌다. 왜냐하면 많은 경우에 교회정치적 상황 역시 고려되었기 때문이다. 긴장들은 특히 베른과의 관계에서 나왔다.[31] 베른의 영역은 바트 점령 이후 제네바 입구까지 확장되었기 때문이다. 칼빈이 제네바에서 관철하고자 노력했던 특별한 관심사들은 그곳에도 영향을 주었다. 칼빈의 논제를 수용한 추종자들이 있었다. 예를 들어 피에르 비레는 로잔에서 활동한 목사이며 신학 교사로서 바트에서도 영적인 지도자 역할을 했고, 이제 베른 정부 당국과 갈등에 빠지게 되었다. 그는 후에 제네바로 와야만 했다.

츠빙글리에게 치우친 베른인들이 칼빈을 본래 루터 추종자일 것이라고 의심하게 되면서 신학적으로 대립은 더 고조되었다. 왜냐하면 성만찬론[32]에서도 칼빈은 독자적인 길을 갔기 때문이다. 칼빈은 츠빙글리처럼 제정의 말씀에서 '의미하다'(bedeutet)보다는 '이다~'(ist)의 상징적 해석을 주장했고, 하나님의 구원의 은총과 성찬의 요소를 결합시키는 루터의 이해를 거부했다. 그러나 그는 동시에 이 두 가지의 무조건적 분리 역시 거부했다. 성만찬은 교회의 회상이며 축하일 뿐만 아니라, 실제로 하나의 은사(Gabe)이다. 왜냐하면 하나님은 성만찬으로 성령을 통해 사람들에게 역사하기 때문이다. 이러한 논지는 베른인들에게 이중적으로 신중해야 할 이유가 충분했다. 왜냐하면 오랜 기간 동안 베른에는 강력한 루터파 운동이 있었기 때문이다. 그 결과 1549년 제네바와 베른 사이의 교회 관계는 완전히 냉각되어 버렸다. 칼빈은 베른회의에 참여하기를 거부했고, 문서로 제출한 제네바 신학자들의 입장 역시 전혀 다루어지지 않았다. 칼빈의 로잔 설교에 대해서도 조치가 취해졌고, 심지어 베른에서는 칼빈으로 하여금 더 이상 베른 지역에 출입을 허용하지 않으려고 고려했다. 그러나 다른 한편, 논쟁이 되는 문제점을 해소하고, 정말로 함께 나아가려는 이중성도 제시된 듯 했다. 독일 프로테스탄트에 대한 황제의 정치적이며 군사적인 성

31) G. W. Locher, Bullinger und Calvin, Probleme des Vergleichs ihrer Theologien, in: Heinrich Bullinger 1504-1575, a.a.O., 2,1-33은 연관하여 중요한 점을 부각시키고 있다. 불링거가 (그리고 이와함께 스위스의 다른 종교개혁 지역들이) 동지애로 뭉친 시민교회라는 환경에서 출발했고, "공식적으로 복음을 받아들였으며," 그것을 기독교 공동체의 정치적 형태로 여긴 반면, 프랑스 난민인 칼빈은 "복음이 금지된 왕의 나라에서 교회를 위해 스스로 서는 법을 배워야만 했다."

32) 칼빈의 성찬론에 대해서는 특별히 H. Grass, Die Abendmahlslehre bei Luther und Calvin, Gütersloh 21954 = Beiträge zur Förderung christlicher Theologie 2,47; W. Niesel, Calvins Lehre vom Abendmahl, München 1930 = Forschungen zur Geschichte und Lehre des Protestantismus 3,3; J. Rogge, Virtus und Res. Um die Abendmahlswirklichkeit bei Calvin, Berlin 1965 = Aufsätze und Vorträge zur Theologie und Religionswissenschaft 30; G. W. Locher, Streit unter Gästen. Die Lehre aus der Abendmahlsdebatte der Reformatoren für das Verständnis und die Feier des Abendmahles heute, Zürich 1972 = Theologische Studien 110.

공과 잠정안의 관철(1548년 10월 콘스탄츠 점령)은 역으로 가능해 보이는 프랑스 왕 앙리 2세와의 정치적 연대를 기대하게 한 반면에, 프랑스 개신교의 어려운 상황이 완화되는 것에 주의를 기울이도록 경고했다.

취리히와 연합을 위한 칼빈의 노력은 신학적, 교회정치적 그리고 직접적으로는 정치적인 좌표에 해당한다.[33] 그는 불링거를 신학적으로 이해할 수 있다고 희망했다. 그리고 베른과의 긴장완화 역시 기대했다. 두 번에 걸친 개인적인 취리히 방문(1547년 2월과 1548년 5월)과 불링거와 여러 차례 서신을 교환한 후, 칼빈이 선택사상을 도입하고 불링거는 거룩한 성찬을 받을 때 신앙을 요구함으로써 양측이 신학적으로 서로 다가가 실제적인 접근을 이룰 수 있었다. 물론 불링거는 성만찬의 의미를 성령의 거룩한 역사에 대한 인증으로서 강하게 가치를 부여할 수 있었다. 그 결과 칼빈은 1549년 봄에, 외적으로 베른과의 긴장이 두드러지게 고조되고, 1548년 10월 선거 후 제네바에서도 반대세력이 다시금 더욱 강해진 이 후 일을 착수했다. 칼빈의 두 번째 취리히 방문(1549년 5월)에서 20가지의 포괄적인 제네바 신앙고백을 토대로 콘센수스(Consensus)가 체결되있다.[34] 성례전 문제에 대해 의견이 일치했으며, 기독론과 교회론적 연관이 있는 사항들로 포함시켰다. 가톨릭 교리(화체설, 성례숭배)와 마찬가지로 루터(편재, 은총의 수단, 실재론)와는 경계를 분명히 했다. 핵심조항은 제7조항과 제9조항이며, 아래와 같다.

제7조항: "성례전의 목적은 그것이 공적인 그리스도인의 고백과 그리스도인의 조합 그리고 형제애의 특징과 표지여서, 감사하도록 자극을 주고, 신앙과 경건한 삶을 살게 하는 즐거운 의무라는 점에 있다. 그러나 주요 목적은 하나님이 성례전을 통해 우리에게 그의 은혜를 주고, 누리고 그리고 확증해준다는 것이다. 그것은 말씀 자체를 통해 선포된 것 외에 다른 것을 의미한다고 할지라도 엄청난 의미를 가진 사건이다. 어느 정도 생생한 그림이 우리 앞에 놓여 있어, 그 내용으로 우리를

33) "공동신앙고백" 태동에 대해서는 다음을 참고하라. E. Bizer, Studien zur Geschichte des Abendmahlsstreits im 16. Jahrhundert, Gütersloh 1940 = Beiträge zur Förderung christlicher Theologie 2,46(Reprint Darmstadt 1962), 243-274; U. Gäbler, Art. "Consensus Tigurinus", in: TRE 8(1981), 189-192

34) 오늘날 일반적인 명칭인 "공동신앙고백"(Consensus Tigurinus), "취리히 합의"(Züricher Konsens)라는 말은 19세기에 나온 말이다.

끌어들여 우리에게 깊은 감동을 준다. 또한 성례전은 우리에게 그리스도의 죽음과 그의 모든 선한 행위를 회상하게 해주어 우리의 믿음을 더 깊은 데로 인도한다. 마지막으로 그것은 마치 봉인으로 효력을 나타내고 확인해주듯이, 하나님의 입으로 약속한 것이 되는 것이다."

제9조항: "표지와 명시된 내용을 구분한다고 할지라도 우리는 표지로부터 그 진리를 나눌 수는 없다. 오히려 우리는 여기서 제공된 언약을 믿음으로 받아들이는 모든 사람은 그리스도 자신과 영적으로 함께 하며, 그의 영적인 축복도 함께 한다고 설명한다. 오랜 동안 그리스도를 믿는 사람은 이와 같은 교제가 지속되며 새롭게 갱신된다."

공동신앙고백은 1551년 처음 출판되었다.[35] 그러나 칼빈은 그의 목적을 이루지는 못했다. 이 고백서는 본래 취리히와 제네바의 관계를 위해서만, 그리고 단지 성만찬과 연관해서만 중요했다. 국가와 교회의 관계에 대해 교회론과 교회정치적으로 시급한 차이점들은 이 고백서에서 전혀 다루지 않았다. 스위스 여러 교회의 동의에도 불구하고 베른은 계속 외면했다. 칼빈이 정말로 원했던 루터 측과의 다리도 놓을 수 없었다. 그 반대로 교파적 벽이 더 굳어졌고, 칼빈은 이제 성만찬 논쟁에 다시 불을 붙여 루터나 부처하고도 함께 하지 않겠다는 자신의 입장을 더 분명하게 했다.[36] 결국 정치적으로도 바라던 결과는 얻지 못했다. 대연합은 실패했다. 베른은 계속해서 제네바를 자신의 보호 하에 두었다.

3. 미하엘 세르베투스 사건

1553년 10월 27일 제네바 시장광장에서 이단으로 화형된 반삼위일체주의자 미하엘 세르베투스 사건은 제네바 종교개혁을 이루어가는 거듭되는 힘겨운 시간들 속에서 매우

---

35) 본문은 BSRK 159-163, CR 35, Opp. Calvini 7, 733-744.

36) 위의 114f.를 보라.

특별한 국면을 이루고 있다.[37] 칼빈의 삶과 활동에서 이 사람만큼 잘 알려진 사람은 없으며, 폭넓게 논의된 인물도 없다. "세르베투스 사건은 더 이상 역사가 아니다. 그 사건은 하나의 패러다임이 되었다. 의견, 생각, 거짓, 변명, 관용의 계획과 비슷한 것들이 넘쳐났고, 그로 인해 역사가는 사건의 본질에 다가가기가 어렵다. 그것이 성공한다고 해도 16세기에 발생한 하나의 특별한 사건에 관해 말해야 하는 전혀 경험해보지 못한 사실들에 직면하게 된다."[38]

이러한 사실들 가운데 첫 번째는 카수스 세르베투스(Casus Servet)와 1553년 제네바의 전역사이다. 스페인 출신의 세르베투스(ca. 1511년 출생)는 이미 20년간 저서를 통해 대중에게 알려졌다. 그 저서 가운데는 삼위일체, 즉 예수 그리스도의 신성을 부인하는 책도 있다.『삼위일체론의 오류에 대하여』(De trinitatis erroribus libri septem)와 1년 후 출판된『삼위일체론에 관한 대화 두 권』(Dialogorum de trinitate libri duo). 그는 앞서 바젤에서 10개월간 체류하면서 그곳에서 외콜람파드를 알게 되었고, 그와 긴 토론도 진행했다. 부처 역시 만났다. 그 후 스트라스부르로 갔으며, 하게나우 근처에서 자신의 첫 책을 인쇄했다. 두 번째 책 역시 그곳에서 출판되었다. 그것은 즉시 흥분을 불러 일으켰다. 일부는 관리들에 의해 압수되었다. 저자를 수배하는 종교재판도 시작했다. 세르베투스는 숨어야만 했다. 그는 계속해서 이름을 숨긴 채 미하엘 드 빌뇌부(Michel de Villeneuve, 출생지 Villanueva를 따라 지은 것)라는 가명으로 살았다. 그는 프랑스로 갔고, 리옹에서 살았으며 그곳 출판사에서 일했다. 그 후 파리에서 의학을 공부했고, 천문학과 점성학에 대한 강의를 들었다. 의사로서 그는 먼저 샬리우(Charlieu)에 정착했고, 그 후 1541년에는 빈에서 살았다. 그는 의사 생활과 더불어 신학적인 책들을 발간하는 출판사에서 일했고, 자신의 신학 연구에 더욱 집중했다. 왜냐하면 신앙의 기본적 질문들이 그를 괴롭혔기 때문이다. 그의 스페인 고향에서 기독교, 유대교 그리고 이슬람 사이에 벌어진 영적 종교적 대립이 여전히 그 안에서

37) CR 36, Opp. Calvini 8,145-248; K. Berunnemann, Michael Servetus. Eine achtenmäßige Darstellung des 1553 in Genf gegen ihn geführten Criminal-Prozesses, Berlin 1865; R. Nürnberger, Calvin und Servet. Eine Begegnung zwischen reformatorischem Glauben und modernem Unglauben im 16. Jahrhundert, ARG 49(1958), 196-204; R.H. Bainton, Michael Servet, 1511-1553, Gütersloh 1940 = SVRG 178; J. Friedman, Michael Servet, Anwalt totaler Häresie, in: Radikale Reformatoren, hg. v. H.-J. Goertz, München 1978 = Beck'sche Schwarze Reihe 183, 223-230,251f.

38) J. Staedtke, Johannes Calvin, a.a.O., 64.

끓고 있었다. 의학적인 분야에서 그는 곧 몇 가지 명성을 얻었다. 세르베투스는 폐를 통한 소혈액순화의(재)발견자로 인정받고 있다. 1546년 그는 칼빈과 연결이 되었다. 칼빈은 이 이름의 본래 인물이 누구인지를 잘 알고 있었다. 이미 12년 전에 한번 만난 적이 있었기 때문이다. 세르베투스는 편지와 같은 몇 가지 논문을 보냈고,[39] 칼빈의 결정을 알고자 분량이 큰 원고도 보냈다. "만일 그것이 내 마음에 든다면, 그가 이리로 올 것이라고 약속하고 있다. 그러나 나는 어떤 것도 보장할 수 없다. 왜냐하면 그는 이리로 오고 있고, 내가 할 수 있다면, 더 이상 살아서 가게 하지 않는 것이다."[40]

칼빈은 서신교환을 중단했다. 그러나 세르베투스는 계속 제네바와 소통을 했다. 그의 책은 1553년 초에 처음으로 칼빈의『기독교강요』(Institutio Christianae Religionis)와 이름이 유사한『그리스도교의 회복』(Restitutio Christianismi)이라는 이름으로 출판되었다.[41]

특별한 상황이 결부되면서 세르베투스는 칼빈의 친구인 기욤 드 트리(Guillaume de Trie)를 통해 가톨릭의 종교재판에 고소당했다. 드 트리는 리옹의 가톨릭 친척들에게 자신의 종교개혁 전향을 변호하면서 다섯 명의 베른 학생들이 그곳에서 체포되어 처형된 반면, 기독교의 근본적 진리를 비방하는 사람이 주교의 주치의로서 아무 일 없이 살고 있다는 사실을 비통해 했다. 이것으로 그는 세르베투스의 정체를 폭로했다. 친척들은 즉시 종교재판소로 하여금 세르베투스를 주목하게 해 주었다. 드 트리는 유죄 입증을 확인할 수 있는 자료 - 칼빈에게 보낸 서신 원본 - 가 있다고 정보를 제공했다. 몇 차례를 거절한 후에 칼빈은 그것을 제공했다. 세르베투스는 체포되었으나(1553년 4월), 이틀 후 다시 도망쳤다. 재판은 궐석으로 진행되어 이단혐의로 유죄가 선고되었다. 세르베투스는 허수아비로 이미 6월 빈(Vienne)에서 화형되었다.

또 다른 상황이 무엇 때문에 세르베투스가, 비록 칼빈의 태도와 자신이 처한 위험을 알고 있었음에도 불구하고, 도망 중에 하필이면 제네바를 향했는지 그 이유들을 알려주고 있다. 세르베투스는 분명히 그 당시 칼빈의 어려운 상황을 알고 있었고, 이러한 상황이 자

39) 나중에 그가 직접 출판했다, CR 36, Opp. Calvini 8, 649-714.

40) 1546년 2월 13일 파렐에게 보내는 서신, CR 40, Opp. Calvini 12, 283 Nr. 767. 독일어: Johannes Calvins Lebenswerk in seinen Briefen, a.a.O., 1,332.

41) 종교재판은 첫 출판된 책의 3권을 증거자료로 철저히 연구했다.

신의 생각과 기대를 실현하는데 아마도 유리할 것이라고 판단했다. 몇 가지 간접적인 증거들이 어쨌든 그가 제네바를 우연히 경유하는 중에 잠깐 들린 것이 아니라, 목적지로 직접 찾아갔음을 입증하고 있다. 왜냐하면 세르베투스는 삼위일체와 예수의 신성뿐만 아니라, 거기에 더해 세례, 칭의 그리고 더 나아가 종교개혁적인 인식들을 부인했기 때문이다.[42] 그것은 기독교 신앙고백의 상세한 내용의 문제가 아니라, 반드시 이단이 되고, '범신론자'(Pantheist)라는 상표로도 충분히 파악할 수 없는 근본적으로 대립되는 다른 종교적 사고에 관한 것이었다. 칼빈과 세르베투스에게는 신앙과 불신앙, 하나님의 영광을 위한 열정과 신격화를 부르짖는 인간의 존경이 서로 마주하고 있으며, 둘 모두 결과적으로 종말을 생각하고 그에 어울리는 삶을 살고자 했던 대표자들이다. 이러한 자세 때문에 세르베투스는 거의 묵시적인 옷을 입었고, 세상에서 겪는 싸움에 대해 그 자신이 해결사 역할을 해야 하는 미카엘 제사장의 최후의 싸움처럼 보았다.[43] 그가 가령, 제네바 감옥에서 칼빈에게 해를 주지 않으면서 시에서 몰아내고, 그 자리에 자신을 세우도록 칼빈의 많은 적들이 있던 시의회에 호소했을 때, 이 상황과 너 나아가 이후에도 계속 영향을 줄 수 있다고 과대평가한 것은 그의 숙명이었다.[44] 기대했던 칼빈에 대한 승리는 세르베투스에게 이루어지지 않았다. 그 호소는 자신의 생명을 구하려는 마지막 시도였다. 왜냐하면 특히 칼빈은 처음부터 세르베투스에게 안전한 출구가 없던 모든 소송과 논쟁을 피하지 않았고, 도시 내의 반대파도 그를 반대할 기회가 없었기 때문이다.

8월에 세르베투스는 도시에서 발각되어 즉시 체포되어 재판에 넘겨졌다. 그리고 법률에 정해진 완전한 소송이 진행되었다. 칼 5세가 1532년 정한 어설픈 재판규정에 의하면, 신성모독은 사형이었고, 삼위일체 부인은 곧 신성모독이었다. 칼빈은 초기에는 고소를 했고 그리고 후에는 재판에 직접 관여했다. 게다가 검사는 칼빈의 적대자였고, 법정은 세상의 기관이었다. 마찬가지로 기소장에는 나중에 나온 판결문에서처럼 공공의 평화를 깰

42) 비교. 제네바 설교자 A. Pouppin에게 보낸 세르베투스의 서신, 1547(?), CR 36, Opp. Calvini 8,750f. 이 안에 잘 알려진 문장이 있다. "Evangelium vestrum est sine uno deo, sine fide vera, sine bonis operibus. Pro uno deo habetis tricipitem cerberum, pro fide vera habetis fatale somnium, et opera bona dicitis esse inanes picturas. Christi fides est vobis merus fucus, nihil efficiens: homo est vobis iners truncus, et Deus est vobis servi arbitrii chimaera..."

43) 비교. 상게서.

44) CR 36, Opp. Calvini 8,806.

위험과 청소년에게 미칠 부정적 영향이 문제가 되었다. 가톨릭 종교재판에 양도하려는 시도는 거부되었고, 대신 스위스의 다른 종교개혁 도시들에 결정을 요청했다. 그들은 모두 세르베투스의 유죄를 인정했다. 10월 26일 판결이 내려졌다. 그리고 다음날 세르베투스는 이단으로 화형당했다. 칼빈은 화형 대신 참수형에 처해지도록 판결을 수정하려고 노력했지만 소용이 없었다.

세르베투스에 대한 재판과 그의 처형은, 비록 현대인에게는 납득되지 않는 일이었지만 적법한 것이었으며 역사적 상황을 고려하여 판결한 것으로 전혀 이상한 일은 아니었다. 또한 칼빈이 그 일에 특별한 결정적인 역할을 했다고 주장할 수도 없다. 칼빈이 이 문제에 관련하여 그 시대에 있어서 운신할 수 있는 폭은 매우 좁았다. 만일 제네바 전체의 종교개혁이 위태롭지 않으려면 그가 취한 행동 외에 다른 방법은 없었던 것이다. 그럼에도 불구하고 한 때 동역자였던 카스텔리오 외에 다른 아무도 칼빈에게 제기하지 않았던 질문을 제기해 볼 수 있다. 『이단자들이 핍박을 받아야만 하는가?』(De haereticis, an sint persequendi?). 그것은 세르베투스 재판이 새로운 시대 도래의 패러다임이 될 수 있다는 질문이었고, 칼 5세의 어설픈 재판규정이 아닌 다른 척도를 물은 질문이었다. 여기에 칼빈의 한계가 있음을 부인할 수 없다. 그러나 그러한 사고를 가진 현대인의 기대에 부합하지 않는다고 칼빈을 비난할 수는 없다.

4. 수확의 해

세르베투스가 처형되었지만 이 사건은 아직도 결코 종결되지 않았다. 칼빈은 자신을 향한 비난에 대해 상세한 답변으로 변명했다.[45] 『정통신앙의 수호 - 스페인 미하엘 세르베투스의 심각한 오류에 반대하여』(Defensio orthodoxae fidei de sacra trinitate, contra prodigiosos errores Michaelis Serveti Hispani...).[46] 이 글은 1554년 2월에 나왔으나, 그에 대한 토론은 여전히 끝나지 않았고, 오히려 그 반대로 관용과 종교자유에 대한 논쟁을 불러 일

45) 비교. U. Plath, Calvin und Basel, a.a.O., 88-93.

46) CR 36, Opp. Calvini 8,453-644, 비교. U. Plath, ebd. 120-128.

으켰다.[47] 그 결과 중 하나가 제네바와 바젤의 관계 종식이다. 바젤에서는 칼빈의 제네바와는 다른 사상이 지배하고 있었다.[48] 하지만 칼빈은 세르베투스 사건으로 인해 자신의 입장을 더 강화할 수 있었다. 세르베투스와 도시 내 반대파의 연대 그리고 시의회에 벌인 파문 논쟁에서 칼빈의 승리는 지지층을 강화시켰고, 1555년 선거 승리를 예비해 주었다. 그 후, 즉 생애 말년의 마지막 9년은 비교적 평온하게 신학적인 활동과 종교개혁을 완성하는 기간이었다.

그렇지만 이 기간에도 논쟁이 없지는 않았다. 1551년『공동신앙고백』의 출판 이후 새로운 성만찬 논쟁이 일어났다. 매우 논쟁적인 함부르크 출신의 루터파 요아힘 베스트팔은 1552년부터 1558년까지 짧지 않은 기간 동안 칼빈과 그의 성찬 이해를 반대하는 방대한 글을 집필했다. 칼빈은 이에 대해 세 개의 글로 방어했다.[49] 더 많은 학자들이 양쪽 진영의 논쟁에 참여했다. 그 배경에는 칼빈주의의 서유럽 진출, 독일북부에 개혁파 난민교회의 등장, 회담에 참여한 지역만 적용되는 아우크스부르크 종교평화회담의 영향 등과 같은 현실적인 변화들이 있었다. 신학적으로 새로운 입상들이 개진되있고, 실재론의 방법 등을 묻는 과거의 질문들이 다시금 문제가 되었다. 칼빈은 성령을 통한 하나님의 행동을 언급함으로써 이 문제를 해결하고자 했고, 성만찬의 요소에 대한 그리스도의 몸과 피의 모든 공간적인 관계를 배제시켰다. 멜란히톤과의 합의 시도는 이루어지지 않았다. 역으로 공동신앙고백은 이제 유지되었다. 다양한 종교개혁적 입장들이 확고하게 유지되었고, 이것은 곧 종교개혁 내의 교파주의의 진보를 뜻했다.

1559년 목사 양성 목적의 신학부인 제네바 아카데미 창립은 최고 절정을 뜻했다. 그 안에 기본지식을 전하고자 스콜라 프리바타(Schola privata)와 신학, 희랍어, 히브리어 그리고 인문학부 교사 양성을 위한 스콜라 푸블리카(Schola publica)를 두었다. 후에 법학과정도 설치했다. 초대 총장은 10년간 로잔 아카데미에서 희랍어 교수로 일했던 테오도어 베자(1519~1605)였다. 이미 그 당시에 베자는 신학적으로 칼빈 편에 참여하고 있었다

47) U. Plath, Calvin und Castellio und die Frage der Religionsfreiheit, in: Calvinus Ecclesiae Genevensis Custos, a.a.O., 191-195.

48) 비교. 특히 U. Plath, Calvin und Basel, a.a.O.

49) 비교. 특히 W. Niesel, Calvins Lehre vom Abendmahl, W. Neuser, von Zwingli und Calvin bis zur Synode von Westminster, a.a.O., 274-276.

(Confession de la foy chrestienne, 1558). 베자는 칼빈의 최측근 동역자요, 신뢰를 얻은 사람 가운데 한 사람이었고, 나중에 제네바 목사의 감독자로서 칼빈의 후계자가 되었다. 칼빈의 생애에 대한 첫 저서는 베자의 손에서 나왔다. 베자와 칼빈은 함께 신학부 교수로서 가르쳤다. 베자의 평가에 의하면, 1564년 1200명의 학생들이 스콜라 프리바타에서 그리고 300명의 학생들이 스콜라 푸블리카에서 공부했다. 그 가운데 대부분의 학생들은 외국에서 왔으며, 특히 프랑스 출신 학생들이 많았다. 제네바 아카데미는 '칼빈주의의 모판'이 되었다(Neuser).

칼빈은 끊임없는 활동, 금욕에 가까운 삶 그리고 반복된 병으로 육체가 쇠약해진 가운데 1564년 5월 27일 사망했다. 그의 부인은 9년간의 결혼 생활 후 1549년 죽었다. 칼빈은 유언에서 묘비에 어떤 특별한 표시를 남기는 것을 거부했다. 그로 인해 제네바 플랑팔레 묘지 어느 곳에 칼빈 자신이 마지막으로 누울 곳을 찾았는지는 곧 잊혀지게 되었다.

D 칼빈의 신학적 활동의 핵심

칼빈은 직접 자신의 신학을 '도상의 신학'(Theologie auf dem Wege)이라고 서술했다(Nijenhuis). 그는 1543년 이후 기독교강요 출판을 할 때마다 서문을 아우구스티누스의 말 "나는 나 자신을 배우면서 글을 쓰고, 글을 쓰면서 배우는 그런 사람들 중의 한 사람으로 간주한다."(Ego ex eorum numero me esse profiteor qui scribunt proficiendo, et scribendo proficiunt)로 마쳤다.[50] 바로 기독교강요는 이와 같은 신학의 가장 좋은 예이다. 그것은 비교적 얇은 소책자에서 매우 두꺼운 대형서적이 되었고, 교리문답으로부터 신학 총론으로 발전해 갔다. 계속해서 인식이 쌓이고 새로운 연구 분야로 폭이 확장되었기 때문이다. 1559년 최종(라틴어)판은 그러한 과정에서 나온 것이다.

기독교강요의 앞부분에서 칼빈은 자신을 교회의 위대한 스승으로 소개했다.[51] 그는 신학교사로서 제네바를 책임지고 있었고, 일생동안 신학교사로서 살았다. 칼빈은 루

---

50) CR 29, Opp. Calvini 1, 255.

51) 비교. 제2차 국제 칼빈 포럼은 전체 주제를 '교회의 스승 칼빈'(Calvinus Ecclesiae Doctor)이라고 정한바 있다.

터보다 더욱 강하게 그리고 신학총론과 아우크스부르크 신앙고백서를 쓴 게르만 교사(Präceptor Germaniae)인 멜란히톤과는 다르게 자신의 기독교강요로 개혁교회에 이해 가능한 교리적 특징을 부여했고, 역사가 흐르면서도 그 영향력은 전혀 상실되지 않았다.[52] 한편으로 이러한 정황을 분명히 확신할 수 있다면, 다른 한편 칼빈이 자신의 교리를 알리려 하지 않았음을 적지 않게 강조해야 한다. 파렐은 칼빈을 성서해석 교사로 보았고, 이것은 기독교강요에도 타당하다. "이 책을 통해 칼빈은 성서로 들어가는 문을 열고자 했다. 그는 신학적 소양이 없는 사람들에게 성서를 이해시키고, 바르게 해석하도록 성서연구를 위한 참고서를 만들고자 했다."[53] 이것이, 물론 그 안에 여러 반대자들과의 직간접적인 논쟁 역시 포함된, 포괄적인 책이 되게 했다. 칼빈의 의도와 근간은 하나님의 말씀이 영원한 목적을 향해 가는 인간에게 유일한 길이라는 것이다.

성서신학자로서 칼빈의 강한 면모는 설교, 해석학 강의와 저술에 나타난 성서해석에 대한 일생 동안의 노력이 잘 보여준다. 현대판 그의 설교와 다른 성서해석은 - 아직 완료되지는 않았으나 - 칼빈이 그 속에서 청중들에게 확산시켜 놓은 분량을 기늠하게 해준다. 여기서 칼빈은 무엇보다도 바울에게 영향을 받은 신학자임을 알 수 있다.[54] 칼빈은 '바울신학에 근거하여 - 물론 그가 독립적이고 독자적으로 해석한 - 종교개혁적인 성서이해를 계속 발전시켰다. 여기서 특별한 역할과 해석학적 안내 기능은 로마서가 했다.'[55] 이점에서 루터와 연관성을 만들어내려는 것은 매우 형식적이지만, 그럼에도 불구하고 두 신학자의 일치는 물론 우연은 아니다. 그도 그럴 것이 여러 가지 종교개혁적 기본 인식에서 있어서 제2세대 종교개혁자의 대표인 칼빈은 루터의 제자였기 때문이다. 칼빈은 그 점을 결코 숨기지 않았다. 이미 내린 결정을 토대로 그 역시 '회심'(conversio)에 이르렀다. 루터 종교개혁의 기본 요구사항인 네 가지 '솔라'(sola)는 칼빈의 신학 역시 규정하고 있다. 그러나 칼빈은 독자적으로 계속 사유하고 그 자신의 신앙과 경험의 지평을 열어감으로써 독창적

52) F. Büsser, Calvins Institutio, a.a.O.

53) 상게서 60.

54) A. Ganoczy, Calvin als paulinischer Theologe, ein Forschungsansatz zur Hermeneutik Calvins, in: Calvinus Theologus, a.a.O., 39-69.

55) 상게서 60.

인 새로운 것을 이루어 낼 수 있었다. 구원론의 필수요소인 인간의 선택에 대한 특별한 강조 역시 그 가운데 하나이다.[56] 그러나 칼빈은 여기서 너무나 쉽게 공론을 잃어버릴 위험을 보았고, 그 점을 직접 경고했다. 구원의 확신에 대한 목회적인 측면은 그에게 중요했다. 성서를 해석하면서 얻어진 목회자 개인의 경험적 배경에 앞서 실천적이며-신학적인 관심은 원칙적으로 중요한 것이다. 결국 여기서 중요한 것은 하나님의 은총의 자유를 강조하는 것, 즉 오직 은총(sola gratia), 오직 믿음(sola fide) 그리고 오직 그리스도(sola Christus)를 제한시키지 않는 것이다. 물론 칼빈은 그 후, 하나님의 자유로운 선택과 마찬가지로 그의 버릴 자유 역시 논리적 요구로서 요구했고, 유기 역시 독자적인 주요 주제로 삼았다면, '조직화하려는 자신의 성향'을 이기지 못한 것이다.[57]

칼빈은 신학교사와 성서교사로서 뿐만 아니라, 조직가요 탁월한 지도자로서 손색이 없었다. 우선은 제네바에서였지만, 결코 이 지역에만 제한되지는 않았다.[58] 1541년 제네바로 돌아왔을 때, 그는 다시금 추방 전에 갖고 있었던 직책을 얻지는 않았다. 그는 목사가 되었고, 이것은 파렐의 자리를 대신함을 의미했다. 주요 과제는 설교, 성례전 집행과 목회상담이었다. 그러나 그는 즉시 제네바 목사회의 의장직을 맡았다(나중에 칼빈의 사후에는 '사회자'라고 말했다). 이것은 목사협의회(Vènèrable Compagnie des Pasteurs)의 행정 책임을 맡았음을 의미했고, 취리히(불링거)의 안티스테스(Antistes)와 비교할 수 있는 것이다. 이것은 본래 매년 새롭게 임명하는 선출직이었다. 칼빈의 생애 기간에 또 다른 직임도 결코 문제가 된 적은 없다(그의 후계자 베자 역시 계속 새롭게 선출되었다).[59] 회의 준비와 인도 그리고 무엇보다도 목사협의회의 관심사를 시의회에 대변하는 것은 이 직임을 가진 그의 과제에 속했다. 그는 공동이 내린 결론을 따랐다. 3개월마다 가진 성찬식에 앞서서 소위 목사협의회의 모든 회원들에 대한 검증(Censura morum pastorum 혹은 Censura fratrum)이 열렸다. 의장은 항상 가장 먼저 회원들의 '검증'(Zensur) 대상이었다.

---

56) Inst. III, 21-24.

57) W. Krusche, Die Theologie Calvins, in: Johannes Calvin 1509-1564, a.a.O., 27-46, 인용 38.

58) 이에 상응하여 제3차 국제칼빈포럼의 주제는 "Calvinus Ecclesiae Genevensis Custos"였다.

59) 칼빈 사후 제네바목사협의회 제1차 회의에서 칼빈의 의장직에 대한 베자의 설명 참고. E. Pfisterer, alvins Wirken in Genf, a.a.O., 130f.

1541년(내지는 1561년)[60]에 만든 교회규율은 교회 조직에 있어서 명문화된 직임을 만들고 교회에 질서에 부여함으로 인해 그 중요성이 입증되었다. 규정에 따라 능력 있는 사람들이 잘 배치되었고, 교회 생활 역시 틀을 갖추게 되었다. 이로 인해 루터의 종교개혁을 따르는 지역과는 완전히 다른 새로운 교회법이 만들어졌다.[61]

칼빈 역시 교회를 "하나님의 말씀이 크게 선포되고 들으며, 그리스도가 제정한 말씀에 따라 성례전이 집행되는"[62] 장소라고 쓰고 있다. 게다가 초기에는 선택된 백성(populus electorum)으로서 (로마 가톨릭과는 달리) 교회의 비가시성을 강조했다. 하나님만이 누구를 선택했는지를 알고 있다는 것이다. 그러나 증대되는 책임감과 더불어 교회의 가시성 역시 커다란 중요성을 얻게 되었다. 기독교강요의 아우크스부르크 신앙고백서 제7조를 생각하게 하는 문장에서 가시적이며 구체적이고 경험할 수 있는 교회가 더욱 두드러지고 있으며, 이 교회는 하나님이 세우고, 그가 선택한 무리로서 존재하며, 그의 영광을 위해 이 세상에 산다. 기독교강요의 이 구절이 특징적이다.

> "우리는 지금 가시적 교회를 논할 생각이며, '어머니'(Mutter)라는 영광스러운 이름으로 표시한다는 사실에서 교회를 아는 것이 얼마나 유용하고 얼마나 필수적인지를 배우기를 원한다. 이 어머니가 우리를 잉태하고 낳으며 젖을 먹여 기르고 보살피고 지도해 주지 않는다면 우리는 생명으로 들어갈 길이 없기 때문이다... 우리의 연약함은 우리가 일평생 학생으로 있는 학교를 떠나지 못하게 한다. 그뿐만 아니라, 교회의 품을 떠나서는 죄의 용서나 구원을 받을 수 없다."[63]

개별적인 신자들과는 달리 기관으로서 교회의 성격과 특별한 기능들은 위의 정의에 분명하게 표현되어 있다. 칼빈이 교회의 네 가지 직임에 관해 말할 때에도 다시금 분명히

60) 비교. 위 107.

61) 전형적으로 개혁파 교회규정은 늘 신앙고백서와 함께 나온다. 교회가 무엇을 말하고, 그들이 무엇을 고백해야 하는지 다른 한 면에 나와 있다.

62) Inst. IV, 1,9, 비교. CA VII.

63) Inst. IV, 1,4.

하나님이 인간을 교회를 통해 교육을 받음으로써 장성한 분량에 이르게 하신다는 사실을 지적한다.[64] 직임은 하나님이 만드신 것이며, 내적 질서의 필연성이 요구된 신적인 제도이고, 하나님의 공동체는 이것이 없을 경우, 그 자체로 살 수 없다.

이와 연관하여 칼빈이 교회에 장로 - 공회의적인 헌법을 만들어 주었다고 강조될 경우, 그것을 현대의 민주주의적인 의미로 오해해서는 안 된다. 교회의 설립은 '아래로부터'가 아니라, '위로부터', 즉 위임에 의한 것이다. "교회의 규정은 만일 그리스도가 그들의 유일한 주요, 선생이라고 그 속에 표현할 경우 옳다."[65] 장로-공의회적이라는 것은 위임을 받은 전체가 함께 모여 위임을 받은 자들이 이제 무엇을 해야 하는지 논의하는 질서를 말한다.

무엇보다 교회의 위치는 도시국가인 제네바에 있다고 서술했다.[66] 칼빈이(도시에 있던 대부분의 개신교 목사들과 더불어) 프랑스에서 도망친 신앙난민으로서 본래 외국인이었다는 사실은 적지 않은 역할을 했다. 그것은 처음부터 시야를 넓혀 주었고, 교회를 도시국가적인 간섭의 협소함에서 자유롭게 해주었다. 칼빈에게는 교회를 국가적인 관점이 아니라, 영적인 관점에서 세우는 것이 중요했기 때문이다. 그 때문에 그는 이 두 가지를 분명하게 구분하고자 열정적으로 싸웠다. 물론 그는 여기서 완전한 분리를 말하는 것은 아니다.[67] 시민의 질서 역시 하나님의 선한 창조이며, 하나님의 계명을 지킬 과제를 가진 것처럼 공공의 선과 올바른 질서 유지에 힘쓸 과제가 있다. "그것은 그리스도인들이 종교의 공적 모습을 드러내는데 도움이 된다."[68] 이와 같은 의미에서 국가는 교회와 더불어 하나님의 첫 계명을 위한 고유한 임무를 가지고 있다.[69] 역으로 교회에 의한 하나님의 뜻의 선포는 당연히 국가 영역 안으로 들어가야 한다. 국가는 이 선포에 의존하고 있다. 이러한 이유에서 사람들은 칼빈의 사회모델을 두 정부 즉, 국가와 교회라는 두 개의 중심을 가진 하나의 타원으로 비교했으며, 여기서 교회는 다시 한 번 왕이신 그리스도의 통치에 관한 가르침이

---

64) Inst. IV, 1,5.

65) W. Niesel, Die Theologie Calvins, a.a.O., 200.

66) R.M. Kingdom, Calvin and the Government of Geneva, in: Calvinus Ecclesiae Genevensis Custos, a.a.O., 49-67.

67) J. Staedtke, Die Lehre von der Königsherrschaft Christi und den zwei Reichen bei Calvin, in: Reformation und Zeugnis der Kirche, Gesammelte Studien, Zürich 1978 = Zürcher Beiträge zur Reformationsgeschichte 9, 101-113.

68) Inst. IV, 20,3.

69) Inst. IV, 20,9.

라고 특별하게 바꾸어 쓸 수 있다. 사실 여기서 빈번한 긴장관계, 즉 각축전이 일어났음도 숨길 수 없으며, 다른 지역들(취리히, 베른)은 중요성을 상당히 다르게 분할했다. 1561년의 교회규정은 보완책을 수용하여 이미 20년 전에 의도한 것을 분명하게 천명했다. "왜냐하면 비록 하나님이 우리에게 주신 정부와 공권력 그리고 교회에 소재한 영적 통치가 하나이며, 나뉠 수 없는 것이라고 할지라도 그것들은 서로 섞여서는 안 되며, 우리가 의무에 따라 복종하길 원하는 명령권을 가진 자는 이 둘을 서로 구분했다."[70]

칼빈을 신학교사로서 그리고 교회의 지도자로서 실제로 이해하기 위해서는 그를 교회 일치적 인물(eine ökumenische Persönlichkeit)로 평가할 필요가 있다.[71] 그의 신학은 이미 시작부터 에큐메니컬 신학이다. 왜냐하면 교회론의 중심에 분리할 수 없는 교회라는 문구가 있기 때문이며, 그는 이것을 한편으로는 로마와 싸우면서 그리고 다른 한편으로는 비텐베르크 그리고 스위스 다른 지역과의 긴장 속에서도 고수했다.[72] 그는 참된 교회(ecclesia vera)와 거짓된 교회(ecclesia falsa)를 구분함으로써 로마교회와도 대립했다. 참된 교회는 하나님의 작품이며 창소 이후 존재했고, 교황의 교회에도 물론 그 모습이 있다. 참된 교회는 이제 개혁교회로 실체화되었다. 다른 한편 만일 복음 설교와 성례전의 올바른 시행이라는 두 가지 교회의 표지에 있어서 일치할 경우(비교. 아우크스부르크 신앙고백서 제7조와의 일치), 일치하고 있는 보편적 교회(ecclesia universalis)와 개체 교회(ecclesiae singulae)를 구분함으로써 그리고 더 나아가 교리의 일치성이란 모든 개별적인 것들에 대한 진술의 일치를 의미하지 않고, 구원에 필수적이기에 믿어야 하는 기본 신조에 대한 공동의 토대를 의미한다고 말함으로써 칼빈은 지속적으로 참된 교회인 개혁교회의 가시적 일치를 위해 노력했다. 이런 점을 볼 때, 그는 다른 입장을 존중한다는 점에서 비교적 호의적 태도를 가졌고, 제네바로 제한된 지역에서는 폐쇄성을 요구했다고 할지라도(볼섹, 카스텔리오), 다른 교회에서 다른 교리를 관용하는 사건들에서도 역시 볼 수 있다.

모든 제한성에도 불구하고 공동신앙고백에서 보여준 취리히 개혁자들과의 합의는 교

---

70) Art. 168, Reformierte Bekenntnisschriften und Kirchenordnungen, a.a.O., 104.

71) W. Nijenhuis, Calvinus oecumenicus, 1959 = Kerkhistorische Studien 8; ders., Der ökumenische Calvin. Calvin, Luther und das Luthertum. Nederlands theologisch tijdschrift 34(1980), 191-212.

72) O. Weber, Die Einheit der Kirche bei Calvin, in: Calvin-Studien, hg. v. J. Moltmann, a,a,O., 130-143.

회 일치를 위한 행위로 평가할 수 있다. 이것으로 츠빙글리적인 협소함을 벗어나 개혁파 성찬론의 길이 시작되었다. 단 한사람의 신학자가 - 칼빈 - 자신의 인간적인 이해를 관철시킨 것이 아니라, 많은 사람들의 동의와 신학적 이해가 관철된 것이며, 누가 더 큰 희생을 했는지는 근본적으로 중요하지 않았다. 합의는 더 나아가 스위스 신앙고백이 이루어지는 과정에서 중요한 진보였고, 논쟁중인 성만찬 문제에 대해 종교개혁 진영 전체가 일치에 도달하려 한 첫 시도였다.

칼빈이 루터파와의 합의가 가능한 영역에 있고 자신의 교리가 실제로 이음줄이 될 수 있다고 추측했다면 그것은 오해일 수도 있다. 칼빈은 자신이 거부하지 않은 모든 비판과 많은 교의적 사고에도 불구하고 얼마나 루터를 높이 생각했는지를 양측, 즉 취리히와 비텐베르크를 향해 종종 분명히 말했다.[73] 두 종교개혁자 사이에 개인적인 접촉이 전혀 이루어지지 않은 것은 아쉬움임에 틀림없다. 1545년 1월 21일[74] 루터에게 보낸 칼빈의 단 한 통의 편지는 전달하라고 건네준 멜란히톤에 의해 전달되지 못하고 다시 반송되었다. 왜냐하면 멜란히톤은 루터에게 미칠 부정적인 영향을 우려했기 때문이다. 칼빈은 루터파에 대해 일치를 원하는 자신의 마음을 1540년 이렇게 썼다. "그리스도의 영광과 그의 구원의 복음을 선포한 모든 독일 교회가 어떤 방식으로든 일치 속에서 사는 것을 바라는 내 마음보다 더 강렬한 것은 없으며, 내가 더 크게 염려하는 것은 아무 것도 없다."[75] 1556년 제2차 성찬논쟁의 절정기에 베스트팔(Westphal)에 반대하는 반박서를 작센의 설교자들에게 헌정했고, 형제적인 평화를 지켜줄 것을 호소한 것은 이러한 소망과 일치하고 있다.[76]

역으로 루터 역시 칼빈을 인정하는 말을 했다. 사돌렛 추기경에 대한 답변에서, 그가 부처에게 쓴 것과 같은 표현인 "개인적 기쁨으로"(cum singulari voluptate)라는 말을 읽을 수 있다.[77]

칼빈은 오랜 기간 동안 필립 멜란히톤과 교제했고, 그의 외교적인 인품과 쟁점에 대한

73) E.W. Zeeden, Das Bild Martin Luthers in den Briefen Calvins, ARG 49(1958), 177-195.

74) WA Br 11,(26)28f.

75) 27.2.1540, Correspondence des Reformateurs, a.a.O., 5,5.

76) CR 37, Opp. Calvini 9,45-50.

77) WA Br 8,569,30f.

그의 입장을 고려하여 그에게 종교개혁 교회의 일치라는 특별한 희망을 걸었다. 성찬론에 있어서 루터 및 순수루터파와는 다른 멜란히톤의 견해는 스위스 측과 합의하는데 연결점이 되는 듯 했다. 멜란히톤은 1550년대 양측이 보여준 성만찬 논쟁에서 잘 알려진 인사가 되었다.[78] 그러나 이러한 방법 역시 통용되지 못하자, 일치는 1557년 깨지고 말았다. 이후의 발전 과정은 분리된 교파주의화였다.

서유럽과 유럽의 남동부에서 종교개혁이 견고해지고 확장되는데 있어서 칼빈의 영향은 매우 중요한 것이었다. 그는 프랑스인으로 태어나 항상 프랑스인이라고 느끼면서(비록 그가 가끔은 개인적으로 네덜란드와의 연관성을 언급했을지라도)[79] 프랑스 종교개혁의 숨은 지도자였고 그런 역할을 했다. 그는 불어를 말하는 스위스인과 모국어로 말할 뿐만 아니라, 더 많은 국경 너머 동포들을 만났다. 제네바에서 최측근 동역자와 교회 구성원의 상당수는 그 자신처럼 신앙적 난민이었다. 상당히 많은 그의 제자들은 프랑스 개신교회에서 사역하고자 공부했다. 그곳에 개인적으로 가는 것은 칼빈에게 가능하지 않았으나, 글과 서신으로 지속적으로 영향을 주었다.

칼빈의 신학과 실제적 활동을 본 사람들은 제네바에서 불어권 난민들이 쉽게 융화된 시교회와 더불어 여러 개의 망명자교회, 즉 스페인, 영국, 이탈리아 망명자교회로 모였고, 상담, 조직 그리고 교리문제에 있어서 칼빈이 관여해 줄 것을 요청했다.[80] 특히 이태리인 그룹은 반삼위일체적 경향으로 문제를 확산시켰다.(1557년 게오르크 비안드라타가 시에 머물렀고, 그 옆에는 발렌티노 겐틸레가 있었다)[81]

칼빈이 끼친 영향의 정도는 그의 서신을 통해서는 결코 다 볼 수 없다. 그의 저서, 특히 기독교강요로 그는 보편적인 교회 교사가 되었다. 형성되고 있는 프랑스 교회의 중요한 신앙고백문도 그의 펜 끝에서 나온 것이고,[82] 제네바 교회 규칙이 모델이 되었다. 그의 영

---

78) W. Neuser, Die Versuche Bullingers, Calvins und der Straßburger, Melanchthon zum Fortgang von Wittenberg zu bewegen, in: Heinrich Bullinger 1504-1575, a.a.O., 2,35-55.

79) 비교. 위 142.

80) H. Lahr, Spezielle Beiträge zum Thema: Calvin und die Flüchtlinge in Genf, dargestellt an seiner Korrespondenz, in: Immigration und Emigration - die calvinistische Einwanderung und Auswanderung in Mitteleuropa vom 24. bis 26. September 1984 in Berlin, hg. v. J. Langhoff/J.Rogge(1985), 7-33.

81) 비교. 위 137.

82) 위의 141.

향은 프랑스를 넘어 네덜란드에 도달했다. 칼빈은 이곳에서 재세례파의 재난 이후 새로운 종교개혁적인 자극을 얻었다. 스코틀랜드의 종교개혁자인 존 낙스는 제네바 시민권을 얻었다. 폴란드로의 칼빈 초대는 성사되지 못했고, 라스키와 칼빈주의적 사고를 가진 다른 사람들이 그곳에 자리를 잡았다. 칼빈과 불링거의 헝가리와 지벤뷔르겐에 대한 관계도 잊어서는 안 된다.[83]

칼빈의 신학이 어떤 관철 능력을 가지고 있는 지는 아직 칼빈이 살아있는 동안에 루터를 따르는 몇몇 독일 지역들이 칼빈주의로 전향했다는 사실이 보여준다. 팔츠의 선제후 프리드리히 3세(1559-1576)의 전향은 가장 유명한 것이다. 그의 영향으로 이루어진 하이델베르크 교리문답(1563)[84]은 개혁교회에 주요한 신앙고백서가 되었다.

칼빈은 로마에 대해 사돌레트에게 보낸 서신에서 자신의 입장을 근본적이며 명백하게 표명했다. 더 나아가 네덜란드의 논쟁신학자인 캄펜의 알베르트 픽게(Pigge/피기우스)와 벌인 자유의지와 예정에 대한 논쟁은 중요하다.[85] 이 논쟁은 픽게가 사망하여 종결을 보지 못했다. 그러나 칼빈은 루터와 츠빙글리가 했던 것과 같은 그렇게 어려운 논쟁들을 하지는 않았으며,[86] 기독교강요의 새로운 개정은 로마의 입장을 반박해야 할 이유와 기회를 그에게 부여했다.

칼빈의 신학적 입장을 간략히 정리하기는 쉽지 않다. 종종 비슷한 일을 하면서 하나님의 영광이라는 관점이 가장 중요한 것으로 부각되곤 했으며, 물론 틀린 것은 아니다.[87] 최근 고트프리트 W. 로셔는 특별히 『Calvins Verbindung von Rechtfertigung und Heiligung und sein Postulat einer gemeinsamen Lebensordnung, in der die Ehre Christi leuchtet... als bewußte(n) Theorie-Praxis-Entwurf』(칼빈의 칭의와 성화 연결과 하나님의 영광을 드러내는 공동생활질서 요구 ... 분명한 이론 - 실천 계획서)를 출판했고, 이용 가능한 방법을 찾는 현대

83) M. Bucsay, Calvins Präsenz in Ungarn, in: Calvinus Ecclesiae Doctor, a.a.O., 209-228.

84) BSRK 682-719; Die Bekenntnisschriften und Kirchenordnungen, a.a.O., 136-218.

85) L. F. Schulze, Calvin's Reply to Pighius - a micro and macro view, in: Calvinus Ecclesiae Genevensis Custos, a.a.O., 171-185.

86) R. Knust, Ein Beitrag zu Calvin als Reformator der Ecclesia Catholica, Cath. 22(1968), 136-146; H. Schützeichel, Katholische Calvinstudien, a.a.O.

87) 비교. Die Diskussion der verschiedenen Entwürfe bei W. Niesel, Die Theologie Calvins, a.a.O., 12ff.

의 노력에서 우수함이 입증되었다.[88] 칼빈의 노력은 '도상의 신학'(Theologie auf dem Wege)이라는 중요한 통찰과 한 쌍이 되어 효력을 얻었고, 이 효력은 참된 교회의 회복을 바라는 그들의 노력 속에서 종교개혁 전체를 새로운 언덕으로 이끌었다.

E 후기 헬베틱 신조

1536년 제1차 헬베틱 신조와 1549년의 공동신앙고백서가 이루지 못한 것을 1566년의 제2차 헬베틱 신조가 이루어 냈다. 스위스 교회 전체가 공동 합의한 신학적 일치. 이것이 필요한 이유는 두 가지였다.

1563년 트렌트 공의회는 회의를 종결하면서 개혁교회와 로마교회의 대결구도를 다시 한 번 밝혔다. 이것은 전체 종교개혁 진영에 답변을 요구한 것은 아니나, 신앙의 분열을 극복하려는 마지막 희망이 좌초된 후에 종교개혁 진영은 그들의 내적 통일에 대한 요구가 더욱 강하게 제기되었다. 그 결과 칼빈의 후세자인 테오도이 베자기 스위스 교회의 공동 신앙고백서 작성을 위해 나섰다.

두 번째 이유는 팔츠의 선제후 프리드리히 3세가 같은 해인 1563년 루터교로부터 칼빈주의로 전향했고, 하이델베르크 교리문답[89]을 출판하여 자신의 전향을 공개적으로 알림으로써 새로운 중요한 국면을 초래했기 때문이다. 그로 인해 그는 아우크스부르크 종교평화의 보호 밖으로 밀려나 위험한 상황에 처하게 되었다. 황제 막시밀리안 2세는 1566년 1월에 열린 제국회의에서 - 이름을 언급하지 않은 채 - 이 문제를 상정했다. 이러한 상황에서 프리드리히는 스위스의 다른 개혁교회, 특히 취리히에 지원을 요청했다. 그 결과 취리히는 하인리히 불링거가 1561년에 작성한(본래는 개인적인 신앙고백서로서 언약의 주요 부분을 생각한) 신앙고백서를 하이델베르크로 보냈다.[90] 하이델베르크는 만장일치로

---

88) G. W. Locher, Reformation als Bewährung und Fortschritt, in: Calvinus Theologus, a.a.O., 9.

89) W. Heuss, Der Heidelberger Katechismus im konfessions-politischen Kräftespiel seiner Frühzeit. Historisch-bibliographische Einführung der ersten vollständigen deutschen Fassung der sog. 3. Auflage von 1563 und der dazugehörigen lateinischen Fassung, Zürich 1983.

90) 집필기간에 내해서는 E. Koch, Die Textüberlieferung der Confessio Helvetica Posterior und ihre Vorgeschichte, in: Glauben und Bekennen, a.a.O., 13-40.

수용했으며, 즉시 인쇄를 의뢰했다. 스위스의 다른 개혁교회의 동의도 신속하게 구했다. 다만 베른만이 몇 가지 사항에 이의를 달았으나, 약간의 수정을 거쳐 양해가 되었다. 1566년 3월 인쇄가 완료되었다. 신앙고백서는 '참된 기독교의 정통신앙과 가톨릭 교리에 대한 신앙고백과 요해'(Confessio et expositio simplex orthodoxae fidei et dogmatum Catholicorum syncerae religionis Christianae)라는 제목을 달았다.[91] 이것은 매우 빠르게 확산되었다. 같은 해에 제2판이 나왔고, 독일어, 프랑스어, 영어 번역판도 나왔다. 또 다른 번역들은 이듬해에 계속해서 나왔다.[92] 이것들은 동시에 여러 나라에 있는 개혁교회들이 이 신앙고백서에 동의하고 있음을 증명하는 것이다.

신앙고백서는 30개의 조항으로 개혁신앙의 토대와 교회를 상세히 전개하고 있다. 이토록 포괄적인 개혁교회의 다른 신앙고백서는 없다. 신학적인 독특성은 교회의 일치와 보편성을 제시하고 있다는 점에 있다. 서문은 고대교회에서 가져온 두 개의 문서를 제시하고 있다. 380년에 나온 그라티아누스, 발렌티니아누스 그리고 테오도시우스의 교령과 기독교의 공통된 토대를 확인할 수 있는 소위 다마수스의 신앙고백서이다.[93] 신앙고백서의 목적은 교회의 일치이다. "독일에서 외국인들을 서로 사랑하며, 교회와 조화를 이루고, 교회의 평화를 추구한 것처럼 우리가 연합되며, 연합시키며, 지키도록 만드는 것이 이 신앙고백의 기초."(Hanc Confessionen in hoc quoque ediderimus praecupue, ut ecclesiarum pacem concordiamque cum mutua caritate apud Germaniae exterasque ecclesias quaeramus, nobis conciliemus, conciliatamque retineamus)[94] 다른 개별 조항들 역시 이러한 관심과 일치하고 있다. 신앙고백서의 영향은 대단했다.

선제후 프리드리히 3세에게 그것은 하나의 도덕적 지지를 의미했다. 그는 제국회의가 자신을 정죄하지 못한 것은 개혁교회를 '위험한 이단'이라고 비방하지 않고, 때문에 법적인 보호를 거부할 수 없다는 그와 같은 문서에 의한 증명이 아닌 자신의 강한 신앙적 모습

91) 본문은 BSRK 170-221; Bekenntnisschriften und Kirchenordnungen, a.a.O., 219-275; Reformierte Bekenntnisschriften und Kirchenordnungen, a.a.O., 175-248.

92) 비교. J. Staedtke의 참고문헌 in: Glauben und Bekennen, a.a.O., 41-53.

93) Bekenntnisschriften und Kirchenordnungen, a.a.O., 22f.; 비교. Denzinger-Schönmetzer, Enchiridion symbolorum, 71f.

94) Bekenntnisschriften und Kirchenordnungen, a,a.O., 221.

때문이라고 여겼다. 신앙고백서의 중요성은 먼저 스위스 교회의 신학적 일치에 있고, 그 다음에는 대다수의 다른 개혁교회들이 볼 수 있는 토대를 제공하는 것에 있다.[95] 루터파, 개혁파 그리고 보헤미아의 형제단이 이 토대에서 공동신앙고백에 합의할 수 있었다.[96]

95) 개별국가들에게 끼친 영향을 연구한 논문 in: Glauben und Bekennen, a.a.O., 81-202. 비교. 1568년 판 서문 끝에 있는 서명목록, in: Bekenntnisschriften und Kirchenordnungen, a.a.O., 219.

96) 비교. 위 138.

종교개혁사 (1532~1555-1556)
- 종교개혁의 강화, 칼빈,
가톨릭 개혁과 트렌트 공의회 -

제10장

유럽에서의 종교개혁의 확장

A 스칸디나비아 국가의 종교개혁

두 개의 스칸디나비아 국가인 덴마크와 스웨덴에서의 종교개혁은 - 중부와 서부유럽과는 달리 - 독자적으로 시작되어 독특하게 진행되었고, 그로 인해 특별한 결과에 이르렀다. 왕권과 제단의 결합, 왕의 뜻과 힘 아래 개혁을 종속시킨 것이 이곳에서는 너무 강해 "이러한 개혁은 국민의 종교적 욕구에서 나온 것이 아니라, 백성에게 새로운 교회 형태를 강요한 제후들의 정책에서 나온 것이다"[1]고 말할 수 있었다. 이와 더불어 여러 가지 측면이 언급될 수 있다. 우선 이곳에서는 개혁을 일으키고자 한 운동은 거의 없었다고 말하는 것이 일반적으로 타당하다. 종교개혁은 도입되었고, 명령되었다. 두 번째는 강요적인 신앙고백에 근거해서가 아니라, 교회를 다스리고, 기존 교회의 재정을 왕권을 안정시키는데 이용하고자 통치자의 세속적 관심을 옹호한 왕들이 결정적으로 중요했다. 그러나 이 모든 것은 결국 독일의 종교개혁이 스칸디나비아에 영향을 주었고 특히 교회 안에서 인문주의적인 개혁운동, 즉 성서인문주의가 일어남으로 가능해졌으며, 오랫동안 이러한 흐름이 지속되어 그 결과 독자적인 종교개혁이 관철될 수 있었다.

두 개의 스칸디나비아 국가에서는 - 여타의 이견이 있었고 다양한 형태로 시작되었음에도 불구하고 - 1536년이 중요한 해였다.

1. 덴마크

덴마크(노르웨이를 완전히 합병했고 슐레스비히와 홀스타인과도 역시 개인적 연대를 통해 긴밀한 관계를 유지했다)에서는 크리스티안 2세의 종교개혁 시도 실패와 그의 추방 후, 왕권을 이어받은 프리드리히 1세(1523-1533)가 아무런 변화도 추구하지 않았다. 그러나 그에게도 - 교회를 인문주의적인 의미에서 개혁하겠다는 목적보다는 그 자신이 확신을 가진 몇 명되지 않는 루터 추종자였고[2] - 중요한 변화를 이루어내는 것이 가능해졌다. 1520

1) K. Heussi, Kompendium der Kirchengeschichte, Tübingen [16]1981, 323.

2) 비교. Luthers Brief an ihn mit der Fürbitte für den gefangenen Christian II., WA Br 12, 488f.

년대 초에 루터를 지지했던 그의 아들 크리스티안이 슐레스비히를 영지로 받은 것은 그 변화에 속한다. 이곳은 아직 종교개혁이 이루어지지는 않았으나, 여러 주요 지역에서 개신교 설교가 가능했고, 특별히 하더스레벤(1526년)에 설교자학교가 설립되어 종교개혁적인 설교를 덴마크 전 지역에 이식하는 장소로 발전했다.

1527년(오덴제 제국회의)의 관용법도 이러한 변화 중 하나이다. 이것은 1526년 스파이어 제국회의 결정을 받아들여 루터의 추종자들에게 자신들의 신앙에 따라 살 수 있는 자유를 보장해주었다. 독일북부의 상업도시들[3]과의 연합으로 수월해지고, 무엇보다도 대도시에 이미 일찍부터 개혁가톨릭주의와 성서인문주의[4]를 통해 좋은 토양을 제공받은 종교개혁 정신이 활성화되었기 때문이다. 그 결과 몇몇 개신교회가 형성되고 발전하였다. 더 나아가 아우크스부르크 신앙고백서[5]와 나란히 1530년 코펜하겐 제국회의에 제출한 하프니카 신앙고백서(Confessio Hafnica), 그리고 마지막으로 슈말칼덴 동맹에 대한 프리드리히의 접근도 그 변화중 하나이다. 초기 단계에서 종교개혁 사상의 전개에 참여한 사람들 중에 한스 타우젠(Hans Tausen, 1494-1561)이 가장 탁월하다. 그는 우선 비보르크(Viborg), 그리고 여름 이후로는 코펜하겐의 설교자였다. 그는 소위 말뫼박람회(Malmömässan, 1528)에서 1523년 루터의 독일미사를 재현했다. 1530년의 신앙고백서는 상당한 부분이 루터에게서 유래했다.

1533년 프리드리히의 죽음은 여러 해 동안 시민전쟁으로 이어졌고, 종교적인 것보다는 사회적, 경제적 그리고 정치적인 이득이 더 중요했으며, 외부에 의해서 더 자극되었다.(뤼벡!) 이 전쟁에서 이미 이전에 귀족들로부터 왕으로 선출된 프리드리히의 장남인 크리스티안이 승리자가 되었다. 그는 크리스티안 3세로서 1536년부터 1559년까지 통치했다. 이전에 일어난 혼란의 주범인 감독들은 해임되었다. 교회 재산은 왕의 손에 들어왔다. 1536년 10월 코펜하겐 제국회의는 루터가 일으킨 종교개혁의 도입을 결정했다. 교회규정

3) H. Schlyter, Die Bedeutung der Rostocker Reformation für die Reformation in Malmö, LuJ 40(1973), 89-106.

4) 비교. die Rolle von Paulus Helie: G. Schwaiger, Der theologische Ausgangspunkt der dänischen Reformatoren, in: Einsicht und Glaube(Gottlieb Söhngen zum 70. Geburtstag), hg. v.J. Ratzinger und Fries, Freiburg/Basel/Wien 21963, 438-446, 특히 441-443.

5) N. K. Andersen, Confessio Hafniensis, Den københavske Bekendelse af 1530, Køenhavn 1954.

을 만들었고 평가를 위해 루터에게 보냈다.[6] 1537년부터 1539년까지 요한네스 부겐하겐이 교회규정을 만들었고 예배를 재정비했다.[7] 크리스티안이 왕위에 오르면서 사도적 계승이라는 개념과 상관없이 몇 사람의 총감독이 새로운 주교로 임명되었다. 최고 제사장은 왕이었다. 교회규정은, 비텐베르크의 신학적 배경이 분명하고 1538년 크리스티안의 슈말칼덴 동맹 가입이 아우크스부르크 신앙고백이라는 신앙고백적 토대에서 이루어졌음에도 불구하고, 신앙고백을 의무화하지 않았다.

새로운 감독들 가운데 주도적인 인물은 여러 해 동안 비텐베르크에서 공부한 페더 팔라디우스(Peder Palladius, 1503-1560)였다. 그는 시찰과 저작물을 통해 새로운 교회와 종교개혁적인 교리를 백성에게 가르치는 직임을 수행중인 성직자의 통합에 큰 지도력을 발휘했다. 그의 방문기는 덴마크 문학중 가장 유명한 글로 인정받고 있다. 1542년 이후 한스 타우젠 역시 감독이 되었다(리펜). 그는 1535년 모세오경을 덴마크어로 번역하는 성서번역을 추진했었고, 2년 후에는 교회규정과 덴마크 지침의 개정 작업에 참여하여, 독자적인 설교집을 출판했었다. 후기에는 닐스 헤밍센(Niels Hemmingsen, 1513년부터 1600년까지)을 거론할 수 있는데, 그는 종교개혁기에 가장 탁월한 덴마크 신학자였다. 그가 25개 조항을 작성했음에도 불구하고, 그를 소위 숨겨진 칼빈주의의 대표자로 여겼고, 그 때문에 1579년 대학 교수직을 잃었다. 왕 프리드리히 2세는 1569년 25개 조항으로 아우크스부르크 신앙고백서에 토대해서 가톨릭과 칼빈주의와는 다른 교리를 요약하고자 했다.

1529년 크리스티안 페테르센(Christian Petersen)이 신약성서를 덴마크어로 번역한 후, 1550년 전체 양면 성경이 덴마크어로 출판되었다. 이것은 루터성경과 매우 유사하며, 루카스 크라나흐가 나무로 판서한 제목을 가지고 있다. 1569년에는 찬송가도 나왔다.

이와는 달리 노르웨이에는 종교개혁이 서서히 이루어졌다. 노르웨이는 덴마크의 한 지방이었기에 외적으로 볼 때는 거의 병행해서 전개되었다. 바로 이것이 미사가 신앙의 새로운 형태가 되기까지 오래 걸린 이유였다. 모든 것, 심지어 언어까지도 덴마크에 종속

6) 비교. WA Br 8,(69) 70f. Die Kirchenordnung("Ordinatio Ecclesiastica"), hg. v. E. Feddersen in: Die lateinische Kirchenordnung König Christian III. von 1537 nebst anderen Urkunden zur Schleswig-Holsteinischen Reformationsgeschichte, Kiel 1934 = Schriften des Vereins für Schleswig-Holsteinische Kirchengeschichte 1,18,1-93.

7) F. Bertheau, Bugenhagens Beziehungen zu Schleswig-Holstein und Dänemak, Zeitschrift der Gesellschaft für Schleswig-Holstein-Launenburgische Geschichte 15, 1885, 189-241, 재인쇄 in WDR 493-511.

되어 있었다.

2. 스웨덴

스웨덴에서는 덴마크 지배에 맞선 해방운동으로 명성을 얻은 구스타프 바사(Gustav Wasa, 1521년 제국의장이었으나, 1523년 왕으로 선출되었다)가 두 명의 학자, 스톡홀름의 설교자 올라브스 페트리(Olavus Petri, 1493-1552)와 학장 로렌티우스 안드레에와 함께 이미 1520년대에 스웨덴 국가교회와 관련하여 상당한 변화를 추진해왔다. 주교의 권한과 그들의 적대적인 영향을 축소시키고자 왕이 추천한 후보들을 대부분의 주교직에 앉힌 것도 연관성을 갖고 있다. 공식적인 서임도 폐지되었고, 왕 역시 자신의 즉위식을 계속 연기했다.

1527년의 베스테로스(Västerås) 제국회의는 매우 중요하다. '이 제국회의는 모든 스웨덴 역사에서 가장 중요한 것이 되었다.'(Schwaiger) 왜냐하면 구스타프 바사가 퇴진을 선언하며 전통적인 교회조직의 유지 하에서도 주교들은 이제부터 영적인 권한만 갖도록 강요했기 때문이다. 상당량의 교회 재산이 왕의 소유물이 되었다. 외부에(덴마크, 추방당한 크리스티안 2세) 맞서 제국의 안정 및 내부의 불안을 타개해야 했기에 그는 반드시 있어야 했다. 1528년에야 3명의 새로운 주교들이 옛날 방식의 예전을 따라 임명되었다. 그러나 교황의 확인과정은 없었다. 감독들은 맹세로 "복음을 전하고, 봉급에 만족하고, 왕에게 충성하고 기독교 주교에게 적합한 일을 할 의무가 부여되었다."[8] 그러나 이 모든 것은 아직 분명히 개혁적이지는 않았다. 루터 사상에 부합한 복음 설교 역시 도시에서 이루어졌으며, 특히 남부로 계속 확산되었으나, 아직 하나의 운동으로 전개되지는 않았다. 그리고 새로 임명된 주교들 역시 교황과의 일치를 결정했다.

몇 가지 계속된 변화, 즉 왕에 대한 종교적 저항, 여러 주교들의 추방 그리고 다시금 교황의 승인과정 없이, 그렇지만 전통적인 예식과 사도적 계승에 적합하게 임명된(1531)[9] 루터 측 사고를 가진 로렌티우스 페트리(Laurentius Petri, 올라부스 페트리의 동생)의 웁살라

8) G. Schwaiger, Reformation, a.a.O., 133f.

9) 스웨덴 종교개혁에서 사도적 계승유지의 문제에 대해서는 G. Schwaiger, Bischofsweihen und Apostolische Sukzession der schwedischen Kirche im 16. Jahrhundert, in: Würzburger Diözesanggeschichtsblätter 35/36(1974), 367-380.

대주교 선출 등은 결국 교황청과의 결렬을 가져왔다. 최종 결정은 스웨덴 개신교회를 위해 1536년 웁살라회의에서 예배에 대한 결정들이 내려져 설교와 교회 규정이 작성되었다. 올라브스 페트리가 작성한 지침은 전 교회가 준수해야 했다. 십일조는 폐지되었다. "독립된 스웨덴 개혁국가교회가 등장했다."[10] 그러나 이것이 계속적인 변화를 보장해주지는 않았다. 외적인 변화와 마찬가지로 내적인 상황은 왕으로 하여금 더 강한 국가교회의 길을 택하도록 동기를 부여했다. 1539년 12월 총감독으로 임명된 독일인 게오르크 노르만의 영향으로 왕은 독자적으로 기존의 감독들을 무시하고 새로운 교회통치에 대한 규정을 선포했다. 자신의 계획을 반대했다는 이유로 공식적인 재판을 열었다. 물론 결국 다시 무죄로 풀어줬음에도 불구하고 이제까지 개혁의 대표자들인 올라부스 페트리와 로렌티우스 안드레에(Laurentius Andreae)에게 사형을 내렸다. 시찰의 도움으로 개혁은 도처에서 순조롭게 진행되었다. 여전히 로마와 연대하고 있던 두 명의 주교는 해임되었다. 두 명의 원로가 주교서임식 과정 없이 그들의 자리를 대신했다. 가톨릭적인 요소들이 확연한 많은 반대가 일어나고 스몰란트(Småland)의 닐 다케(Niels Dacke, 1542/1543)가 이끄는 새로운 봉기가 발생하자, 왕은 시찰을 중지하라는 압력이라고 보았다. 시작된 교회규정은 완료되지 않았다. 대주교인 로렌티우스 페트리가 다시 교회의 책임자가 되었다. 1557년 중세시대의 7교구 대신 15구역이라는 새로운 교구제도를 만들었다. 왕이 주교들을 신임하지 못했고, 주교라는 호칭이 아닌 안수자들이라고 불렀음에도 불구하고 주교제도는 유지되었다. 단지 대주교만이 그 호칭을 사용했다. 구스타프 바사가 죽은 후에야 비로소 주교들은 점차 이전의 그의 지위를 되찾았다.

고위 주교들은 백성들에게 루터적인 신앙이 깊이 뿌리 내리도록 하기 위해 힘을 기울였고, 예진과 달력에 새로운 변화들이 기입되도록 했으며, 1541년 페트리 형제에 의한 스웨덴의 개혁성서번역인 소위 바사 성경(Wasa-Bibel)을 출판했다. 로렌티우스 페트리는 교회규정 역시 완성했다. 그러나 그것은 1571년에야 비로소 왕 요한 3세를 통해 법으로 인정되었고 그 후 인쇄되었다. 이것으로 스웨덴 국가교회는 궁극적인 형태를 갖추게 되었다.

---

10) R. Murray, Schwedische Kirche, a.a.O., 32.

3. 핀란드

1323년 이후로 스웨덴의 일부였으며, 교회적으로는 스웨덴 교회령인 웁살라 주교구에 속했던 핀란드[11]는 정치적으로 종속되어 있어서 개혁은 독자적이지는 못했지만, 고유한 언어를 통해 제한적으로나마 특별한 발전을 했다. 우선 발전은 스위스와 유사하게 이루어졌지만, 극적이지는 않았다. 1552년 오보(Kurck von Åbo)지역 주교가 죽고, 이미 교황과는 거리를 둔 스완슨(Svensson) 주교가 이끄는 과도기를 거친 후, 베스테라스 제국회의에서 오보를 위해 마르텐 스키테(Mårten Skytte, 1528-1550)를 새 주교로 임명했다. 그는 자신이 루터 추종자는 아니었지만 젊은이들을 비텐베르크로 유학을 보냈고, 개혁의 발전을 위해 중요한 조건들을 만들어 나갔다.

그들 가운데는 1536년부터 1539년까지 비텐베르크에서 주교의 비서로 일한 미하엘 아그리콜라(1508-1557)가 있었다. 그는 이곳에서 신약성서를 핀란드어로 번역하기 시작했다. 그는 오보로 돌아와 성당학교 교장이 되었고, 후에는 이미 고령자가 된 주교의 조수가 되었다. 1542년 그의 손에 의해서 기도서와 함께 핀란드 성경이 나왔고, 2년 후에는 또 하나의 기도서가, 그리고 1548년 신약성서가 나왔다(구약성서는 일부분만을 번역했다). 아그리콜라는 성서 번역으로 핀란드 문자의 창시자가 되었다. 그는 1554년 4년간 공백이 된 주교직에 마르텐 스키테의 후임이 되었으나, 곧 교구가 분할되었다. 두 번째 교구는 비보르크(Viborg)에 설치되었고, 마찬가지로 비텐베르크에서 공부한 파울 유스텐(Paul Juusten)이 주교로 임명되었다. 유스텐은 1575년 웁살라, 린쾨핑(Linköping) 그리고 베스테라스를 위한 세 명의 새 감독 서임식에 참여함으로써 스웨덴 교회에서 사도적 계승을 이어간 사람 중 하나이다. 아그리콜라는 개혁자로서 특별히 신중했다. 전통적인 교회의 시스템을 최대한 유지하면서 예전은 최소한의 변화를 주었다. 특별히 두드러진 것은 핀란드어를 예배에 도입한 일이다.

11) S. Heininen, Die finnischen Studenten in Wittenberg 1531-1552, Helsinki 1980 = Schriften der Luther-Agricola-Gesellschaft A 19; M. Ruokanen, Luther in Finnland, Helsinki 1984 = Schriften der Luther-Agricola-Gesellschaft A 22.

B 헝가리와 지벤뷔르겐(Siebenbürgen, 루마니아 북부지역)의 종교개혁

왕권 국가인 헝가리 역시 스칸디나비아처럼 종교개혁의 확산과 강화는 외적인 상황에 상당히 의존하고 있었다. 개혁신앙의 관문은 거의 폐쇄되어 있던 이주자 지역인 루마니아 북부지역 작센에서 뿐만 아니라, 다섯 개의 왕의 도시들인 카사우, 노이트사우, 바르트펠트, 에페리에스 그리고 체벤으로 이루어진 북헝가리에서 독일어 사용자 인구의 증가였다. 독일제국과의 긴밀한 경제적, 정치적 연대는 이미 1520년대 초 종교개혁 사상과 루터의 저서들을 특히 독일인들에게 신속하게 확산시키는데 유리한 여건을 조성해주었다. 같은 시기에 피의 희생을 가져온 첫 번째 대응책도 나왔다. 여러 개의 왕의 칙령도 선포되었다. 1523년과 1525년의 제국회의 결과는 루터의 모든 추종자들을 화형과 재산압류로 위협했다.[12] 그러나 본격적인 그러나 일어나지 않았다. 게다가 여왕 마리아는 종교개혁에 동감을 나타냈다.[13]

터키와의 전쟁, 특히 모하크(Mohács) 전투에서의 왕 루드비히의 패배와 사망은 하나의 전환점이 되었다. 나라는 세 개로 분할되었다. 서쪽과 북쪽은 합스부르크의 페르디난트(1526년부터 1564년까지)가 통치했고, 이어서 막시밀리안 1세(1564-1576)가 통치했다. 동쪽은 지벤뷔르겐의 장군인 요한 샤폴레이(Szapolyai, 1526-1540)가 자신의 야망을 실현했고, 아들인 요한 지기스문트(1541-1551, 1556-1571)가 그의 후계자가 되었다. 남쪽은 터키가 점령했다. 1541년에는 술탄 슐레이만 1세가 부다(Buda)를 점령했고, 이것으로 헝가리의 중심지가 술탄의 지배 하에 놓이게 되었다.

모하크 전투의 패배는 교회에게 큰 영향을 주었다. 열 두 명의 주교 가운데 여섯 명이 전투지에서 죽있다. 성직의 서열은 더 이상 가능하지 않았다. 다른 한편, 민족적 재난에 직면하여 내적 갱신을 이루는데 종교개혁적인 메시지가 가장 적합한 것으로 나타났다. 종교개혁은 이제 국민의 운동이 되어 이전에 먼저 만들어졌거나 혹은 모든 박해에도 불구하고 여러 주요 중심지에서 계속 메시지를 전한 몇몇 설교자의 영향을 통해 새롭게 형성된

12) S. M. Bucsay, Der Protestantismus in Ungarn, a.a.O., 45; F. Roth, Die Reformation in Siebenbürgen, a.a.O., 1,13.

13) 특히 루터의 글 "Vier tröstliche Psalmenan die Königin zu Ungarn"(1526), WA 19,(542) 552-615.

교회가 점차 많아졌다. 그러나 부분적으로는 귀족과 토지소유자들의 관용과 장려로 인해 좋은 여건이 조성되었다. 서적, 노래, 시 그리고 교과서 등의 활용은 개혁사상을 대중화하고 확산시키는데 결정적으로 기여했다.

헝가리 서부와 북부에 있는 독일교회의 루터교 정착에는 바르트펠트의 교장인 레온하르트 스퇴켈(Leonhard Stöckel, 1510-1560)의 활동이 결정적이었다. 그는 비텐베르크에서 루터와 멜란히톤에게 배웠다. 이제는 '헝가리의 스승'(Praeceptor Hungariae)이라는 명성을 얻었다. 몇몇의 대지주들을 끌어들여 도시 경계를 넘어 헝가리와 슬로바키아 마을에까지 개혁운동을 일으켰다. 1546년에는 다섯 개의 독일 도시들인 카사우, 로이사우, 바르트펠트, 에페리에스 그리고 체벤을 비텐베르크 종교개혁 진영에 합류시켰고, 1549년에는 스퇴켈이 작성한 5개 도시 신앙고백서(Confessio Pentapolitana)에 서명했다. 10년 후에는 일곱 개의 헝가리 북부 산악도시들이 7개 도시 신앙고백서(Confessio Heptapolitana)로 그 뒤를 이어갔다.

헝가리 개혁운동의 확산이 개혁사상을 가진 설교자를 부르고 서적(찬송가) 인쇄와 확산에 힘쓴 귀족들의 영향에 의존했다면, 정부가 개혁을 도입했다고 말할 수는 없다. 여기서 활동한 설교자들 가운데 뛰어난 인물은 아래와 같다.

마티아스 데바이(Matthias Dévai, †1545)는 글, 설교 그리고 논제로 '헝가리 루터'라는 명성을 얻었다. 교회의 적들의 추적 앞에서도 그는 거의 모든 지역을 돌아다녔다. 주요 활동지역은 헝가리 북부였고, 나중에는 지벤뷔르겐에서도 활동하다가 결국 데브레첸(Debrecen)에 머물렀다.

갈루스 후스차르(Gallus Huszár, †1575)는 헝가리 북서부 지역의 개혁자이다. 그 역시 다른 많은 개혁자들처럼 짧은 활동을 하고 곧 바로 다른 지역으로 도망해야만 했다. 그는 데브레첸으로 가지고 간 인쇄소로 눈부신 성과를 얻었다. 인쇄소는 그가 떠난 이후에도 계속 가동되었다.

스테판 스체게디 키스(†1572)는 초기 신학자들 가운데 하나였다. 그는 특히 교의학, 교황사 그리고 설교참고서 등을 집필했지만, 교육적인 영역에서 탁월한 두각을 나타냈다.

개혁은 터키에 의해 점령된 지역에서 가장 꾸준히 확산되었다. 백성들을 이슬람화 하려는 시도가 없지는 않았으나, 자유로운 활동의 가능성과 점령되지 않은 지역과의 교류처럼 관용의 분위기가 지배했다. 논쟁 발생 시에는 가끔 터키 관청이 개혁진영을 체포하는 일도 발생했다. 미하엘 스츠타라이(Michael Sztárai, †1575)는 설교자요, 찬송가와 성극 작가로서 여기서 명성을 얻었다. 그는 1551년의 한 편지에서 120개의 개혁교회 창립에 대해서 썼다.[14] 같은 시기에 주교가 있는 지역에도 교회가 조직되었다. 스츠타라이가 때때로 책임자의 직임을 수행했다.

작센뿐만 아니라, 그곳에 정주하는 헝가리의 지배를 받고 있는 지벤뷔르겐의 개혁은 특별한 성격을 가졌다. 이미 1526년 이전에 이곳은 좋은 출발이 이루어져 교회를 세우는 일이 순조롭고 대주교의 영향도 컸다. 1541년 즉, 터키가 부다를 점령한 후 그리고 지벤베르겐이 요한 샤폴레이의 아직 한 살이 안 된 아들 요한 지기스문트가 후계자로 왕이 되고 제후들은 술탄의 보호에 복종하게 된 헝가리 왕권에서 분리된 후, 철저한 대책이 마련되었다. 작센은 의회에서 의석과 의결권을 가진 세 신분의 '민족들' 중 하나가 되고, 모든 면에서 특권자에 속했다. 여기서 특별히 중요한 것은 요한네스 혼데루스(Johannes Honterus, 1498-1549)의 활동이었다. 그는 빈에서의 학업과 크라카우와 바젤에서의 활동 등 오랜 기간 외국에 체류한 후, 1533년 이후로 크론슈타트에서 인문주의적인 활동을 했다(1535년에는 인쇄소를 설립했다). 그는 계속해서 개혁에 힘을 쏟았다. 1540년대 초부터 비텐베르크 종교개혁에 호감을 갖기 시작했다. 1542년 10월에 크론슈타트에서는 가톨릭 미사가 개신교 예배로 대체되었다. 1543년에는 『종교개혁소책자』가 나왔다.[15] 몇 년 후, 혼테루스는 크론슈타트의 시 교회 목사가 되었다. 그는 종교개혁 옹호서를 작성해 제출했고, 1543년 바이센부르크에서 열린 지방의회는 더 이상 종교개혁을 반대할 수 없었다. 개혁운동은 헤르만슈타트를 넘어 작센의 거의 모든 큰 지역으로 빠르게 확산되었다. 1547년에는 '민족대학'(Nationsuniversität, 작센민족신분대표회의) 위원회가 작성했고, 루터의 소교리문답과 지침으로 보완한 교회규정이 라틴어와 독일어로 출판되었다.[16] 1550년에는 교회규정이

14) S. M. Bucsay, Der Protestantismus in Ungarn, a.aO., 58.

15) "Reformatio ecclesiae Coronensis ac totius Barcelsis provinciae", 비교. 이 책에 대한 루터의 평가, WA Br 10,(391) 393(13,318f).

16) "Reformatio ecclesiarum Saxonicarum in Transsylvania" bzw. "Kirchenordnung aller Deutschen in Sybenbürgen."

'민족대학'을 통해 법으로 선포되고, 1553년 열린 성직자회의는 헤르만슈타트 목사인 파울 비저(Paul Wieser)를 개신교 첫 총감독으로 선출했다.

지벤뷔르겐에 있는 독일교회의 개혁과 같은 지역에 있는 헝가리교회의 개혁은 구분해야만 한다.[17] 아마도 마티아스 데바이의 영향으로 1545년 9월 에르트외드(Erdöd)에서 29명의 지역 목사들이 모임을 갖고, 루터와 멜란히톤의 가르침으로 알려진 12개 조항을 출판했다. 여기서도 비텐베르크에서 학업을 한 사람들이 중요한 역할을 했다. 1550년대 초에는 두 명의 작센인인 카스파르 헬스와 프란츠 다비디스가 중요한 인물이 되었고, 이들도 역시 비텐베르크에서 신학공부를 했다. 개혁파의 영향이 강했음에도 불구하고 헝가리와 지벤뷔르겐 작센 '민족'의 유일한 공동고백인 '클라우젠부르크 일치'(der Consensus von klausenburg, 1557년 6월 13일)는 비텐베르크 신학자들, 특히 멜란히톤적인 사상을 가진 사람들의 일치를 뜻했다.[18]

그러나 그 후 헝가리 개혁의 출구는 다르게 귀결되었다. 비텐베르크 출신들, 특히 멜란히톤적인 의미의 개혁이라는 초기의 강한 특징과는 달리 이제 분명하게 구별되는 교파화가 진행되었다. 독일인들과 북헝가리의 슬로바키아인들에게는 - 민족과 제국법적 근거는 아무런 역할도 못했다 - 루터교가 관철된 반면, 헝가리에는 칼빈주의가 자리를 잡았다. 칼빈주의가 루터교보다는 헝가리인들의 가치관에 더 적합하다고 늘 강조했다. 외국에서 공부하는 학생들과 서신교환 그리고 요청한 조언의 방법을 통해 헬베틱 사상이 점점 더 확산되었다.[19] 개혁파 정신의 선구자는 1550년대 초 데브레켄 시교회의 목사였고, 개혁교회적 척도에 따라 예전을 바꾼 마르틴 칼만크쉬(Martin Kálmáncschi, †1558)이다. 그와 더불어 스테판 스체게디 키스(Stephan Szegedi Kis), 갈루스 후스차르(Gallus Huszar) 그리고 페터 멜리우스(Peter Melius, 1537-1572)를 언급할 수 있다. 데브레켄으로부터 시작하여 상당히 빠르게 주변지역인 헝가리 동부와 프란츠 다비디스(Franz Davidis)가 합류한 지벤뷔르겐으

17) M. Sesan, Die siebenbürgische Reformation und die rumänische Orthodoxie, Kirche im Osten 18(1975), 73-80; E. Benz, Wittenberg und Byzanz. Zur Begegnung und Auseinandersetzung der Reformation und der östlich-orthodoxen Kirche, Marburg 1949; E. C. Suttner, Der Widerfall von Reformation und Gegenreformation bei den Rumänen Siebenbürgens, Würzburger Diözesangeschichtesblätter 35/36(1974), 381-401; S. Juhasz, Von Luther zu Bullinger, a.a.O., 322-324.

18) 1558년 1월 16일자 멜란히톤의 평가, CR 9, (429)430-432.

19) J. Schlégl, Die Beziehungen Heinrich Bullingers zu Ungarn, a.a.O.

로 확산되어 나갔다. 동헝가리 개혁파교회의 창립 일시는 성만찬 고백과 함께 1559년 11월 1일 노이마르크트(Neumarkt) 회의이다. 1564년 이후 개혁파 총감독은 프란츠 다비디스였고, 1년 후 클라우젠부르크 강의에서 하이델베르크 요리문답이 교리서로 도입되었다. 그리고 점점 다른 지역들도 이 운동에 동참했다. 서헝가리는 가장 늦게 진행되었다. 이유는 아우크스부르크 종교 평화회담의 결정이 오랫동안 안정적 요소로 작용했기 때문이다.

마지막으로 이곳의 종교개혁의 모습은 완전하지는 않았고, 유니테리언주의 혹은 반삼위일체주의가 간과된 듯하다. 이것은 물론 후기의 발전 국면에 속하는 일이다. 폴란드로부터 스탄카로와 비안드라타가 헝가리와 지벤뷔르겐으로 왔다. 1560년대 중반에 다비디스는 게오르크 비안드라타의 영향을 받았다.[20] 그는 헝가리 개혁교회를 지벤뷔르겐에이 같은 방식으로 끌어들이고 젊은 제후인 요한 지기스문트 샤폴레이를 통해 관용을 얻고자 했다. 1571년 열린 국가회의는 유니테리언 고백을 지벤베르겐에서 네 번째 '수용된 종교'로 인정했다. 그리고 서헝가리와 터키가 점령한 지역에서는 유니테리언 교회를 개혁파 교회에서 분리했다.

C 폴란드 종교개혁의 발전

폴란드에서도 역시 종교개혁의 순항에는 사회적 관계가 결정적인 중요성을 가지고 있었다. 몇 가지 특별한 상황들이 개혁에 유리하게 작용했다.

- 실제로 관철시킬 수 있는 권력을 소유한 중심적 힘의 결여. 상세한 일들은 왕(선출)이 아니라, 독립적인 결정권을 가진 귀족(귀족공화국)을 통해서 이루어졌다.
- 1525년 이후로 개신교 공작령인 프로이센의 영향. 프로이센은 한 때 수도회의 땅이었으며, 폴란드 봉건 귀족의 지배 하에 있었고 폴란드 왕의 전체 연맹에 속했다. 이곳에서 특별히 중요한 것은 쾨익스베르크 대학의 창립이었다.(1544년, 설교

20) 비교. Defensio Francisci Davidis und De dualitate tractatus Francisci Davidis (Cracoviae 1582), hg. v. R. Dán, Budapest/Utrecht 1984 = Bibliotheca Unitariorum 1.

자 교육과 폴란드 서적들의 인쇄를 담당)

- 도시에 독일인 인구의 증가, 특히 대폴란드와 서프로이센

- 폴란드에서는 관용을 이미 오랜 전통으로 삼았다는 사실과 그 때문에 이 땅은 많은 이주자들의 목적지가 되었다.

- 인문주의의 유입,(크라카우 대학) 인문주의는 종교개혁적인 기본 경향과 개인주의의 성장을 가져와 폴란드 종교개혁의 외적인 길과 내적인 방향을 정해주었고, 교회의 모습과 교리가 가진 권위를 비판했다.

그럼에도 불구하고 종교개혁이 실제로 정착되기까지는 오랜 기간이 걸렸다. 1540년 루터는 폴란드를 복음이 선포되지 않을 나라로 생각했다.[21] 그러나 시작은 조기에 이루어졌다. 이미 1520년에 토르너칙령(Thorner Edikt)은 루터 서적의 유입, 판매 그리고 독서를 금했다. 몇몇 도시들 특히, 서부와 북부에서 독일 도시들에서 일어난 것과 비교할 수 있는 움직임들이 일어났다. 그리고 철저히 억압당했다.[22] 수도인 크라카우에서 대응책도 나왔다.[23] 1526년 페트리카우 제국회의는 가톨릭 신앙을 버리는 사람을 사형으로 위협했다. 1534년에는 왕의 명령으로 모든 공직을 박탈할 것이라고 위협하며 이단적인 학교에 다니는 것을 금했다. 그러나 6년 후에도 다시 한 번 이것을 엄하게 경고해야만 했다.

왕 지기스문트 1세(1513-1548)가 죽고 지기스문트 아우구스트 1세(1548-1572)가 제국의 수장으로 등장하자, 중요한 변화가 일어났다. 그는 작센 선제후 요한 프리드리히와 친분관계를 가지고 있었을 뿐만 아니라, 멜란히톤 그리고 칼빈과 서신왕래를 통해 교류하고 있었다. 칼빈은 그에게 자신의 히브리서 주석을 헌정했다. 프로테스탄트를 억제하겠다는 왕의 초기 약속은 주교단을 통한 자신의 승인을 위태롭게 만들지 않으려했던 전략적인 이유였다. 그러므로 그를 두고 "신앙문제에서 흔들리며 기다리는 태도"라거나 귀족들

21) WA TR 5,23, Nr. 5239.

22) G. Schramm, Danzig, Elbing und Thorn als Beispiele städtischer Reformation (1517 bis 1558), in: Historia integra (Festschrift für E. Hassinger zum 70. Geburtstag), Berlin 1977, 125-154.

23) 비교. G. Schramm, Reformation und Gegenreformation in Krakau. Die Zuspitzung des konfessionellen Kampfes in der polnischen Hauptstadt, Zeitschrift für Ostforschung 19(1970), 1-41.

의 소망에 대한 "즉각적인 조치"라고 말하고 있다.[24)]

1555년 개신교는 공식적인 신앙고백서를 제출하여 향후 공의회가 열리기까지 귀족과 성직자에 대한 모든 이단재판을 중지시켰다. 이것은 종교개혁적인 설교의 허용을 의미했다. 1559년 왕은 결국 프로이센의 지방회의에 아우크스부르크 신앙고백서의 수용을 허락했다. 개신교인들은 이제부터 국가의 고위직에도 오를 수 있었다. 성직과 연관된 재판도 제한되었다. 개신교인이 된 귀족들은 그들의 지역에서 아우크스부르크 평화조약의 기본법 '그의 지역이 곧 그의 종교'(Cuius regio, eius religio)라는 원칙에 의해 재판을 받도록 했다. 그럼에도 불구하고 상황은 어느 정도 계속 불명료했다. 왜냐하면 1564년 왕은 공식적으로 트렌트공의회의 결정들을 수용했기 때문이다.

좀 더 자세히 보면 폴란드 종교개혁사는 몇 가지 특징을 보여 준다.

실제적인 개혁운동은 루터의 죽음 이후 독일 종교개혁이 위기에 처하고, 슈말칼덴 전쟁에서 패한 이후, 반종교개혁이 시작된 트렌트공의회의 시기라고 할 수 있다. 개신교 내부에서의 교파화 역시 이미 완료되었다. 이 모든 것은 폴란드 개혁의 주요 인사들이 외국, 즉 스위스, 이탈리아 그리고 보헤미아에서 왔다는 점에서 중요하다. 게다가 오랫동안 외국에서의 활동으로 유명해져 이제 고향으로 부름을 받은 몇몇 폴란드인들도 가세했다. 그들이 그동안 쌓은 경험들은 폴란드에서의 새로운 활동에 출발점이 되었다.

종교개혁의 주요 수행자는 도시들과 고위귀족(예를 들어, Andreas Gorka, Woiwode in Posen, Graf Stanislaw Ostrorog)뿐만 아니라 특히 하위귀족이 포함된 귀족들이었다. 귀족들은 그들의 영향력 때문에 특별한 역할이 부여되었다. 교회 운영, 성직자의 특권, 교회의 재판권, 사회 내에서 이미 오래 전부터 관행이 되어버린 하위성직자 거부에 대한 비판은 인내하거나 혹은 점령지에 개신교회가 세워지기까지 직접적인 개신교 설교를 촉구하게 해주었다. 1553년에는 보이보베 폰 빌나와 함께 선제후령 리타우에서 세 개의 가장 주요한 공직가운데 하나를 가진 니콜라우스 라트치빌이 개신교 신앙을 고백했고, 신앙적으로 그를 따르는 수많은 귀족과 가족들에게 나아갈 방향을 일러주었다. 중앙 권력이 소극적이고 관용적인 태도를 가지면 가질수록, 귀족들의 영향은 더욱 커서 개혁의 사안에 공적으

24) 비교. G. Schramm, Der polnische Adel, a.a.O., 79.

로 관여했고, 그 결과 단순한 관용의 요구를 넘어서서 법적인 인정과 사회적 다수가 되고자 노력했다. 1560년대 중반에 제국회의와 의회에서 결의권을 가진 절반 이상이 개혁적 사고를 가진 대표였다.

특별히 유리한 여건에도 불구하고 종교개혁과 쉽게 연결되지 않았다는 것과 귀족이건 도시이건 종교개혁의 추종자가 소수에 불과했다는 것은 여러 가지 이유가 있으며[25], 이것은 이후의 진행과정에서 분명히 드러났고, 무엇보다도 형성되고 있는 종교개혁적 교회에서 지도적인 인물들의 부재와 왕의 결핍된 관철능력을 들 수 있다. 지도자들의 약함이 폴란드 개신교의 특별한 성격들 중의 하나였음은 위대한 활동과 확장의 시대에 이미 드러났다. 즉 그들 자신의 고유한 지역적 중요성을 강조하면서 국가의 지역구성원으로 동화되면서 나누어진 네 개의 서로 다른 방향으로 나간 내부의 분열이 그것이다.

대폴란드와 프로이센(서프로이센)에서는 슐레지엔과 특별히 공작령 프로이센을 넘어 루터교가 급속히 확산되었고, 이 나라들로부터 비텐베르크와 독일의 다른 종교개혁 중심지와 직접 연결을 통해 꾸준한 장려가 있었다.[26] 1550년대에 멜란히톤의 영향으로 종교협의회(Synodalverband)가 대폴란드에서 만들어졌고, 멜란히톤이 지은 아우크스부르크 신앙고백서 개정판(CAinV)을 교리적 기초로 삼았다. 의장은 교회들이 선출한 (초기에는 두 명) 감독이 맡았다. 감독은 목사와 교사들을 시찰하고 후견인들과 협력하여 임원들을 선임하거나 해임할 권리가 있었다. 1565년에는 약 100개의 루터교회가 대폴란드에 만들어졌다.

그와 더불어 1548년 아우크스부르크 잠정안 이후 몇몇의 보헤미아 형제단 교회가 만들어졌다.[27] 그들의 구성원은 보헤미아에서 탈출한 망명자들이었다. 페르디난트왕의 1548년 5월 4일자 칙령으로 그들은 수주 내에 고향을 떠나야만 했다. 그들은 곧 독일과 폴란드에서 온 추종자들을 얻었고, 전체 지도자는 원로인 시몬 마크(Simon Mach)였다. 포

25) E. Kneifel, Die Gründe des Verfalls der Reformation in Polen, in: Gestalten und Wege der Kirche im Osten. Festgabe für Arthur Rhode, hg. v. H. Kruska, Ulm 1958, 74-84; G. Schramm, Lublin und das Scheitern der städtischen Reformation in Polen, Kirche im Osten 12(1969), 33-57.

26) A. Rhode, Geschichte der evangelischen Kirche im Posener Land, Würzburg 1956 = Marburger Ostforschungen 4; H. Neumeyer, Kirchengeschichte von Danzig und Westpreußen in evangelischer Sicht, Bd. 1., Leer 1971.

27) R. Rican, Die Böhmischen Brüder. Ihr Ursprung und ihre Geschichte, Berlin 1959.

젠 지역에서 게오르크 이스라엘의 활동은 매우 중요했다. 그는 1557년 폴란드 형제단연맹의 원로로 임명받았다. 1570년 이들은 모두 각기 설교자가 있는 64개 교회였고, 이들 설교자는 포젠의 오스트로록에 있는 학교에서 교육받았다. 대폴란드의 최고 귀족중의 하나인 야콥 오스트로록 백작은 이들 연합체의 후원자요 보호자였다. 교회가 영향을 줄 수 있는 영역 안에서 교회의 사회적 활동에 역점을 두었다. 1555년 코즈미넥의 동의로 결정된 소폴란드에 있는 프로테스탄트와의 연맹체가 특별한 강조를 했다. 이 연맹체는 실제적인 영향력은 없었으나, 여기서 폴란드 종교개혁사에 주목할 만한 특이점이라고 할 수 있는 세력들이 처음으로 등장했다. 그 외에도 연맹은 개신교회가 소폴란드에서 형제단과 접촉이 아닌 칼빈주의를 개방함으로 독자적인 교파적 특징을 갖고 발전하는데 크게 기여를 했다.

소폴란드에서도 개혁운동은 50년대 초에야 교회적 형태를 이루기 시작했다. 1554년 11월에 크라카우 근교에서 개신교회의가 열려 펠릭스 크루치거(Felix Cruciger)를 총감독으로 선출했다. 연합회의 식후인 1555년 또 한 번의 핀크초브(Pinczow) 회의는 수년 전부터 스위스에서 머물던 소수파 대표인 리스마니니(Lismanini)에게 폴란드로 돌아와 교회관리를 요청하기로 결정했다. 그는 1556년 봄에 폴란드로 왔다. 그리고 같은 해 말, 4월에 열린 회의에서 부름을 받고 얀 라스키(Jan Laski, 1499-1560)가 돌아왔다. 그는 개혁자요 교회조직가로서 광범위한 활동을 전개했다. 위의 두 사람은 스위스 종교개혁, 특히 요한네스 칼빈과 연합을 통해 두각을 드러냈다. 보헤미아 형제단 뿐만 아니라, 대폴란드에 있는 루터 추종자들과 좋은 관계를 가지고자 노력했다고 할지라도 - 특히 라스키는 다양한 경향들을 하나로 통일하고자 서유럽에서 그가 한 방식을 따라 처음부터 노력했다 - 소폴란드에 있는 교회가 칼빈주의와 밀접하게 연결하는데 영향을 주었다. 그 결과 1557년 라스키의 영향으로 보이보베 요한 라트지빌이 칼빈주의를 고백했고, 많은 사람들이 다시금 그 뒤를 이어, 리타우엔의 루터교는 단지 도시들과 그곳에 있는 독일인 가운데만 남았다. 칼빈은 자신의 측근을 폴란드로 보내달라는 초청을 거절했음에도 불구하고 폴란드에서

의 진행과정들에 열정적으로 관여했다.[28)]

1560년대의 특징은 다양한 경향들의 내적인 갈등이었다. 그것은 종종 종교대화라는 측면에서 이루어졌고,[29)] 얀 라스키가 초기에 가졌던 관심을 주로 다루었다. 그러나 보헤미아 형제단 그리고 대폴란드의 루터 추종자들과의 대화도 있었다. 특별히 기독론에 대한 여러 회의에서의 다양한 토론은 독특한 성격을 가졌다. 그것은 일치를 이루어내기 위한 종교회담이 아니라, 다른 길로 가는 과정에서의 논쟁이었고, 이제 막 형성된 소폴란드 개혁교회를 다시 분열의 벼랑으로 내몰았다. 그리고 결과는 곧 독자적인 교회를 세운 반삼위일체 혹은 유니테리언주의라는 네 번째 개혁 노선의 등장이었다.[30)]

소폴란드에서의 유니테리언의 시작은 이탈리아에서 온 이주자들에게서 찾을 수 있다. 선구자는 프란치스코 스탄카로(Francesco Stancaro)였으며,[31)] 그는 빈과 스위스를 거쳐 폴란드로 왔다. 1549년 크라카우에서 히브리어 교수가 되었고, 이곳에서 곧 개혁운동을 시작했으며, 그 때문에 1551년 다시 떠나야만 했다. 1553/1554년 그리고 최종적으로 1559년 소폴란드로 돌아와 그리스도의 중보직에 대한 기독론 특별교리를 통해 교회를 혼란케 하는데 적지 않은 기여를 했다. 1551년 그리고 1558/1559년에는 레리오 소치니(Lelio Sozzini)가 소폴란드에 머물었고, 1558/1559년 그리고 1560-1563년까지는 의사인 게오르지오 비안드라타, 1563-1565년까지는 G. 발렌티노 겐틸리스 그리고 1564년에는 죽기 바로 전에 베른하르디오 오치노가 머물렀다. 그들 모두는 영향력이 큰 후원자들처럼 개혁파 성직자 가운데서 적지 않은 명성을 가졌던 인물들이다. 여러 차례의 회의에서 오랜 그리고 질긴 논쟁을 벌인 후에 - 유니테리언에 기울어진 리스마니니는 체념하고 1563년 쾨닉스베르크로 돌아갔고, 라스키는 1560년에 이미 사망했다 - 1561년 스탄카로는 자신의 교회를 설립

28) H.W. Zeeden, Calvins Einwirken auf die Reformation in Polen-Litauen. Eine Studie über den Reformator Calvin im Spiegel seiner polnischen Korrespondenzen, in: Syntagma Friburgense. Historische Studien(Hermann Aubin dargebracht zum 70. Geburtstag), Lindau/Konstanz 1956, 323-359 = Schriften des Kopernikuskreises 1.

29) J. Tazbir, Die Religionsgespräche in Polen, in: RR 127-143; P. Wrzecionko, Religionsgespräche in Polen unter dem Aspekt ihrer Unionsbestrebungen, RR 145-152.

30) D. Cantimori, Italienische Haeretiker der Spätrenaissiance, Basel 1949; E, Kupsch, Der polnische Unitarismus (Fratres Polones). Anfänge und Entwicklung des polnischen Unitarismus 1535-1600, Jahrb. f. Gesch. Osteurpas NF 5(1957), 401-440; L. Hein, Italienische Protestanten und ihr Einfluß auf die Reformation in Polen während der beiden Jahrzehnte vor dem Sandomirer Konsens (1570), Leiden 1974.

31) L. Hein, 상게서., 66-118.

했다. 교회의 일치는 1563년 실제로 해제되었다(이중의 총감독 선출). 그 후 1565년 명확한 개혁교회의 분열이 일어나 하나는 제네바적 특징을 가진 '주요교회'(ecclesia maior)가 되고, 다른 하나는 '폴란드형제들'이라고 칭한 '소수교회'(ecclesia minor)가 되었다. 대다수의 목사들은 새로운 소수교회에 가입했다. 크라카우 목사인 그레고르 파울리의 지도하에 소수교회는 이어진 시대에 산도미르의 라코브를 외적인 중심지로 만들었다. 170개가 넘는 교회로 소폴란드에서 압도적으로 주목할 만한 세력을 이루었다.

개혁교회도 점차적으로 다시 안정을 찾기 시작했다. 프로테스탄트 내 여러 경향들의 교리적 일치를 위한 라스키의 노력은 좀 늦었지만 목적을 달성했다. 1570년 산도미르에서 루터 추종자들, 개혁파 그리고 형제단 사이에 특별합의가 가결되었다.[32] 세 개의 교파는 상호인정하며 한편으로는 로마 가톨릭교회와 다른 한편으로는 과격파에 대하여 형제애를 갖자는, 그 시대에 상당히 주목할 만한 결과였다. 성찬 조항은 그에 상응하는 아우크스부르크 조항 내지는 더 나아가 칼빈과 베자의 글을 첨부시킨 후기 헬베틱 신조의 자유로운 개정을 토대로 일치가 이루어졌다.[33] 이러한 일치는 3년 후 제국법적인 결과를 초래했다. 1573년 바르샤바 제국회의는 소위 '바르샤바 동맹'을 가결했고, 이것을 통해 '의견이 서로 다른 이들의 평화'(pax dissidentium)를 보장했으며, 이후의 모든 왕들도 맹세하도록 했다.

D 1530년 이후 프랑스 종교개혁의 길

특히, 초기에 있어서 프랑스 개신교의 발전은 대부분 통치자의 태도에 의해 정해졌다. 종교개혁 시대에 결코 풀 수 없는 종교와 정치의 혼합은 여기서도 매우 분명하게 나타났다. 그것은 왕 프란츠 1세(1494-1547, 1515년부터 통치)에게는 강력한 합스부르크를 통한

32) A. Sames, Der Vergleich von Sandomierz, ZdZ 24(1970), 149-151; O. Bartel, Der Consensus Sendomiriensis vom Jahre 1570, LuJ 40(1973), 107-128.

33) B. Nagy, Geschichte und Bedeutung des Zweiten Helvetischen Bekenntnisses in den osteuropäischen Ländern, in: Glauben und Bekennen, a,a,O., 109-202, 특히 142-169.

압박을 견제해야 하는 자구책의 문제였고, 그 결과 독일 내 황제 견제 세력에 접근했다.[34)] 이들은 1531년 성탄절 이후 슈말칼덴 동맹을 만들어 확실한 모습을 갖췄다.

순수한 정치적 연합시도가 처음에 있었으나, 1534년 헤센의 공작 필립은 뷔르템베르크의 울리히를 다시 자신의 지역 소유로 삼고, 이곳에 종교개혁이 도입되게 했다.

이와는 달리 종교회담을 통해 종교적 일치를 이루고, 이 같은 방식 즉, 분리된 영역이나 공간에서 종교적 분열을 중재하여 반합스부르크 연맹을 만들려는 노력은 매우 폭넓고 철저히 이루어졌다. 첫 시작은 이미 1531년에 이루어졌다. 1534년의 외교적 행동은 더 구체적이었고, 이와 연관하여 필립 멜란히톤, 마르틴 부처, 카스파르 헤디오 그리고 몇 명의 종교개혁 신학자들이 '교회의 평화에 대하여'(de pace ecclesiae)라는 의견서를 제출했다.[35)] 멜란히톤의『갈리아인들에게 주는 권면』(Consilium ad Gallos)은 "가장 극단적인 단념의 경계"[36)]까지를 다루었고, 그로 인해 상당한 반발을 불러 일으켰다. 그렇지만 다른 것들은 모든 점에서 긍정적으로 표현되어 이후의 진행이 평탄해 보였다.

그 때 프랑스 안에서 일어난 사건으로 거의 모든 노력이 무위로 끝날 위협에 직면했다. 바로 벽보 사건(affaire des placards)이었다. 1534년 10월 17부터 18일 밤에 파리의 이곳저곳과 여러 다른 도시에 로마 가톨릭의 미사(희생개념, 실재론, 화체론과 미사의 일반적 열매)를 반대하는 극도로 논쟁적인 벽보가 나붙었다. 더군다나 왕의 침실 문에도 한 장이 나붙었다.[37)]

서두에는 "나는 하늘과 땅을 진리의 증인이라 부른다."고 쓰여 있으며, "(하나님이 즉시 돕지 않는다면) 세상을 완전히 망하게 하고, 타락시키고, 잃게 하고, 의심하게 할 교황의 화려하고 장엄한 미사를 반대한다. 왜냐하면 그 안에서 우리 주님이 창피하게도 농락당하고, 백성을 유혹하고 현혹하기 때문에 이것은 더 이상 참아서도 안 되며, 방관해서도 안 된

34) S.K.J. Seidel, Frankreich und die deutschen Protestanten. Die Bemühungen um eine religiöse Konkordie und die französische Bündnispolitik in den Jahren 1534/35, Münster 1970 = RST 102.

35) "Sententiae Phil. Melanchthonis, Martini Buceri, Casp. Hedionis et aliorum in Germania theologorum de pace ecclesiae"(1607). Zu den drei verschiedenen Fassungen von Melanchthons "Consilium ad Gallos" in CR 2,(741) 743-766 bzw. 765-775, Seidel(각주.1), 16-18.

36) S. Skalweit, Die "affaire des placards" und ihr reformationsgeschichtlicher Hintergrund, in: Festgabe für Hubert Jedin, Münster 1965,1,445-465, 특히 452.

37) Skalweit, 상게서 그리고 Seidel(위의 각주1), 47-76.

다."[38]

벽보의 저자는 두 명의 뇌샤텔 설교자인 마르코트(Marcourt)와 비레(Viret)로 간주되었다. 벽보는 뇌샤텔에서 드 빙글(P. de Vingle)에 의해 인쇄되었다. 벽보사건으로 인해 직간접적으로 혐의가 있는 관련자들은 처형되거나 박해를 받았다. 1535년 1월 21일 개최된 커다란 성례전과 속죄행렬인 '불의 행렬'은 최고 절정을 이루었다. 진행과정에서 프란츠 1세가 연설했고 6명을 이단혐의로 화형에 처했다. 엄청난 양의 루터 서적도 그들과 함께 불태워졌다. 수백 명의 종교개혁 추종자들은 체포를 피해 도피했다. 그 가운데는 1년 먼저 피신하여 여전히 지방에 있던 칼빈도 있었다.

그럼에도 불구하고 독일 프로테스탄트 제국귀족을 위한 노력은 계속 진행되었다. 1535년 2월 1일 왕은 독일 제국귀족들에게 서신을 보냈고, 세 가지 비난에 대해 변호했다. 터키와의 음모, 공의회 방해 그리고 벽보와 관련한 독일인 박해. 여기서 그는 선동자인 이 사건주동자에게 책임을 돌렸다. 그리고 실제로 깨진 관계가 다시 회복되었다. 6월 23일 파리로 와서 선발된 대학의 박사들과 함께 교리의 일치에 대해 그리고 교회의 일치를 회복하기 위한 실제적인 방법에 대해 말해 달라는 왕의 공식적인 초청이 멜란히톤에게 전달됐다. 그렇지만 이 방문은 이루어지지 않았다. 왜냐하면 소르본대학이 변절자들과의 토론이라며 이것을 반대했기 때문이다. 더 나아가 작센 선제후 역시, 비록 루터 자신이 멜란히톤의 제안을 지지했음에도 불구하고, 멜란히톤이 파리로 가는 것을 반대했다.[39] 일치 시도는 이것으로 무산되었다. 1535년 12월 슈말칼덴 회의에서 개신교 신학자들을 프랑스로 초대하여[40] 신앙 일치를 통해 프랑스와 슈말칼덴 동맹이 연맹할 목적으로 완전한 계획을 세우고자 새롭게 시도했지만 이루어지지 않았다.

이어지는 발전은 프란츠 1세가 모든 것을 정치적인 관점으로 처리했다는 사실에서 알 수 있다. '이단'에 대한 거부에서 보듯이 그는 결코 의심을 버리지 못했기 때문이다. 이것은 이후 이어지는 시대에서 더욱 더 분명해졌다. 1539년 시민법정은 이단에 대해 직접 대

38) Seidel, 상게서, 54f.

39) WA Br 7,(227)229f.; CR 2,879f.; 903-914 그리고 비교. P. Meinhold, Philipp Melanchthon, der Lehrer der Kirche, Berlin 1960, 96-99.

40) 비교. Seidel (위의 각주 1), 166-178.

응하도록 권한을 위임했고, 성직자법정은 재판을 독자적으로 진행하도록 허락했다. 퐁텐블로(Fontainebleau) 칙령(1540년 6월 1일)은 더 강화된 조치를 내렸다. 프란츠와 황제 사이에 네 번째 전쟁의 종결을 가져온 크레피 평화회담을 위해 비밀리에 이루어진 추가협약이 이와 같은 발전에 종지부를 찍었다. 프랑스의 슈말칼덴 전쟁 참여는 확실히 이루어지지 않았다. 1547년 프란츠 1세가 중요한 뮐베르크 전투를 앞두고 사망했다. 그의 후계자 앙리 2세(1547-1559)는 슈말칼덴 동맹에 새로운 방식으로 접근했다. 이제는 종교적인 문제를 고려하지 않은 채 작센의 모리츠(1551)와 비밀협정을 체결했고, 샹보르조약(1552년 1월 15일)를 맺어 독일 제후들에게 원조를 제공하는 대가로 제국에 속했던 메츠, 툴, 베르덩 그리고 캄브라이 등의 도시를 넘겨받기로 약속받았다. 모리츠가 황제를 기습하는 동안 이 도시들은 프랑스 왕의 손에 쉽게 들어왔다.

이러한 새로운 정치적 책략도 앙리가 자신의 나라에서 종교개혁적 사고를 가진 사람들을 척결하는 것을 막지는 못했다. 1548년 '불타는 법정'(chambre Ardente)이라는 특별재판소가 설치되었다. 1551년에는 샤또브리앙 칙령(l'Édit de Chateaubriand)으로 박해는 더욱 가혹해졌고, 유명한 재판관들도 희생되었다. 프랑스 탈출행렬이 줄을 이었다. 스페인의 필립2세와의 성과 없는 전쟁을 다시 종결한 샤또 캄브레이 평화조약 이후인 1559년에 박해는 절정에 올랐다. 1550년대는 프랑스 종교개혁 운동의 확장에 있어서 매우 중요한 시기였다. 모든 박해에도 불구하고 개혁운동은 폭발적으로 확산되었다. 그러면서 외적으로는 점점 견고한 형식을 갖추고, 더 분명한 내적 특징을 갖게 되었다.

물론 이 시대에 프랑스에서 종교개혁교회가 세워졌다고 말할 수는 없다. 서로 아무런 연관성이 없이 존재해 유랑설교자들이 종종 방문한 작은 단체들은 있었다. 그러나 이들이 기초가 되어 시간이 지나면서 규모 있는 교회가 등장했다. 가장 유명한 교회들은 모(Meaux), 파리(Paris) 그리고 포이티어(Poitiers) 교회였다. 루터의 서적들이 미친 영향은 아직 알 수가 없ㅇ었다. 그러나 점차 다른 힘들이 전면에 등장했으며, 무엇보다도 많은 박해자들이 도망했던 스위스로부터 왔다. 첫 번째는 제네바이며, 이곳은 칼빈이 1541년 지속적인 활동 장소로 찾은 곳이다. 공통의 언어라는 이점이 있었고, 많은 개인적인 연결(칼빈의 학생들이 설교자가 되어 프랑스로 돌아갔다)과 신학서적의 유입이 증대되면서 칼빈주의와 연결되었다. 1550년대 말 약 2000여개의 개신교회가 프랑스 전역에 있었고, 스트라스부르(칼빈 1538-1541)에 있는 프랑스 피난민교회 혹은 제네바교회를 모델로 삼아 조직되었다. 이제는 '위그노'(Hugenotten)라는 칭호도 들을 수가 있었다.

프랑스 개혁교회의 탄생의 시간은 본래 1559년, 혹독한 박해의 한가운데에서였다. 5월 25일부터 29일까지 프랑스 여러 지역의 12개 개신교회로부터 약 70명의 대표들이 국가총회(Nationalsynode)를 열고자 파리의 생제르망 데프레(Saint-Germain des-pres) 지역에 있는 개인집에 모였다. 이 회의는 상세한 신앙고백, 즉 후에 '갈리아 신앙고백서'(Confessio Gallicana)[41]라고 부른 사도신경을(Confession de foi)을 채택했다. 신앙고백은 40개 조항이며, 마찬가지로 40개의 포괄적인 '교회규정'(Discipline ecclesiastique)[42]을 담고 있다. 신앙고백서의 계획은 칼빈에게서 시작되었다.[43] 그는 1557년 9월에 예배가 경찰에 의해 해산되고 다시 박해의 물결이 일어날 때 이것을 작성하여 파리교회에 제시했다. 신앙고백서는 그 후 곧 인쇄되어 나왔다. 신앙고백서는 이제 확고해지는 교회에 튼튼한 기초를 제공했다. 이와 같은 신앙고백과 교회규정 외에도 소위 제네바성경(칼빈의 시촌인 올리베탕이 프랑스어로 번역했고, 1535년 뇌샤텔의 드 빙글에서 인쇄되었다)을 루터 성경과 비교할 수 있는 도구로 사용했고, 부록은 예배와 가정에서 사용하도록 계획했다. 소위 '위그노 시편'(Marot)인 통합시편찬송가가 거의 같은 시기에 나온 것은 매우 중요했다.

1561년 개신교회는 전체 200만 인구 중에서 2150개 교회에 3백만 신자에 이르렀다.[44] "1560년대에 프랑스는 개신교 신앙으로 바꾸기를 원하는 것처럼 보였다."[45] 위그노인 상류귀족 가족들의 참여가 두드러졌고, 이러한 현상은 향후 나아갈 방향에 대한 나침반적인 요소가 되었다. 게다가 1559년 왕 앙리 2세가 마상 무술대회에서 상처를 입고 갑작스

---

41) 본문 in: Bekenntnisschriften und Kirchenordnungen der nach Gottes Wort reformierten Kirche, a.a.O., 65-75. 독일어 in: Reformierte Bekenntnisschriften und Kirchenordnungen, a.a.O., 109-121; Bekenntnisse der Kirche, Bekenntnistexte aus zwanzig Jahrhunderten, hg. v. H. Steubing, Wuppertal 1970, 123-133. S. 더 나아가: H. Jahr, Studien zur Überlieferungsgeschichte der confession de foi von 1559, Neukirchen 1964 = Beiträge zur Geschichte und Lehre der reformierten Kirche 16.

42) 본문 in: Bekenntnisschriften und Kirchenordnungen, a.a.O., 75-79; 독일어 in: Reformierte Bekenntnisschriften und Kirchenordnungen, a.a.O., 122-126.

43) CR 37, Opp. Calvini 9, 731-752.

44) ARG 62(1971), 249.

45) O.E. Strasser-Bertrand, Die evangelische Kirche in Frankreich, a.a.O., 143.

렵게 사망한 후, 내부의 정치적 상황은 더욱 분명하게 변화되었다.

E 네덜란드 종교개혁의 계속

네덜란드에서는 초기에 시작된 개혁운동에도 불구하고 종교개혁적인 교회의 형성은 비교적 늦었다. 여기에는 다양한 이유들이 있다. 종교개혁적인 측면에서 볼 때 첫 순교자 - 아우구스티누스파 수도사인 보스와 에쉬(Boss und Esch, 1523년 6월 1일 브뤼셀에서 화형) - 를 낸 초기의 시작들[46]은 개별적인 행동이었고 커다란 반향을 일으키지 못했다. 몇몇은 박해를 피하여 도망했다. 교회도 만들어지지 않았다. 그 외에도 매우 일찍이 교리적으로 상이한 경향(코르넬리우스 호엔)도 보였다. 1529년 종교개혁적인 서적의 독서나 보급 혹은 개신교 모임에 참여하는 것을 사형으로 다스리겠다는 황제의 포고령이 선포되었다.

실제적인 개혁운동은 재세례파 운동과 연관하여 비로소 일어났다(멜키오르 호프만).[47] 이들은 상당히 신속하게 개별적인 그룹을 형성했고, 뮌스터의 사건에도 높은 참여를 보였다. 얀 마티이스(Jan Matthys)는 하렘에서, 얀 복켈손(Jan Bockelson)은 라이덴에서 왔다. 네덜란드에서 온 모든 재세례파는 재세례 반대자들이 뮌스터를 떠나고 난 후, 그곳의 빈 공간을 메워주었다. 뮌스터 포위는 네덜란드에 특별한 반향을 불러 일으켰다. (주이더 호수를 넘어가는 "3000 이스라엘 자손"의 행진). 뮌스터의 재난 이후 1535년 새로운 인물들이 전면에 등장했다. 데이비드 요리스와 메노 시몬스(1492-1559)는 지속적인 박해를 헤치고 재세례 운동을 견인해나가는데 성공했다. 시몬스는 성서적인 모습에 부합된 교회의 이상을 선포했고, 성령에 이끌려 무저항과 세상에서 벗어난 소박한 삶을 강조했다.

1540년 그리고 1550년대에 비로소 다양한 인물들의 영향으로 새롭게 생동하기 시작했다. 한편으로는 프랑스로부터, 네덜란드 남부지역과 공통으로 사용하고 있는 언어로 인해 좋은 여건이 조성되어 점차 칼빈의 사상이 네덜란드로 쇄도해 들어왔고, 재세례파가 영향을 준 모임에 좋은 배양소가 되어 주었다. 칼빈 자신은 다양한 글에서 재세례파, 방

---

46) 비교. Luthers "Sendbrief an die Christen in den Niederlanden"(1523), WA 12,(73)77-80, 또한 그의 노래 "Ein neues Lied wir heben an", WA 35,(91)411-415.

47) Zu Melchior Hoffman, 위 65f.

임주의자 그리고 니고데모당에 반대하며 '지방사람들'(Landsleute)[48]이라고 표현했다.[49] 1545년에는 1년 전 스트라스부르에서 투르나이로 온 피에르 부룰리(Pierre Brully)가 화형당했다. 특히 릴레, 안트베르펜 그리고 투르나이에서의 가이 드 브레스(Guy de Bres)의 설교자로서의 활동은 매우 중요했다. 그 역시 오랜 기간 제네바에서 칼빈과 함께 지냈다. 그는 혁명적이고 재세례적인 활동을 한다는 의심을 방어하고자 1559년에 나온 사도신경(Confessio de foi) 을 본떠서 1561년 소위 '벨직 신앙고백서'(Confessio Belgica)를 작성했다. 그 후 네덜란드어로 번역이 되었으며,[50] 1563년 하이델베르크 교리문답 번역도 나왔다.

종교재판의 대책이 길수록, 저항도 줄었다. 1550년에는 1529년의 칙령이 다시 선포되었고, 네덜란드의 개혁운동이 독자적인 특징을 드러내는 두 번째 효력이 나타나기 시작했다. 정치적 반대. 1548년 아우크스부르크 제국회의에서 칼 5세는 스페인에 더 종속시킬 목적으로 네덜란드가 '부르군드 영역'으로서 독립 상태임을 천명했다. 그의 후계자인 필립 2세(1556-1598, 1555년 이후 네덜란드의 주권자)는 새로운 교회규정을 만들어(1559), 교회문제, 특히 직위 임명에 있어서 자신이 주도권을 가지고 있음을 명시했다. 그 속에 드러난 권력투쟁과 정치적 주도권에 반대하여 모든 귀족들은 폭넓은 반대운동을 전개하고 정치적인 대책뿐만 아니라, 개혁운동에 대한 박해를 거부했다. 그 결과 개혁과 애국이라는 두 개의 목적이 쉽게 결합되었지만, 고위성직자는 유용한 도구로서 군주의 손에 달려 있었다.

1559년 필립 2세는 배다른 누이동생인 마가레트 폰 파르마(Margarete von Parma)에게 통치권을 이양했다. 그녀의 첫 고문은 멜헤른의 대주교인 추기경 그란벨라였다. 그들에게는 홀란드, 제란드 그리고 우트레히트의 지역통치자인 빌헬름 폰 나싸우-오라니엔(Wilhelm von Nassau-Oranien)과 더 나아가 플란데른의 통치자인 라모렐 폰 에그몬트 백작과 호른의 백작인 필립이 맞수였다. 1564년 그란벨라가 실각했으나, 1565년 10월 새로운

---

48) 칼빈은, 비록 그가 파리 북쪽에 위치한 노용에서 태어났을 지라고 자신을 종종 벨기에인으로 나타냈다. 그의 어머니는 캄브라이 출신이며, 그의 부인은 뉘티히에서 태어났다.

49) Excuse a messieurs les Nicodemites sur la complaincte qu'ilz font de sa trop grand rigueur (1544), CR 34, Opp. Calvini 6, 589-614; Brieve instruction pour armer tous bons fideles contre les erreurs de la secte commune des Anabaptistes (1544), CR 35, Opp. Calvini 7, 45 bis 142; Contre la secte phantastique et furieuse des Libertins qui es nomment spirituelz (1545), ebd. 145-248, 비교. ebd. 341-364.

50) Ecclesiarum Belgicarum Christiana atque Orthodoxa Confessio, Summam doctrinae de Deo, et aeterna animarum salute, complectens. 본문(1619년 노르트레히드 회의의 라틴어, 제목 역시 이 회의에서 유래했다) in: Bekenntnisschriften und Kirchenordnungen, a.a.O., 119-136. 원래 제목은 프랑스어였다. La confession de Foy.

왕의 칙령에서 이단법을 더욱 강화했고, 종교재판의 도움으로 트렌트 공의회의 결정을 이행하라고 명령이 내려졌다.

이제야 본래적인 움직임이 일었다. 새로운 왕의 법에 대한 답변으로 1565년 10월 귀족연맹(필립 폰 마르니크, 루드빅 폰 나사우)이 결성되었다. 1566년 4월에는 약600여명의 귀족들이 청원서를 건네고자 여왕인 마가레트가 있는 성으로 나아갔다. 모두가 거지 복장을 하여 그것으로 그들의 요청의 긴박성을 더욱 강조하고자 했고, 적들은 이들에게 '거지'라는 이름을 붙여 주었다. 구체적인 결과는 일어나지 않았으나, 그럼에도 불구하고 움직임이 일어났다. 많은 난민들이 추방지로부터 돌아왔다.[51] 종교개혁적인 의미를 담은 설교가 공개적으로 이루어졌다.(자유로운 하늘에서 '부화된 설교들') 8월에는 성상파괴가 일어났다. 가톨릭교회들이 칼빈적인 예배를 위해 폭력적으로 "정화되었다."

이로 인해 여러 요인들이 모여 이루어진 반대파가 와해되었다. 가톨릭은 이제까지 협력해왔던 연맹과 거리를 유지했고, 루터를 따르는 사람들을 핍박했다. 빌헬름 폰 오라니엔은 후퇴했다. 거지 연맹은 더 이상 유지되지 못했다. 새로운 박해의 물결이 시작되었다. 발렌시엔에서는 설교자 드 브레(de Bres)가 순교의 죽음을 맞이했다. 1567년 여름에 알바 공작이 왕의 전권대사로서 브뤼셀에 들어왔다.

F 영국과 스코틀랜드의 종교개혁

영국의 종교개혁은 근본적으로 유럽의 모든 다른 나라들과 구분된다.

그것은 수십 년에 걸쳐 일어난 하나의 과정을 가지고 있다. 넓게 보면 존 위클리프의 등장(1378년)과 1662년 감독교회가 설립되기까지의 300년을 언급할 수도 있다. 그러나 좁은 의미에서 본다면 1530-1571년의 기간만 연관시킨다. 가장 결정적인 것은 종교적인 운동이 아니라, 개인적인 동기에서 로마와 결별한 왕 헨리 8세의 의지였다. 그가 교회를 왕의 관청과 연결시킴으로써 교회 발전을 처음부터 국가교회의 방향으로 세웠고, 그로 인해 교회의 성격도 본질적으로 왕에게 예속되어야만 했다.

51) 비교. H. Schilling, Niederländische Exulanten im 16. Jahrhundert, Gütersloh 1972 = SVRG 187 (참고문헌).

유럽 대륙의 종교개혁적인 교회와 아무런 연관이 없이 등장한 교회는 종교개혁적인 교회와는 완전히 다른 모습을 가지고 있다.

상세히 보면 영국의 종교개혁은 여러 국면으로 구분할 수 있고, 이것은 왕권의 교체를 통해서 결정되었다.

첫 번째 국면은 왕 헨리 8세(1509-1547)가 대책을 세우는 국면이다. 그는 1521년 개인적으로 루터와의 싸움에 참여했다. 루터의 『교회의 바벨론 포로』를 반박하고자 『칠성례전 옹호』(Assertio Septem Sacramentorum)라는 글을 썼고, 교황으로부터 '신앙의 수호자'(Defensor fidei)라는 칭호를 얻었다. 루터는 『영국의 왕 헨리에 반대하여』라는 답변을 주었다.[52] 그럼에도 불구하고 그의 나라에 인문주의에 눈을 뜬 개혁가톨릭주의의 대표자와 존 위클리프를 따르는 롤라드파의 후손 내지는 생존자들을 통해 만들어진 좋은 여건으로 인해 루터의 사상이 쇄도해 왔다.[53] 루터의 글들은 이미 1520년 이전에 영국에 들어왔다. 이미 1520년대 초반에 영어성서 번역작업에 - 예를 들어 루터의 예와 에라스무스의 신약성서를 기초로 - 참여함으로써 캠브리지에서 가장 유명하게 된 성직자 그룹들이 만들어졌다(틴데일은 1524년 비텐베르크에서 그리고 1525년에는 쾰른과 보름스에서 그의 신약성서 번역을 인쇄했다).

루터의 영향이라고 칭할 수 있는 흐름과는 철저히 구분해야 하지만 영국교회의 변화에 대한 본래의 자극은 왕 자신에 의해서 일어났다. 또한 귀족과 각 도시에서 일고 있는 반성직경향도 일조를 했다. 헨리는 자신의 부인이자, 황제 칼5세의 고모인 22살의 아라곤의 카타리나와 이혼하게 해달라는 자신의 요청에 대한 거부를 이용했다. 게다가 영국교회를 로마와 분리하고 자신이 성직자를 통해 그리고 그 후에는 의회의 결의를 통해 영국국가 교회의 수장에 앉으려고 했다. 1531년 그는 "보호자요 영국교회와 성직자들의 최고 수장"이라는 인정을 받았다. 1534년에 나온 수장령(Act of Supremacy)은 교리를 정하고 오류를 처벌할 수 있는 왕의 전권을 강조했다.[54] 1535년에는 왕의 조치에 반대하는 두 명의 유명

52) WA 6,494f.; 10 II,(175)180-222(라틴어), (222)227-262(독일어).

53) M. Kanak, Der Ketzer von Oxford. Leben und Wirkungen John Wiclifs, Berlin 1977, 특히. 65-78.

54) KTGQ 3,260f.

한 대적자인 감독 피셔(J. Fisher)와 대법관인 토마스 모어[55]를 처형했다. 1535과 1539년 사이에는 2000개가 넘는 수도원을 폐쇄시켰고, 그들의 재산을 왕과 귀족을 위해 압류했다. 개혁적 인사인 토마스 크롬웰과 대주교 크랜머[56]가 헨리의 최측근에서 함께 일하면서 다리를 놓으려 노력했음에도 불구하고 이 모든 조처가 신학적인 의미에서 종교개혁적이라고 할 수는 없었다.

1531년에 이루어진 슈말칼덴 동맹 그리고 비텐베르크와의 연합은 정치적이고 신학적인 여명이었다. 이것은 이미 여러 번 초대했지만 한 번도 성공하지 못한 멜란히톤의 영국 방문을 말하는 것이고, 더 나아가 이것은 영국 사절(Barnes, Mont und Vaughan)들이 북부의 한자도시 내지는 비텐베르크에서 그리고 1531년 이후 슈말칼덴 동맹의 지도자들과의 협상을 말하는 것이다. 또한 이것은 무엇보다도 1535/1536년 비텐베르크에서 공식적인 영국대표(감독 Fox, Archdeacon N. Heyth und Barnes)들의 신학적 협의와도 연관이 있다. 이로 인해 1536년 소위 비텐베르크 조항이 작성되었다.[57] 이 조항은 약간 늦게 일어난 비텐베르크 신학 사절 미코니우스가 영국에서 이 조항과 왕이 동의를 거부한 아우크스부르크 신앙고백서 제13조에 대해 협상한 결과처럼 큰 중요성은 없다. 다만 이러한 노력들은 간접적인 영향을 주었다. 주교회의와 성직자 대표에 의해 1536년 캔터베리에서 나온 '10개 조항'에는 영국교회가 헨리의 통치권 아래에 있다.[58] 그리고 교리문답과 같은 신앙서적인 소위 1537년 왕의 승인 없이 인쇄된『주교의 책』(Bishop Book)에도 역시 그렇게 되어 있다.

슈말칼덴과의 접촉이 외교적인 안전을 담보하는 동안, 왕은 신학적인 것과 연관해서는 모든 면에서 옛 것을 그대로 유지하고자 시도했다. 1539년에 나온 '6개 조항'은 이러한 목적을 위한 것이다. 여기서 화체설, 단종성찬, 독신, 동정서약, 개인미사와 고해와 같은

55) G.R. Elton, Thomas More, GKG 5, 89-103.

56) G.R. Elton, Art. "Cranmer, Thomas(1489-1556)", TRE 8(1981), 226-229.

57) 1536년에 나온 비텐베르크 조항은 멘츠(G.Mentz)에 의해 처음에는 라틴어와 독일어로 출판되었다. G. Mentz, Leipzig 1905, 재인쇄. Darmstadt 1968 = Quellenschriften zur Geschichte des Protestantismus 2; M. Keller-Hüschemenger, Eine lutherisch-anglikanische Konkordie: Die Wittenberger Artikel von 1536, KuD 22(1976), 149-161. 로버트 바르네스가 이 시점에서 했던 특별한 역할에 대해서는 다음을 보라: The Reformation Essays of Dr. Robert Barnes, ed. by N.S. Tjernagel, St. Louis 1963; C.S. Anderson, The person and position of Dr. Robert Barnes, 1495-1540. A Study in the relationship between the English and the German reformations, City of New York, Union Theol. Seminary, theol. Diss. 1962; R. Glen Eaves, The reformation thought of Dr. Robert Barnes, Lutheran chaplain and ambassador for Henry VIII., Lutheran Quarterly 28(1976), 156-165.

58) G, Gassmann, Die Lehrentwicklung im Anglikanismus, a.a.O., 358.

전통적인 교리들을 새롭게 형벌로 위협하며 강조했다. 1543년의『왕의 책』(King's Book) 역시 가령 칭의론에서 같은 기조를 유지하고 있다. 왕의 계속된 행동으로 촉발된 희생자 가운데는 1540년 이단으로 화형당한 로버트 바르네스(Robert Barnes)가 있다.[59]

영국 종교개혁의 두 번째 국면은 어린 에드워드 6세(1547-1553)의 왕위계승으로 시작했고, 매우 빠르게 광범위한 개혁 대책이 나왔다. 크랜머가 개혁을 주도하여 1549년 성령강림절에 『일반기도서』(Book of Common Prayer)가 나왔고, 슈말칼덴 전쟁에서 패한 후 대륙에서 추방된 많은 외국 종교개혁자들(Bucer, Vermigli, Laski)이 그를 도왔다. 이들은 이제 이루어지고 있는 영국교회의 모습에 루터보다도 독일북부의 종교개혁적 특징들을 좀 더 분명하게 나타내는데 상당히 기여했다.[60]『일반기도서』는 모든 예배 규정을 종교개혁적인 의미로 새롭게 규정했다. 그러나 1552년 제2판에서야 비로소, 특히 성만찬예전에서 아직 여전이 존재하는 불명료함을 제거했다. 교리의 영역에서 예배의 개혁은 1538년에 만든 '13개 조항'을 다시 수용하며 1553년 만든 '42개 조항'을 통해 보완했다. "아우크스부르크 신앙고백서의 거의 모든 교리적 내용은 42개 조항을 작성하는데 있어서 입구와 같은 역할을 하게 되었다."[61]

에드워드의 이른 죽음은 매우 심각한 퇴보를 가져왔으며, 이로 인해 세 번째 국면이 시작된다. 헨리와 캐더린의 딸인 메리(1553-1558)가 왕위를 계승했으며, 그녀는 동생 에드워드와는 정반대로 친가톨릭이었기 때문이다. 그리고 이러한 입장을 더욱 견고하게 하기 위해 1년 후 스페인의 왕위계승자인 필립2세와 결혼했다. 이제까지의 종교개혁적인 조처는 모두 신속하게 폐지되고, 미사가 다시 도입되고, 로마와의 교회의 일치가 회복되었다. 의회는 과거의 이단법을 부활시켰다. 대주교 크랜머는 거의 300여명의 순교자들과 함께 처형을 당했으며, 그 자리에는 폴(R.Pole)이 임명되어, 다시 교황의 대사 역할을 했다. 엄청난 수의 종교개혁 인사들이 유럽 대륙으로 피신했다. 그러나 메리가 통치한 불과 5년 동안만 반종교개혁적인 일들이 목적을 달성할 수 있었다. 1558년 11월 메리가 죽자, 아무것도 남

59) 비교. die Vorrede Luthers zu seinem Bekenntnis, WA 51,(445) 449-451.

60) G.R. Elton, England und die oberdeutsche Reform, ZKG 89(1978), 3-11.

61) G. Gassmann, Die Lehrentwicklung im Anglikanismus, a.a.O., 370.

은 것이 없었다. 그녀가 얻은 통치 초기의 인기도 신속하게 사라져버렸다.

종교개혁의 최종적인 관철은 네 번째 국면인 엘리자베스 1세(1558-1603)의 통치 하에서 일어났다. 그녀는 메리의 배다른 동생이며, 앤 볼린과 결혼하여 태어난 헨리 8세의 딸이다(1533년 출생). 의회는 에드워드 6세 치하에서 이루어낸 일들을 다시 회복시켰다. 새로 수장령이 선포되었고, 1552년의 일반기도서가 다시 도입되었다. 감독을 새로 임명하고, 이전에 마리아 통치 시에는 가톨릭의 신앙고백을 사용했으나, 이제는 영국성공회 신앙고백을 인쇄했다. 이렇게 된 데에는 외부의 영향도 작용했다.(피우스 5세는 1570년 칙령(Regnans in Excelsis)을 통해 엘리자베스의 통치가 부적합하다고 선언했고, 신하들에게 복종의 의무를 면제했다) 42개 조항을 이제 39개의 '종교 조항'으로 개정하는 작업은 가장 중요한 의미를 가지고 있다. 이것으로 영국성공회의 교리 발전 역시 절정에 올랐다.[62]

스코틀랜드의 종교개혁[63]은 루터 서적의 침투(애버딘, 성 앤드류, 리스 등에서 1525년, 1527년, 1535년 그리고 1543년 다시 한 번 의회의 금지)를 통해 상당히 오랜 기간 준비가 되었고, 1528년 2월 29일 성 앤드류에서 젊은 학자인 패트릭 해밀턴(Patrick Hamilton)의 순교적 죽음으로 시작했다. 그는 파리와 뢰벤에서 공부한 후, 1525년 처음으로 성 앤드류에서 루터의 뜻을 가르치기 시작했지만, 곧 추적을 피해 대륙으로 도망해야만 했다. 그는 비텐베르크를 방문했고, 마르부르크 대학에서 공부했으며, 다시 루터의 사상을 확산시키고자 1527년 스코틀랜드로 돌아왔다. 그러나 그의 죽음은 시작되고 있는 개혁을 저지할 수 없었다. 특히 하류 귀족, 지주, 재판관과 상인들 중에서 큰 추종 세력이 나왔고, 이들을 통해 백성들 속으로 넓게 확산되어 갔다.

개혁운동의 물결은 그러나 박해를 불러왔다. 많은 추종자들이 독일로 떠났다. 이들 가운데 일부는 루터의 종교개혁에서 매우 영향력 있는 자리에서 일했다. 알렉산더 알레시우스(1500-1565)는 한 때 원래 성 앤드류 성당에서 일했으나, 비텐베르크 체류 후에 캠브리지에서 고전어를 가르쳤고, 다시 프랑크푸르트(오더)에서 교수가 되었으며, 마지막에는 라이프치히에서 살았다. 베더부룬(Wedderburn) 형제 가운데 한 사람이 시편, 찬송 그리고

62) Corpus Confessionum XVII,1,1937,374-403, auch in: Bekenntnisse der Kirche, Bekenntnistexte aus zwanzig Jahrhunderten, hg. v. H. Steubing, Wuppertal 1970,(238)239-248; auch in: KTGQ 3,262-265.

63) 비교. J.H. Baxter, Luthers Einfluß in Schottland im 16. Jahrhundert, LuJ 25(1958), 99-109.

종교적 시들을 출판했고, 일부는 루터의 시와 찬송을 직접 번역했다.

혹독한 박해에 직면하여 안전의 필요성은 루터교로부터 칼빈주의로의 전향을 불러 일으켰다. 그 시작은 조지 위셜트(Georg Wishart)였다. 그는 스위스와 스트라스부르에서 체류 후, 1546년 순교의 죽음을 당하기까지 2년 동안 스코틀랜드에서 가르쳤다. 그는 스위스에서 배운 교리(칼빈의 로마서 주석)에 토대를 두었다. 그의 학생은 존 낙스(1505-1572)였으며, 스코틀랜드의 진정한 개혁자가 된다. 스코틀랜드 개혁에서 그의 지도적인 역할은 1546년 프리머스 비튼 추기경을 살해하고 성 앤드류 성에 진을 친 귀족맹세에 가담했고, 그들에 의해서 교회의 설교자로 선출되었다는 사실로 시작했다. 그러나 1년 후 프랑스 원군에게 격퇴당했다. 낙스는 다른 사람들과 더불어 프랑스 갤리선으로 끌려갔다. 그리고 1549년에야 자유를 얻어 영국으로 들어와 여러 곳에서 종교개혁 활동으로 영향을 주었다. 가톨릭인 메리가 왕위에 오르자, 낙스는 1554년 제네바로 갔고 그리고 프랑크푸르트(마인)에서 영국-프랑스 피난민 교회의 설교자로 일했다. 비록 몇 달간의 사역에 불과했지만(칼 5세의 추적 때문에 그는 1555년 3월 도시를 다시 떠나야만 했다), 자신의 특별한 청교도적인 특징을 분명하게 부각시키기에는 충분했다. 이러한 특징이 후에 영국에서 교파적 분열의 직접적인 원인이 되었다. 그는 프랑크푸르트에서 다시 제네바로 갔고, 그곳에서 다시 귀족들이 개혁운동을 활발히 전개한 스코틀랜드로 돌아왔다. 그러나 채 1년이 가기 전인 1556년 여름 후반에 그는 재차 제네바로 갔다. 왜냐하면 영국 피난민교회가 그를 설교자로 선출했기 때문이다. 그곳에서 낙스는 영국과 스코틀랜드에서 두 명의 메리가 통치하는 것을 반대하는 글『괴물 같은 여성 통치자에 반대하는 나팔소리』(1558)를 썼다. 1559년 그는 궁극적으로 다시 스코틀랜드로 돌아왔다.

스코틀랜드에서는 낙스의 개입 없이 개신교 귀족들이 기즈의 메리(스튜어트 메리의 어머니)의 추적 앞에서 그를 보호하고자 1557년 공식적인 연맹을 결성했다. 낙스와 다른 사람들의 설교의 영향으로 수많은 사람들이 교회로 쇄도해 왔고, 통치자에 대한 귀족들의 저항이 일어났다. 영국의 도움으로 저항은 무산되었다. 스코틀랜드에 상주하던 프랑스의 프란츠 2세의 군대는 철수 압박을 받았다. 여왕 측에서 보낸 프랑스의 밀사는 1560년 7월 8일 협의서에 동의했다. 그에 따르면 8월 1일 에딘버러에서 의회를 열고 종교문제를 다시 결정하자는 것이었다. 의회는 그러나 8월 17일에 열렸고 신앙고백문이 수용되었다. '스코틀랜드 신앙고백서'(Confessio Scoticana)는 스코틀랜드 종교개혁의 토대가 되었다.[64] 녹스는 - 그러는 사이에 에딘버러 상트 가일의 설교자 - 이 고백서의 작성에 참여했다. 그는 교회규정도 계획했다. 그가 만든『훈련서』(Book of Disciplin)는 12월에 열린 총회에서 결정되었다. 여왕 메리 스튜어트는 어머니와 남편인 프란츠 2세가 죽은 후, 모든 사람의 반대에도 불구하고 1561년 여름 스코틀랜드로 돌아와 종교개혁을 인정해야만 했다.

---

64) "Confessio fidei et doctrinae", 영어와 라틴어 in: Bekenntnisse und Kirchenordnungen der nach Gottes Wort reformierten Kirchen, a.a.O., (79)82-83-116/117; 독일어 in: Reformierte Bekenntnisschriften und Kirchenordnungen, a.a.O., (127)129-151).

종교개혁사 (1532~1555-1556)
- 종교개혁의 강화, 칼빈,
가톨릭 개혁과 트렌트 공의회 -

제11장

가톨릭의 개혁과 트렌트공의회

시작된 종교개혁이 경험했던 가장 중요한 내용은 강력한 저항세력이 종교개혁의 가는 길을 즉시 그리고 타협의 여지없이 막아섰다는 것이다. 이들은 이 운동이 교회의 전적인 관심이 되지 못하도록, 즉 머리와 몸 등 전체 교회의 개혁이라는 본래의 목적에 이르지 못하도록 방해했고, 이 시대 전체가 '신앙 투쟁의 시대'가 되도록 만들었다. 교황들, 주교들 그리고 신학자들, 제국귀족들, 시의원들 그리고 대학들은 종종 신학적으로 무지하고 편협하고 파렴치한 그리고 단순히 권력에 집착하여 연맹을 결정했다. 옛 이단법에 대하여 신학적 논쟁과 교회의 판단에 이어 전통적인 것을 보존하고자 세속적인 권력기구도 개입했다. 1523년 첫 화형용 장작더미가 불에 탔다.

그럼에도 불구하고 교회사적 상황이 다만 '종교개혁'과 '반종교개혁'의 상반성에 의해 정해졌다고 보는 것은 단순한 도식인 듯하다. 그와 더불어 시대에 뒤떨어진 인물 그리고 심지어 타락한 사람을 보호하고 고집스럽게 방어하고자 한 사람뿐만 아니라, 기본적인 관심에 있어서 모든 점에서 개혁운동에 비교해 볼 수 있는 적극적으로 새로움을 추구한 인물들이 같은 교회에 있어서 그들의 고유한 방법이 용어적으로 볼 때 한편으로는 '종교개혁'이며, 다른 한편으로는 '반종교개혁'으로 뚜렷이 대조되었다는 지적은 옳다. "가톨릭의 개혁"이라는 용어도 상당히 오래전부터 사용되어 왔다.[1)]

A 가톨릭의 개혁에 힘과 동기들

1. 교회개혁의 필요성

16세기 초 교회는 전체적으로 전례가 없을 정도로 개혁이 요구되었다는 것은 비단 루터, 다른 개혁자들 그리고 설교를 듣고 개혁운동에 가세한 사람들의 인식만은 아니었다.[2)] 교황 하드리안 6세는 1522년 뉘른베르크 제국회의를 위해 키레가티(Chieregati) 대사에게 주는 유명한 그의 글에서 솔직하게 다음과 같이 말했다.

1) 비교. H. Jedin, Katholische Reform oder Gegenreformation?, Luzern 1946, gekürzt auch in: Concilium Tridentinum, a.a.O., 46-81; K.D. Schmidt, Katholische Reformation oder Gegenreformation, Lüneburg 1957, 그리고 슈미트의 여러 논문에 대한 토론: Katholische Reformation oder Gegenreformation, a.a.O., 4-6.

2) 새로운 개관은 아래의 글이 제시해주고 있다. E. Iserloh, Luther und die Reformation, Beiträge zu einem ökumenischen Lutherverständnis, Aschaffenburg 1974 = Der Christ in der Welt, Reihe 11, Bd. 4. 특히 1장: 종교개혁의 원인, 7-27.

"우리는 허약해서 하나님이 죄인, 대제사장 그리고 고위성직자를 위해 이 같은 교회의 고난을 허용했다고 말한다. (...) 우리는 이미 오래전부터 이 거룩한 자리에 혐오해야 할, 즉 영적인 타락, 직위 남용 그리고 그로 인해 그릇된 많은 것 등 많은 일들이 있었음을 안다. 병이 머리에서 몸으로, 최고 제사장에게서 모든 하위 성직자들에게 흘러 내려가는 것은 결코 이상한 것이 아니다. 우리 모두(즉, 고위성직자)와 교회관계자들은 저마다 자신만을 위한 길로 벗어나 있다."[3)]

이미 오랜 동안 선을 행하는 자도 없다.

15년 후인 1537년 추기경위원회는 만투아 공의회 소집과 연관하여 긴 오류목록을 확정하고 설명했다.[4)]

개혁에 대한 요구는 더 이상 새로운 것은 아니었다. 15세기는 개혁공의회의 시대였다. 1512년부터 1517년까지 로마에서 5차 라테란공의회로서 열린 제 18차 보편공의회는 교회의 개혁을 주요 주제로 삼았다. 그에 대한 충분한 동기들과 시도들도 있었고, 개혁훈령도 반포되었다. 그러나 그것은 규정상의 관심일 뿐, 실제적인 의미는 없는 것이었다. 본질적인 문제인 신학적인 기본문제들은 해결되기는 커녕, 다루어지지도 않았고, 심지어 전혀 보지도 않았다.[5)] 게다가 내부의 개혁도 요구되었다. 그 주체들은 교령의 집행자들과 같은 방식으로 처신하여 웃음거리가 된 사람들이 아니라, 본질을 직시하고 교회와 신앙에서 무엇이 중요한지를 새로이 구성하려는 사람들이었다.

가톨릭의 개혁을 알 수 있는 뿌리와 근원에 대해서는 여전히 일치된 의견이 없다.[6)] 대체로 그 시대 두 개의 커다란 정신운동인 근대의 경건(Devotio moderna)과 인문주의를 지적한다. 특히 이러한 경향은 루터와 종교개혁에도 매우 큰 의미를 가지고 있지만, 가톨릭의 개혁에서는 다른 방식으로 영향을 주었고, 사람들을 다른 방향으로 안내했다. 더 강한

3) C. Mirbt/K. Aland, Quellen 1,516.

4) 상게서, 530-537.

5) 비교. H. Jedin, Geschichte des Konzils von Trient, a.a.O., 1,93-110.

6) 비교. H. K.D.Schmidt, Die katholische Reform und die Gegenreformation, a.a.O., 8-10.

세 번째 요인은 종교개혁 진영의 압박이며, 이것은 단순한 방어 차원이 아니라, 자력으로, 자체적으로 그리고 독자적인 방법으로 교회 개혁에 대한 요구들을 이행하는 것, 결국 종교개혁에 좀 더 적극적으로 대응해야 하는 것이었다.

2. 이탈리아, 스페인, 독일

이탈리아에서는 인문주의적인 영향으로 영향력 있는 인물들의 네트워크가 이루어졌다. 이들은 확고부동한 의식을 갖고 한편으로는 성서와 교부(아우구스티누스)를 토대로 그리고 다른 한편으로는 봉사, 상담 그리고 예전이라는 교회의 과제를 토대로 그들의 영역에서 첫 갱신을 위해 노력했고, 이미 결정적인 기능의 중요성이 인지되어 개혁의 노력이 크게 확산되도록 작용했다.

그 가운데는 후에 추기경과 교황 바울 3세의 대사로서 '가톨릭개혁의 영혼과 양심'(H. Jedin)인 콘타리니(Contarini, †1542)라는 평신도도 있었다. 그는 1537년 "교회개선위원회"(Consilium de emendanda ecclesia)를 설치한 위원가운데 한명이었다. 레겐스부르크 종교회담에서는 교황의 대사로서 개혁진영의 대표들과 신학적 이해를 도출해내고자 상당한 노력을 기울였다. 1517년(!) 소위 '주교의 거울'(Bischofsspiegel)은 그의 펜에서 유래했고, 많은 사람들이 그를 모범으로 좇아야 했다.[7]

베로나의 주교인 기베르티(Giberti, †1543)도 그 일원이다. 그는 교황 클레멘스 7세와 바울 3세의 고문이었고, 바울 3세 역시 추기경 위원회를 소집했다. 그는 '새 시대의 첫 위대한 사목주교'라는 영예를 얻었고, 그의 활동은 '트렌트개혁의 모델'이 되었다.[8] 그의 개혁노력은 주로 성직자의 수준 향상(주일설교)과 수도원의 사회적 활동 개선에 대한 것이었다. 아비뇽 카르펜트라스의 주교인 사톨레토(Sadoleto, †1547) 역시 교회개선위원회의 위원이었다. 그는 자신의 화해사상 때문에 멜란히톤과 칼빈과도 사귀고자 노력했으나, 확실히 칭찬만을 얻은 것은 아니다.

---

7) 비교. H. Jedin Das Bischofsideal der Katholischen Reformation, in: Kirche des Glaubens - Kirche der Geschichte, a.a.O., 2,75-117.

8) 상게서., 87.

더 나아가 기암피에트로 카라파(Giampietro Carafa)도 언급해야 한다. 이 사람은 교회개혁을 위해 초창기에 등장한 인물로 나중에 교황 바울 4세가 되며, 그 시대에 전례없이 여러개의 주교직을 없애고 개혁서와 테아틴 수도회(Theatiner-Ordens) 창립에 관여했다.

마지막으로 가에타노 디 티에네(Gaetano di Thiene, †1547) 역시 그 멤버 가운데 하나이다. 그는 1524년 테아틴 수도회를 창립하기 전에 적극적인 사회봉사 활동으로 명성을 얻었다.

여기에 언급된 거의 모든 사람들이 직접적이든 혹은 간접적이든 '하나님 사랑의 기도회'(Oratoriums der Göttlichen Liebe)와 연관된 인물들이라는 점이 특별해 보인다. 이들은 개인적 경건이 특징이며, 이웃에게 베푸는 형제애로 교회개혁에 기여하고자 했다.

이것은 이미 또 다른 한 가지를 시사해주고 있다. 그들은 교회에서 확산되고 있는 새로운 정신의 증인들이며 그리고 - 적어도 부분적으로 - 기존 수도회들이 추진했던 개혁의 대책들과 더불어 16세기 전반기에 새롭게 만들어진 일련의 수도회가 계속된 교회개혁의 도구들이었다는 점이다.

'하나님 사랑의 기도회'로부터 1524년 가에타노 디 티에네스가 테아틴 수도회를 시작했다. 이것은 카라파 주교구인 테아테를 따라 명명한 것이며, 창립 시에 가장 중요한 부분이 되어 주었다. 그의 주요 목적은 성직자의 종교적 갱신이었다. 이곳은 '훌륭한 주교들의 이식지'가 되었다.(Jedin)

몇 년 후 1528년 프란시스코회의 세 번째 지수도회인 카푸친수도회(Kapuziner)가 교황의 승인을 얻었다. 이들은 모자 달린 외투를 착용하고 수염을 기르는 규정을 지켰고, 그들의 외모에서 그 이름을 얻었다. 본래 그들은 프란시스코 전통을 엄격하게 준수하는 은자공동체이고자 했다. 이들 사역의 특징은 치유와 사도성이었다. 큰 반응을 얻은 후, 이미 1530년대 중반에 설교(와 그에 부합하는 연구)에 중점을 두는 새로운 방향을 설정했다. 그로인하여 후에 수도회 회원들은 목회에 관여하는 것이 가능해졌다. 예수회와 더불어 카푸친 수도회는 반종교개혁에서 커다란 역할을 했다.

'성 요한 자비 형제회'는 환자를 돌보는 가장 중요한 남성수도회로 발전했으며, 1540년 요한(Johannes De Deo)이 그라나다에서 평신도 조합으로서 창립했다. 이러한(그리고 여타의) 모든 수도회의 창립은 이그나티우스 폰 로욜라의 예수회로 인해 그늘 속에 있었다. 스페인 가톨릭교회 역시 전체 교회의 갱신을 위해 예수회라는 가장 중요한 도구를 얻게 되었다.

그러나 스페인의 교회 개혁을 위해서는 이미 매우 일찍부터 중요한 자극들이 있었다. 장벽(1492년 그라나다 정복)을 반대하는 해방투쟁이 영향을 주어 그 어디보다도 강하게 교회와 왕권사이에 완전한 합의가 이루어질 수 있었고, 교회의 개혁이 공동의 관심사가 되었다.('가톨릭인'이라고 불리우며 1516년 사망한 아라곤의 페르디난트와 칼5세의 조부인 카스틸리언의 이사벨) 제5차 라테란 공의회를 위해 왕이 소집한 위원회는 개혁안을 만들어 지도층의 개혁(reformatio capitis)을 추진했다.

중요한 인물로는 두 명의 주교가 탁월했다. 추기경 프란시스코 히메네스 드 시스네로스(Francisco Ximenes de Cisneros, †1517)는 프란시스코회 수도사요, 여왕의 고해신부겸 고문이었고, 그 후 톨레도의 대주교가 되었으며, 이로 인해 스페인교회의 우두머리가 되어 '스페인교회의 개혁자'라는 영예를 얻었다. 그는 새속성직자와 수도회 소속 성직자를 개혁했고, 학문을 장려했으며(알카라 대학 창립), 인문주의와 다른 한편으로는 근대의 경건(devotio moderna)을 수용했다. 그는 다국어대조성서 연구를 장려했고, 토마스 아 켐피스의『그리스도를 본받아』를 스페인어로 번역하도록 했다.

그와 견줄만한 또 다른 인물은 왕국을 다시 탈환한 후 그라나다의 첫 대주교가 된 탈라베라 멘도사(Talavera y Mendoza, †1507)이다. 그 역시 수도사였으며, 종종 여왕의 고해신부로 일했다. 설교, 목회, 선교회 창립, 민중교육과 사제교육에 대한 공헌으로 그는 '가톨릭 개혁 주교의 선구자요 표본'[9]이 되었다.

알카라 대학과 더불어 또 다른 교육기관들이 설립되었고(세르빌라, 그라나다, 톨레도), 지속적으로 개혁되었다. 살라망카 대학은 도미니크파인 프란시스코 드 빅토리아(†1546)를 통해 토마스-르네상스의 출발점이 되었다. 빅토리아는 도밍고 드 소토(Domingo de Soto)와 더불어 살만티엔 학교의 설립자가 되었고, 그 회원들이 트렌트공의회에서 회의를 주도했다.

9) H. Jedin, Reformation, Katholische Reform und Gegenreformation, Handbuch der Kirchengeschichte 4, a.a.O., 462.

독일 지역에서는 이 같이 뛰어난 인물은 나오지 않았다. 개혁을 생각한 주교(예를 들어 아우크스부르크 주교 스타디온)와 신학자(코클레우스, 비첼, 그롭퍼)들이 물론 독일에 없지는 않았다. 그러나 여기서는 독자적으로 가톨릭 개혁을 관철시키기가 쉽지 않아 종교개혁의 흐름에 빠져들지 못했다. 가톨릭 개혁과 연관하여 이곳에서는 - 시기적인 지연과 더불어 - 일련의 부분적 개혁시도가 있었다. 상당히 많은 지역회의와 교구회의가 열렸다.[10] 그들의 처벌과 교리적 결정들은 트렌트공의회의 결정보다 더 많다. 그들은 계속해서 개혁의 발판을 준비했고, 예전과 관련된 분야에서 이미 미래에 중요한 결정들이 쏟아져 나왔다.[11] 특별히 중요한 지역회의는 시기적으로나 그 중요성에서 볼 때 1536년 쾰른회의가 그것이다. 이 회의는 독일의 첫 개혁신학자인 요한네스 그롭퍼가 계획했다.[12] 더 나아가 1537년[13] 5월에 열린 잘츠부르크 지역회의와 트렌트공의회가 개최된 시대에 있었던 비슷한 모임들, 무엇보다도 잘츠부르크, 마인츠 그리고 1549년의 트리어 회의도 언급할 가치가 있다. 이후에 결국 1548년 황제의 개혁 내지는 볼로냐로의 트렌트공의회의 이전이 일어났다.[14] 그러나 실제적인 성공은 미미했고, 가결된 개혁의 대책은 실행할 수 없는 것으로 입증되었다.

3. 이그나티우스 폰 로욜라와 예수회

예수회의 등장으로 가톨릭교회에는 내적 개혁뿐만 아니라 반종교개혁에도 역시 중요한 도구가 생겼다. 가톨릭 개혁정신 그리고 반종교개혁의 개혁정신은 모든 교회에서 지배적이 된 바로 스페인 정신 외에 다른 것이 아니라는 사실은 예수회와 예수회의 등장, 그리고 예수회의 영향을 말하는 것이다.

10) "die Sammlung Concilia Germaniae"를 보라. 편집. J.F.Schannat, J. Hartzheim et H. Scholl, tom. VI, Köln 1765.

11) 비교. J. Beumer, Die Provinzialkonzilien von Mainz und Trier aus dem Jahre 1549 und ihre Bedeutung für die liturgische Reform, Trierer Theol. Zeitschr. 82(1973), 293-303.

12) 각주 34.

13) ARC 2, 319-506.

14) J. Beumer, Das Mainzer Provinzialkonzil aus dem Jahre 1549 und seine Beziehungen zu dem Trienter Konzil, AHC 5(1973), 118-133.

형태와 내적 구조를 볼 때 수도회는 완전히 한 개인, 즉 후에 이그나티우스 로욜라(Ignatius de Loyola)라고 칭한 이니고 데 오나츠 로욜라(Inigo de Onaz y Loyola)의 도구였다. 그는 1491년 5월 31일 태어났으며(몇몇 자료에는 1495년이라고 되어있다), 옛 바스코 성(性)씨를 가지고 있다. 그는 우선 이사벨라 여왕의 재무담당자인 돈 주안 벨라즈케 데 쿠엘라의 집에서 급사로 일했으며, 아마도 이른 청소년기에 성직자가 되기 위해 삭발을 했다. 그럼에도 불구하고 그는 완전히 다른 인생길로 접어들었다. 그는 군인, 장교가 되어, 세속적인 삶을 살았다. 프랑스의 프란츠 1세를 상대로 한 칼 5세의 첫 전투인 팜플로나 요새 방어전에서 큰 부상을 입었다. 고향의 성[15]에서 오랜 기간 병상생활을 하던 중 아마도 루돌프 폰 작센(스페인어 1502/1503년 출간)의 『그리스도의 삶』(Vita Christi)과 『성인전』을 읽고 회심을 체험했다. 그는 지나온 자신의 삶을 깊이 되돌아보았고, 반드시 참회해야 한다고 인식했다. 게다가 이리저리 떠돌던 자신의 생각이 오랜 기간 불만족을 가져온 반면, 영적인 생각은 위로가 되고, 기쁨이 됨을 인식했다. 한편으로는 마귀가 시험하는 듯하고, 다른 한편으로는 성령이 인도하는 듯 했다. 그는 성인을 닮고자 우선 예루살렘 순례를 떠나기로 결심했다.

부상이 채 완쾌되기도 전인 1522년 2월 그는 길을 나섰다. 그는 몬세라트에 있는 베네딕트수도원에서 모든 고해를 마친 후, 기사의 옷을 벗어버리고 대신 거친 순례자의 옷을 입었다. 그는 길을 우회하여 바르셀로나에서 배를 이용해 성지로 가고자 했다. 그러나 바르셀로나는 페스트가 휩쓸고 있었다. 그는 원치 않게 만레사에서 여러 달을 기다려야 했지만, 이것은 그에게 회복의 시간이었으며, 훗날 이때를 "하나님의 학교에서"라고 자서전에 썼다. 그것은 회심을 처음으로 확인하는 시간이기도 했다. 금욕, 고해 그리고 성찬은 의심과 양심의 불안을 극복하는데 도움이 되지 못했고, 그로 인해 자살을 시도하거나 또는 과거의 삶으로 돌아가고자 했다. 그러나 그는 결국 양심의 가책과 영적인 고민 속에서 유혹자의 도구를 인식했고, 앞으로는 그 어떤 것을 통해서도 혼동되지 않을 것을 결심했다. 이그나티우스가 만레사에서 특히 토마스 아 켐피스의 『그리스도를 본받아』와 같은 중세 후기 신비주의의 여러 가지 책들을 알게 되었다는 것은 매우 중요하다. "그 영향으로 그는

15) 비교. 『순례자의 보도』(Bericht des Pilgers) 속의 설명, 5-12, a.a.O., 43-49.

기도하면서 하나님의 비밀을 체험하고, 모든 무질서한 욕망으로부터 마음을 정화하고, 하나님의 뜻에 겸손하게 의지하고 그리고 하나님의 영광을 위해 일하고자 금욕이라는 외적 행위를 버렸다. 이것으로 그의 '회심'은 마무리 되었다."[16] 그 회심은 곧 이웃을 위한 봉사였다. 특별한 참회자에 관심이 있던 경건한 몇몇 부인들이 그에게 영적인 보살핌을 받았다. 이그나티우스는 직접 깨달은 내적 삶의 질서를 그들에게 전해주고자 했고, 동시에 그는 자신의 경험을 글로 써서 다른 사람에게 전달해 주고자 했다. 그의 목적이 아직은 전혀 드러나지 않았던 초창기에 이미 사역의 특징들이 형성되었다. 이 특징들은 수도회와 더불어 가장 중요한 인물에게 해당된 것이며, 이그나티우스가 이웃 세계로 실어 나른 것이다.

4주간에 걸쳐 그 속에서 책을 읽고, 양심을 분석하며 참회를 반복하는 순환묵상훈련의 안내서가 있다. 가장 중요한 것은 영적안내자와의 동행이며, 그는 개개인들을 단계별로 "모든 무질서한 집착을 멀리하고, 그것을 멀리한 이후에는 자신의 삶에서 영혼의 구원을 위해 하나님의 뜻을 구하고 찾는 것을 영혼이 준비하고 조정하여"[17] 목표에 이르도록 인도해준다.

1523년 봄 결국 바르셀로나로부터 이탈리아로 건너갔고 그리고 로마를 거쳐 베네치아에서 여행을 계속하여 9월에 예루살렘에 도착했다. 순례자들, 기독교인, 유대교인 그리고 무슬림을 돌보고자 그곳에 계속 남고자 했던 그의 생각은 이루어질 수 없었다. 그는 돌아와야만 했다.

새로운 목적을 달성하고자 이그나티우스는 이듬해에 신학수업에 전념했다. 2년 동안 바르셀로나에 머물렀으며, 그 후 알카라 대학으로 옮겼고, 1년 후인 1527년 몇 개월간 살라망카에서 공부했다. 이곳에서 그가 전념한 것은 공부만이 아니었다. 이미 이전에 만레사에서처럼 이곳에서도 역시 많은 사람들이 몰려들어 영적인 지도를 위탁했다. 바르셀로

16) K.D. Schmidt, Die katholische Reform und die Gegenreformation, a.a.O., 19. H. Böhmer, Ignatius von Loyola, a.a.O., 40: "루터에게는 성서가 가장 중요했다면, 로욜라에게는 만네사에서 읽은 '그리스도를 본받아'가 가장 중요했다. 그에게 이 책은 종교적인 통찰과 내면의 삶을 정해주었고, 순례 중에도 어느 정도는 설명하고자 노력했다. 그 때문에 후기에 이 책을 보급하기 위해 기울인 노력은 마치 루터가 성서를 보급하기 위한 노력과 비교할 수 있다."

17) K. Rahner, Die Vision des heiligen Ignatius in der Kapelle von La Storta, in: ders, Ignatius von Loyola als Mensch und Theologe, a.a.O., 53-108.

나에서는 이미 동일한 생각을 가진 작은 동지회가 이루어졌고, 그와 더불어 알카라에서 하나의 공동체를 이루었다. 이들은 외적으로 특별한 의상을 통해 구분이 되었다. 무엇보다도 종교재판에 대한 이들의 행동과 활동은 특별히 눈에 확연했다. 종교재판은 모든 종교집회를 금했고, 젊은이들에게는 그들의 외모를 일상적인 관례에 일치시키도록 명령했다. 이그나티우스와 그의 동료들은 그것을 지키지 않고, 살라망카 그리고 그전에 알카라에서 활동을 시작했기 때문에 그들이 무슨 죄를 범했는지 진지하게 설명하지도 않은 채, 몇 주 후 체포되었다. 그 결과 이그나티우스는 파리로 가(1528), 그곳에서 초기에는 물질적인 어려움이 있었으나, 여러 방면에서 큰 도움을 받으면서 부지런히 공부하여 1534년 석사가 되었다.

뿐만 아니라 이그나티우스는 여기서도 역시 다른 사람들의 영혼을 돌보는 일에 힘을 썼다. 점차 많은 학생들이 그와 연대했다. 피에르 르페브르(Pierre Lefevre), 프란츠 데 사비에르(Franz de Jassu y Javier〈Xaver〉), 시마오 로드리구에즈(Simao Rodriguez), 디에고 라이네츠(Diego Lainez), 알론소 살메론(Alonso Salmeron), 니콜라스 알폰소 보바딜라(Nicolas Alfonso de Bobadilla). 마리아 승천기념일인 1534년 8월 15일 일곱 명이 뜻을 모아 몽마르뜨의 마리아 교회에서 가난, 독신 그리고 영혼을 돌보거나 내지는 교황에게 도움이 되고자 예루살렘 순례 의무를 공동서약했다. 수도회 창립은 아직은 이루어지지 않았고, 다만 개인적인 결합체였을 뿐이다. 그는 아직 여전히 파리에 있었다. 1년 후 이그나티우스는 병으로 인해 스페인으로 돌아왔다. 그 얼마 전 그는 위장한 루터파일 것이라는 의심에서 벗어나야만 했었다. 1536년 초 그는 베네치아에서 동료들을 - 그 사이에 세 명의 동료가 더 가입했다 - 다시 만났다. 공동으로 서약한 예루살렘 순례를 시작하기 위해서였다. 그러나 그 길이 차단되자, 이들은 여러 지역(파두아, 페라라, 볼로냐, 시에나, 로마)에서 목회와 사랑의 봉사를 시작했다. 이그나티우스와 아직 사제가 아닌 동료들은 서품을 받았다. 1538년 11월 로마로 가는 길에서 이그나티우스는 라 스토르타의 작은 예배당에서 결정적인 환상을 보았다.(영적인 길을 걷기 시작한 후 그는 이미 꿈과 신비적인 체험을 했었다) 그는 하나님 아버지가 어떻게 그의 아들 예수 그리스도에게 그와 그의 동료들을 명했는지 그리고 보호와 인도를 위임했는지를 보았다. 이러한 환상의 외적인 표현이 1539년 봄 수도회를 창립했을 때 그 동지회에 준 그 이름이다. 예수회. 교황에게 전달된 공식문서에는 가난과 독신의 서약과 함께 교황에 대한 복종의 서약이 특별한 내용으로 포함되어 있다.

그러나 그 과정에서 상당한 어려움도 이겨내야만 했다. 일반적인 그 시대의 긴장이 새롭거나 이제까지 검증되지 않은 특이한 방식을 반기지 않았다. 새로운 것에 대한 불신은 매우 컸고, 고발이 일상사였다. 이탈리아에서도 역시 이그나티우스(스페인 사람으로서!)는 숨어있는 루터의 추종자라는 의심을 방어해야만 했다. 또한 교황청에도 새로운 수도회 창립을 반대하는 사람들이 있었고, 그 결과 이그나티우스와 그의 동료들이 원하는 목표에 이르기까지는 비교가 안 될 정도로 오랜 시간이 걸렸다. 1540년 9월 27일에야 수도회는 칙령(Regimini militantes Ecclesiae)을 통해 교황의 승인을 얻었다.[18] 1541년 4월 이그나티우스는 첫 사무총장으로 선출되었고, 서원식을 가졌다. 세 가지의 기존 서약에 네 번째인 교황의 모든 명령에 지체 없이 복종한다는 서약을 했다. 그 후 이그나티우스는 규율을 제정했으며[19], 이것은 여러 번의 수정을 거친 후에 제정자가 죽은 후인 1558년에야 적용되었다.

엄격한 선발과 여러 단계에 걸친 수년간의 집중적인 교육은 언제나 투입할 수 있는 정예부대의 전제를 만들어 주었고, 이들은 서약한 절대복종으로 비범한 전투력을 보유했다. 처음부터 그들은 다양한 영역에서 활동했다. 사목활동은 특별히 훈련자들에 의해서도 계속 되었다. 이 분야는 제후궁에서의 고해신부로 일하는 첫 예수회원으로의 소명을 받을 때에 특별히 강조된다. 이전에 했던 사회봉사 대신에 고등학교와 대학에서 강의를 했다. 이것은 실제로 사목활동의 확장이었다. 새로운 것은 선교 분야로의 투입이었다(프란시스 사비에르는 1542년 동인도로 파송되었다). 이그나티우스는 로마에 콜레기움 게르마니쿰(Collegium Germanicum)을 창립했다(1552). 이것은 성당의 사역자들에게 좋은 교육을 제공하고, 교회에는 신실한 신학자들을 보장해주었다.[20] 종교재판 중앙기관인 상크툼 오피치움(Sanctum Officium)의 창설 역시 1542년 이그나티우스에 의해서였다.[21] 수도회는 비

18) C. Mirbt/K. Aland, Quellen 1, 539-542.

19) 상게서, 542f. 일부분이 수록되어 있다.

20) K. Rahner, Ignatius und das Germanicum, in: ders, Ignatius von Loyola als Mensch und Theologe, a.a.O., 168-187.

21) Bulle "Licet ab initio" vom 21. Juli 1542, bei C. Mirbt/ K. Aland, Quellen 1,537-539.

록 이그나티우스가 극도로 엄격한 규정을 적용하고 사소한 이유를 들어 회원들을 다시 퇴출시켰음에도 불구하고 매우 빠르게 확산되었다. 위기 역시 피할 수 없었다. 전 지역이 그들의 활동에 대해 폐쇄적이었다. 이그나티우스가 죽기 1년 전(1556년 7월 31일)인 1555년 기암피에트로 카라파스의 교황 선출은 심각한 어려움을 예고했다. 왜냐하면 이그나티우스가 베네치아에서 경고장을 보내 카라파스를 모독했었기 때문이다. 다시금 교황 측에서 수도회가 임시로 봉사를 서약했다는 큰 의심(정치적인 영역에서도 역시)을 했다. 모든 장애에도 불구하고 이그나티우스가 그러한 영향을 주었다는 사실은 다시금 그가 지닌 능력을 입증해주는 것이다.

예수회는 1540년대 초 독일로 들어왔다. 1541년 열린 보름스 종교회담에 참여한 바 있던 페터 파베르(Peter Faber)가 알브레히트 대주교의 부름을 받고 마인츠로 왔다. 그곳에서 1년 후 젊은 석사인 페터 카니시우스(Peter Canisius)가 그의 훈련에 참여했고, 첫 독일인으로서 예수회에 가입했다.[22] 카니시우스는 쾰른의 대주교인 헤르만 폰 비드(Hermann von Wied)의 개혁계획에 대한 논쟁에서 내우 결정적인 역할을 했다. 그는 독일 반종교개혁의 전사들 가운데 한 명이었다. 독일 예수회의 가장 중요한 첫 활동영역은 대학들(쾰른, 잉골스타트)이었다. 로르츠(Lortz)는 그들이야말로 바로 '많은 대학의 가톨릭 신학부의 구원자'라고 평했다.[23]

이그나티우스가 종종 반루터에 대해 표명했다고 하나 이것은 옳지 않다. 예수회를 특별한 반종교개혁적 산물로 이해할 수 없다. 물론 로마교회의 갱신을 위한 그들의 활동은 교황의 입장에서 볼 때 종교개혁에 대립된다는 측면에서 그에 상응하는 강조점을 가지고 있고, 특히 이그나티우스의 초기 시대에 볼 수 있다. 파리에서 그는 '플랭카드 사건'과 그로 인해 발생한 비극적인 박해와 처형을 직접 목격했다.[24] 1554년 이그나티우스는 독일에서 반종교개혁을 위한 프로그램을 입안했다.[25] 그리고 트렌트공의회에서 예수회 신학자

22) 비교. Briefe des hl. Petrus Canisius, ausgewählt und bearb. v. S. Seifert, Leipzig 1983.

23) J. Lortz, Die Reformation in Deutschland, a.a.O., 2,150.

24) 위 139를 보라.

25) C. Mirbt/K. Aland, Quellen 1,554f.

들은 중요한 역할을 했다.[26] 교황도 직접 라이네츠와 살메론을 파견했다. 그럼에도 불구하고 예수회의 성격과 그 활동의 목적을 종교개혁 반대라는 차원에서 이해해서는 안되며, 종교개혁의 등장으로 충분히 설명할 수 없는 상황에 직면하여 교회와 그 교회의 갱신을 위한 긍정적인 차원에서 이해해야 한다. 그런 한에서 이그나티우스와 그의 수도회는 먼저는 가톨릭교회 개혁의 역사에 속하며 그리고 그때서야 비로소 반종교개혁의 역사에 속하는 것이다.

4. 개혁과 반종교개혁

예딘(H.Jedin)은 교회개혁에 대한 모든 이러한 시도들을 요약하면서 '거대한 강을 이루지 못한' 많은 '개천들'이라고 말한다. '자체개혁'이 너무도 늦게 교황청을 장악했고, 그 후에야 '전체를 위해 작용할 수 있었다.'[27] 그러나 다양한 여러 노력들이 트렌트공의회의 길로 직접 연결되지는 않았다.[28] 대부분의 노력들은 장소와 지역적인 제한을 받았다. 총회의 결정, 요청 그리고 경고는 무시되어 실제적으로 영향을 주지 못했다. 게다가 그와 같은 개혁의 독촉자와 수행자는 한편으로는 깊이 뿌리 내린 개혁운동과 다른 한편으로는 오로지 방어에 급급한 교회의 인사들 사이에 놓여 있었고, 새로운 모든 것은 불신을 받았다. 교황 하드리안 6세(1521/1522)는 하나의 에피소드가 되었다. 교황은 홀로 폐쇄적인 추기경들과 대립했다. 바울 3세(1534-1549)는 첫 진척을 이루어냈다. 몇 명의 열정적인 개혁의 옹호자(카라파, 콘타리니, 사돌레토 등등)를 불러들여 추기경 회의를 쇄신했고, 여러 번의 실패를 거친 후, 공의회를 소집했다. 그러나 그는 또한 로마 종교재판(1542)의 설립자였고, 모든 혐의자들을 혹독하게 다루어 몇몇의 유명한 개혁의 독촉자를 군대로 보냈다. 그 중에 카푸친 수도회 사무총장이며 참회설교자인 베르나르디오 오치노와 대중설교자이며 아우구스티누스파 수도회감찰관인 피에트로 베르미글리가 있다. 다른 사람들은 폭

26) 비교. H. Jedin, Geschichte des Konzils von Trient, a.a.O., passim, sowie H. Böhmer, Die Jesuiten, a.a.O., 79-81.

27) H. Jedin, Katholische Reformation oder Gegenreformation?, a.a.O., 69.

28) 비교. G. Maron, Das Schicksal der katholischen Reform im 16. Jahrhundert, ZKG 88(1977), 218-229.

력으로 억압당했다.[29] 바울 3세는 개혁교황은 아니었다. 개혁을 위해 교황직에 앉았을 것이나, 그 역시 많은 비판을 받았다. 후계자들에게도 '자체개혁'이 교황청을 정복했다는 것은 중요하지 않았다. 1555년 바울 4세가 된 카라파스의 교황 선출은 이그나티우스 폰 로욜라를 떨게 했다. 베드로의 자리에서 개혁의 대표가 된 카라파는 개혁의 다른 대표자(예를 들어, 교황대사요 주교이자 추기경인 모로네를 1557-1559년 이단혐의를 씌워 엥겔스부르크에서 체포했다)를 박해한 가장 어두운 방식의 반종교개혁의 대표자가 되었다.

트렌트공의회를 개혁공의회라고 보고 그런 점에서 여러 가지 개혁 시도와 연속성을 갖고 있다고 보는 시각에는 한계가 있다. 몇몇 학자들은 이것을 지지한다. 트렌트공의회는 많은 부분, 특히 첫 회기가 특징적이다. 그것이 정말 소집되고 회무를 시작할 수 있었다는 것은 종교개혁에 대한 자기본존과 방어의 행위였고, 결국 또 다른 사람, 즉 황제가 직접 행동할 수 있다는 두려움의 행동이었다. 공의회는 개혁과 반종교개혁이 교차하여 쇄도하고 그로인해 많은 기대를 충족시키지 못하게 하는데 기여한 여러 개의 얼굴을 가졌다.

B 트렌트공의회, 과정과 결과

1. 외적인 그리고 내적인 전제들

1545년 12월 13일 트렌트공의회가 실제로 개최되었다. 보편공의회 개최를 루터가 처음 요구한지 어느덧 25년이 흐른 뒤였다. 셀 수 없이 많은 비슷한 호소들이 그 이후로 있어왔다. 신학자들, 제국회의 그리고 황제 자신도 보편적인 교회 회의를 촉구했었다. 1537년 만투아 소집 등 이미 다양한 시도가 있었다. 그러나 기대는 언제나 이루어지지 않았다. 교황은 공개든 비공개든 공의회를 두려워했다. 정치적 관계도 그것을 방해했다. 결국 프로테스탄트 역시 '자유로운 공의회'가 아닐 수 있기에 반대했다.[30]

공의회가 열렸을 때, 내외적인 여건은 결코 1년 전이나 혹은 10년 전보다 개선되지 않았다. 가톨릭 지역에서 정치적 책임을 가진 교황, 황제 그리고 프랑스 왕 사이의 긴장들은

29) Ob die spanische Übersetzung des Enchiridion des Erasmus und das Buch "Von der Wohltat Christi" tatsächlich zu einer "Gefahr für die kirchliche Frömmigkeit" wurde, wie H. Jedin, a.a.O., 70, meint?

30) 비교. 위 75.

교황과 황제의 합의 그리고 프랑스와 독일 제국의 새로운 평화조약에도 불구하고 약화되지 않았다. 공의회를 황제의 영향력에서 벗어나게 하고 자신의 구상을 실현하고자 시도하면서 교황은 새로운 변화와 교회의 주도권을 강조하는 프로테스탄트의 협력 거부를 목도해야만 했다. 그 결과는 혼란이었고, 완전한 좌초로 이어졌다. 다른 한편, 프란츠 1세는 공의회에 대표를 파견하는 것이 크레피 평화조약의 의무라고 생각했지만, 글자 그대로의 강제성이 있다고 여기지는 않았다. 그는 공의회에 의한 정치적 반격을 두려워했기 때문에 프랑스교회를 단지 상징적으로만 참여시키고, 요구사항을 계속 전달함으로서 지연책을 이용했다.

너무나 어려운 공의회의 초기 상황은 외적인 구성에서 분명한 모습을 볼 수 있다. 1544년[31] 11월 19일자 칙령 'Laetare Hierusalem'을 통해 모든 총주교, 대주교, 주교, 수도원장 그리고 보편공의회에 참석할 권한과 결의권을 가진 사람들뿐만 아니라, 더 나아가 황제, 프랑스의 왕 그리고 몇 명의 왕들과 제후들이 공의회 참석 초청을 받았다.[32] 그러나 이 초대에 실제로 응하는 것은 당연한 것은 아니었고, 심지어 주교들도 아니었다. 어쨌든 왕의 결정이 중요했다. 그리고 압도적인 대다수는 이탈리아인이었다. 스페인에서는 개회시에 단지 다섯 명의 주교가 참석했고, 프랑스로부터는 단지 두 명만이 참석했다.[33] 그리고 이어지는 회기에도 참석자 수는 매우 느리게 증가했다.

프로테스탄트의 참여는 하나의 특별한 문제였다.[34] 종교개혁 진영에서는 공의회의 새로운 소집공고를 우선 그다지 진지하게 받아들이지 않았다. 너무나 자주 기대가 허물어졌기 때문이다. 이번 공의회도 오랜 기간 촉구해 온 공의회일 수 없다는 것은 매우 자명했다.[35] 루터는 다시 한 번 교황에 대해 철저히 비판하며 반응했고, 그가 공의회를 거부하는 근거로 삼았다.[36] 멜란히톤은 공의회 문제에 대해 여러 가지 '생각들'을 적었다. 비텐베르크 신학자들은 1월 초에, 그 사이에 실제로 공의회가 개최되었다는 사실을 분명히 알지 못

31) CT 4,385-387.

32) 상게서 387,12-14, 21ff.

33) 비교. 참여자리스트, 상게서., 529-532.

34) R. Stupperich, Die Reformatoren und das Tridentinum, a.a.O.

35) 비교. 위24.

36) 『악마가 세운 로마 교황권 반박』(Wider das Papsttum zu Rom vom Teuffel gestifft), 1545, WA 54, (195)206-299.

한 채, 다시 한 번 공의회를 반대하는 공동의 의견서를 작성했다.[37] 개회가 알려지자, 2월 11일[38]에 부겐하겐, 크루치거 그리고 멜란히톤은 "우리 교리의 근거를 보여주기 위해 공의회에 나타나 들어야 한다고 황제가 요구하고 기약했음"[39]을 서명했다. 멜란히톤은 트렌트공의회가 내놓은 첫 번째 교령에 대해서 슈말칼덴 전쟁이 발발하기 직전에 전문적인 글『왜 무엇 때문에 아우크스부르크 신앙고백을 따르는 귀족들이 기독교적인 교리를 수용하고 그것을 고수하며, 또한 왜 자칭 트렌트공의회를 참석도 승인도 하지 않는지』를 써서 더 상세하게 답변했다.[40] 여기서 새롭게 결론을 내렸다.

> "우리는 트렌트공의회를 인정하지 않는다. 왜냐하면 오로지 우리의 뜻을 듣지 않고, 다른 것을 가르치며, 하나님을 두려워하는 자에게서 진리를 알 자유를 가져가기 때문이다. 말했듯이, 우리는 만족하며, 유감스럽게 생각한다."[41]

그 사이에 제시된 성서와 전통[42]에 대한 교령은 사람들이 전통적인 척도들을 시험하기를 원하지 않음을 그에게 충분히 입증시켜 주었다. 멜란히톤은 그 때문에 칭의에 대한 근본적인 문제 역시 거부될 것이라고 예상했다.[43] 스트라스부르 신학자(부처: De concilio et legitime iudicandis controversis religionis, 1545년 8월)들도 칼빈처럼 완전히 비슷한 의견을 냈다.[44] 공의회 개최에 임박해서도 역시 사람들은 종교개혁 진영 제국귀족들이 1545년 보름스 제국회의에 언급한 거부를 계속 고집했다.

'단순하게 여기거나 혹은 전혀 준비하지 않았다는 것' 역시 공의회 초기의 어려움 가운

37) CR 6,7-10.

38) 상게서., 43-46.

39) 상게서, 45.

40) 독일어 in: Melanchthons Werke in Auswahl, hg. v. R. Stupperich, 1, 1951, 411-448, 라틴어 in: Ph. Melanchthonis epistolae, iudicia, consilia(etc.), ed. H. E. Bindseil, Halle 1874, 241ff.

41) Melanchthons Werke in Auswahl, ebd., 1,446, 10-13.

42) 위 161.

43) Melanchthons Werke in Auswahl, ebd., 1,442,25ff.

44) CR 63, Opp. Calvini 35,253-288.

데 속한다.[45] 회의집도 없고 프로그램도 전혀 분명하지 않았다. 그 결과 본래적인 회무가 시작되기까지는 상당한 시간이 흘러갔다. 분명한 신학적인 입장도 논의가 진행되면서 찾아야만 했다. 수도회 소속 신학자들은 다양한 신학적 계파(토마스파, 스코투스파)를 대변했다.

시간적으로 볼 때 공의회는 엄격하게 단절된 세 개의 기간으로 구성되어 있어서 가끔은 '세 개의 트렌트 개혁공의회들'이라고 말하기도 했다.[46]

a) 트렌트공의회 첫 회기는 1545년 12월부터 1547년 3월 그리고 1547/1548년 볼로냐회의까지이다.

b) 트렌트공의회 두 번째 기간은 1551/1552년이다.

c) 세 번째 트렌트공의회 기간은 1561-1563년까지이다.

2. 첫 번째 회기와 볼로냐로의 이전

공의회의 시작은 정신이 번쩍 들게끔 했다. 개회 시의 참석자는 30명의 주교도 되지 않았다. 후에도 결의권을 가진 회원의 수는 50-70명을 넘지 않았다. 독일로부터는 처음에 보좌주교(마인츠의 헬딩)가 처음 참석한 이후로 두 명의 지방대표자(마인츠와 트리어)만이 출석했다.

세 명의 교황사절인 델 몬테(추후에 교황 율리우스 3세가 된다. 1550-1555), 체르비니(후에 교황 마르켈루스 2세가 된다. †1555) 그리고 영국의 포울 추기경이 회의를 주재했다.

의결권, 의결방식 그리고 회순에 대한 몇 가지 형식적인 기본결정들이 공의회가 다루어야만 했던 첫 과제가 되었다. 표결권에 관한한, 오직 참석한 주교들과 수도회의 총장이 표결권을 갖도록 결정했다. 특히, 스페인에 비해서, 이태리인의 숫자적 우위는 교회정치적인 논쟁을 의결하는데 영향을 주었다. 회순에 대한 협의는 첫 번째 위기를 초래했다. 두

45) J. Beumer, Die Geschäftsordnung des Trienter Konzils, in: Franziskanische Studien 53(1971), 289-306, danach auch in Concilium Tridentinum, a.a.O., 113-140. 인용 113.

46) F. Gontard, Die Päpste und die Konzilien, Wien/München/Basel 1963, 387.

개의 주요과제를 처음에 확정했다. 교회의 개혁과 교리에 대한 결정. 협의의 순서는 난항을 겪었다. 로마 측에서는 교리문제에 대한 협의를 시작하려고 한 반면, 대다수 참여자들은 개혁의 문제를 먼저 다루기를 선호했다. 최종 결정은 교리와 개혁을 동시에 다루자는 것이었다. 왜냐하면 이 둘은 서로 분리된 것이 아니며, 교황이 거부했을지라도 현실이었기 때문이다. 그 결과 교회의 개혁에 대한 보편적인 교령이 매우 늦었지만 가결될 수 있었고, 개혁의 문제가 하나의 중심 주제처럼 모든 회의를 통해 일관되게 다루어졌다.

핵심 문제의 협의는 1546년 2월 4일 3번째 계속된 회의에서 그리스도의 믿음을 고백하는 사람들이 모인다는 원칙인 니케아-콘스탄티노플공의회의 정책을 재확인함으로 시작했다.[47)]

첫 주제는 종교개혁적인 관점에서 볼 때 매우 중요한 성서에 대한 근본적인 문제였다. 이미 4월 8일에 그에 대한 두 개의 교령이 가결되었다. 성서와 전통에 대해서 그리고 불가타에 대해서.[48)] 성서에 대해서는 범위(계시록을 포함한 정경들), 성서의 순서 그리고 사도적 전승을 확정했다. 이 둘 모두 성령의 영감을 받았으며, 그러므로 경건한 자세와 경외감으로 받아들인 것이다.

불가타에 대한 교령은 이 라틴어 번역이 모든 공적인 강의, 학문적 토론, 설교 등에 척도가 된다고 설명하고 있다. 성서의 참된 해석자는 교회이며, 오직 교회에만 참된 뜻을 판단할 수 있는 권한이 주어져 있다. 교부의 이해에 반하는 해석은 강력하게 거부되었다. 꼭 필요하다고 여긴 불가타 개정은 교령에 담지 않았다. 성서원어에 대해서는 언급하지 않았다.

이어서 성서연구와 설교에 대한 논의가 있었다. 이것으로 종교개혁 진영에서 명확하게 강조한 주제들이 채택되었다. 특별히 주교의 설교의무와 체류의무가 강조되었다. 그 옆에는 다음 신학적 주제인 원죄가 회의 순서에 있었다. 원죄, 성서연구 그리고 설교에 대한 두 개의 교령은 1546년 6월 17일에 가결되었다.[49)]

---

47) CT 4,580,13f.

48) CT 5,91f. = C. Mirbt/ K. Aland, Quellen 1, 591-593, 본문 in: Conciliorum Oecumenicorum Decreta, a.a.O., 633-775. 부분발췌 in: Enchiridion symbolorum, definitionum et declarationem de rebus fidei et morum, ed. H. Denzinger et A. Schönmetzer, Freiburg u.a. 361976, 독일어 발췌 in: Der Glaube der Kirche in den Urkunden der Lehrverkündigung, v. J. Neuner u. H. Roos, 개정판 v. K. Rahner u. K. H. Weger, Leipzig 1982 (Nachdruck der 10. Aufl.) bzw. Regensburg 111983.

49) CT 5,238-240 내지 241-243 = C. Mirbt/ K. Aland, Quellen 1, 593 내지 594-596.

성서연구와 설교에 대한 제안은 본래 개혁프로그램의 하나였다. 그도 그럴 것이 지금 한편으로는 성직자의 교육 수준의 향상과 다른 한편으로는 교회가 중요했기 때문이다. 그러나 원죄에 대한 교령은 커다란 주제인 칭의론의 전주곡이었다. 그것은 다시 한 번 교리의 전체적인 복합성을 깊이 숙고하고, 첫 네 개의 결정에서 펠라기안과 유사한 오류를 정죄하고 있다. 다섯 번째 결정에서야 비로소 종교개혁에 반대하며, 세례를 통해서 모든 원죄가 사함 받는다고 정의한다. 남아있는 욕망(concupiscentia)은 본래 죄라고 칭할 수 없다는 것이다. 그러나 이것을 종교개혁적인 사안으로 이해하고 거절했는지에 대해 트렌트 원죄 교령이 "루터의 욕망이해를 비껴갔다."는 결론을 얻은 새로운 연구들이 이의를 제기했다. 왜냐하면 "트렌트와 루터의 고백은 같은 개념인 욕망을 서로 다르게 이해하고 있기 때문이다."[50] 교령의 추가 부분에서는 - 토론에서 이미 제시되었듯이 - 무흠 개념을 정의하지도 않은 채 특히 하나님의 어머니인 마리아가 모든 언급에서 빠졌다.

공의회는 1547년 1월까지 즉, 6개월 이상을(그러나 여름에 일정기간 회의를 중단했다. 슈말칼덴 전쟁이 발발했고, 슈말칼덴 군대가 위협적으로 접근해오고 있었기 때문이다. 그 때문에 이미 공의회를 볼로냐로 이전하는 것도 논의되었다) 종교개혁 측의 '교회를 서게도 하고 넘어지게도 하는'(articulus stantis et cadentis ecclesiae) 교령인 칭의론을 다루었다.

칭의론에 대한 방대한 문서가 그 결과물로 나왔다. 33개의 교리적 항목으로 구성되어 있으며, 가장 큰 부분은 루터와 종교개혁의 몇몇 대표자를 향한 것이고, 이들을 기명하거나 혹은 개인적으로 정죄하지는 않았다.[51] 공의회 신학자들과 공의회 사제들은 그 일에 큰 신경을 기울이지 않았다. 종교개혁적인 서적들을 직접 다루지도 않았다. 분명히 그러

50) H. G. Pöhlmann, Das Konkupiszenzverständnis der Confessio Augustana, der Confutatio und des Konzils von Trient, CAC 389-395. □만은 이렇게 요약했다. 루터와 루터파의 신앙고백은 욕망을 전인적인, 인격과 그것을 통해서 언제나 죄성을 가진 현상으로 이해하지만, 트렌트공의회는 단지 인간에게 있는 한 부분으로, 어둡고, 인격보다 못한 하부영역이다. 도덕보다 앞선 죄의 원료이지만, 펠라기우스가 본 것처럼 죄 자체는 아니다(394).

51) CT 5,791-799 = C. Mirbt/ K. Aland, Quellen 1,596-605. 이 교령에 대한 토론에 대해서는 H. Rückert, Die Rechtfertigung auf dem tridentinischen Konzil, Bonn 1925 = Arbeiten zur Kirchengeschichte 3; P. Brunner, Die Rechtfertigungslehre des Konzils von Trient, in: Pro veritate. Festgabe für Lorenz Kardinal Jäger und Wilhelm Stählin, Kassel 1963, 59-96; H. A. Oberman, Das tridentinische Rechtfertigungsdekret im Lichte spätmittelalterlicher Theologie, ZThK 61(1964), 251-282, danach in: Concilium Tridentinum, a.a.O., 301-340; E. Schillebeeckx, Das tridentinische Rechtfertigungsdekret in neuer Sicht, Concilium 1(1965), 452-454; H. Rückert, Promereri. Eine Studie zum tridentinischen Rechtfertigungsdekret als Antwort an H. A. Oberman, ZThK 68(1971), 162-194, danach in: ders., Vorträge und Aufsätze zur historischen Theologie, Tübingen 1972, 264-294; V. Pfnür, Zur Verurteilung der reformatorischen Rechtfertigungslehre auf dem Konzil von Trient, AHC 8(1976), 407-428.

한 일은 시도되지 않았다. 공의회에 참석한 사제들은 종교개혁의 주요 원자료에 대한 지식이 부족했다. 이차 혹은 삼차 자료에서 가져와 본래의 의미를 더 이상 알아낼 수 없는 발췌문을 사용하는 것으로 만족했다.[52] 더 나아가 누가 이러한 형식을 대표하는지 고려하지 않은 채 무엇이 가톨릭 교리이며 그리고 무엇이 신앙에 있어서 오류인지 정확하게 결정한다는 목적만으로 서로 다른 의견은 배제시키는 것으로 만족했다.[53]

종교개혁적인 교리와는 반대되는 교령의 내용은 다음과 같이 요약할 수 있다.

a) 교령은 하나님의 의를 "그것을 통해서 우리를 의롭게 하며, 그로부터 선물받아 내적인 영 안에서 새롭게 되며 의롭다고 인정할 뿐 아니라, 실제로 의롭다고 여기고 의롭게 되는"(7장) '의'(Gerechtigkeit)라고 정의한다. 이와 마찬가지로 은총의 이해를 그것을 통해서 인간이 의롭게 되기는 하나, 다만 하나님의 은혜라는 것이 거부되고 있다.(11장)

b) 종교개혁의 '오직 믿음'(sola fide)을 직접 비난하지는 않는다. 로마서 3장 22-24절을 인용하여 "믿음은 인간의 구원의 시작이며, 모든 사람의 칭의의 근거이고 뿌리"라고 강조한다. 그 무엇도 칭의보다 먼저 일어나지 않으며, 신앙도 공로도 칭의의 은총을 벌지 못한다.(8장) 그러나 동시에 "자신의 의지의 힘으로 갖추고 준비해야 할 필요성"을 주장했다.(9장) 게다가 당연히 칭의를 "칭의의 도구적 원인"인 성례전, 세례 그리고 참회와 결합시켰다(7장).

c) 마음의 준비를 하는 데에는 각성시키고 부르시는 하나님께 대한 동의라는 차원에서 인간의 자유의지가 함께 작용한다.(4항)

d) 신앙을 하나님의 자비에 대한 신뢰라고 보는 이해(9장, 12항)와 함께 신앙과 구원의 확신을 결합시키는 종교개혁적인 이해를 강하게 거부했다.

e) 칭의의 본질은 '단순히 그리스도의 의의 전가' 혹은 '죄의 단순한 용서'에 있지

52) 비교. 특히. T. Freunddenberger, Zur Benützung des reformatorischen Schrifttums im Konzil von Trient, in: Von Konstanz nach Trient (August Franzen zum 60. Geburtstag), hg. v. R. Bäumer, Paderborn 1972, 577-601. 그리고 푸뉘어(V. Pfnür)의 연구(앞의 인용).

53) 비교. A. Hasler, Luther in der katholischen Dogmatik, a.a.O., 275.

않다.(11항) 동시에 그것은 '은혜와 은사의 자발적인 수용을 통한 내적 인간의 성화와 갱신'이다.(7장. 위의 a)

f) 인간의 선행은 칭의의 열매가 아니다. 선행이 하나님 앞에서 받은 칭의를 증가시킨다는 의미에서 그것은 동시에 공로가 된다.(24항)

이것이 종교개혁에 반대하는 분명한 논·쟁점들이며, 법령화되었다. 그와 더불어 교령은 분명한 협상의 표시도 있다. 조건에 부합하는 공로(meritum de condigno)의 가능성을 생각했던 유명론적인 펠라기우스주의의 날카로운 논제는 거부되었다. 그러나 적합한 공로(meritum de congruo, 자신의 능력으로 최선을 다하는 사람에게 하나님은 은총을 거부하지 않을 것이다)는 거부되지 않았다.[54] 공의회는 이렇게 함으로써 토마스 아퀴나스적인 의도보다는 프란시스코-스코투스적인 전통을 따르고, 종교개혁적인 요구를 거부했다.(24항)

종교개혁적인 칭의론에 다리를 놓으려는 시도로서 레겐스부르크 종교회담에서 큰 역할을 했던 '이중의 의'에 관한 논제는 거부되었다.[55] 아우구스티누스 엄수파 총회에서 살레르노의 추기경이자 대주교인 지롤라모 세리판도(Girolamo Seripando)[56]는 그것을 크게 주목했고, 공의회에서도 극찬하는 옹호자들이 있었다. 회의에서 토론을 이끈 대다수의 신학자들은 - 예수회 소속인 라이네츠의 인도 하에 - 여러 가지 점에서 가톨릭 교리와 모순되는 이 교리에 반대한다고 표명했다.[57]

1547년 1월 13일 4번째 계속된 회의에서도 마찬가지로 교회의 개혁을 위해서 중요한 문제인 주교의 거주의무에 대한 교령을 표결했다.[58] 법적이며 실제적인 문제들이 너무 컸고, 그 결과 다만 '미미한 해결책'만을 결정했다. 그에 의하면, 손실에 책임이 있는 모든 시스템은 건드리지 않고 이유 없이 교구 밖에 거주하는 것을 엄격하게 처벌한다는 것이다.

---

54) 비교. 오버만과 뤽케르트의 칭의론에 대한 교령에서 'mereri' 내지는 'promereri'라는 용어 사용에 대한 토론. 위의 각주 51.

55) 위 82를 보라.

56) H. Jedin, Girolamo Seripando, 2 Bde., Würzburg 1937; E. Stakemeier, Der Kampf um Augustin auf dem Tridentinum, Paderborn 1937; P. Schäfer, Hoffnungsgestalt und Gegenwart des Heils. Zur Diskussion um die doppelte Gerechtigkeit auf dem Konzil von Trient, Theologie und Philosophie 55(1980), 204-229, 상세한 것은 Rückert(위 각주 51), 217-256을 보라.

57) Die Votierung der Theologen CT 5,632., 1546년 10월 26일자 라이네츠의 연설, ebd., 612-629.

58) CT 5,802-804. 비교. C. Mirbt/K. Aland, Quellen 1,605. 비교. H. Jedin, Der Kampf um die bischöfliche Residenzpflicht 1562/63, Concilium Tridentinum, a.a.O., 408-431.

특별히 문제가 있는 많은 안건들이 다루어졌기 때문에, 이 문제는 세 번째 공의회 기간에 다시 한 번 그리고 매우 철저하게 다루어야만 했다.[59)]

칭의론에 대한 교령에 이어 공의회는 성례전 교리를 다루었다. 1547년 봄에 보편적 성례론, 세례 그리고 견진에 대한 교령을 확정하여 반포했다.[60)] 전통적인 교리를 수용했고, 새로 의무화시켰다(1547년 3월 3일 7차 연속회기). 종교개혁의 이의제기에 반대하여 성례전은 사효론(ex opere operato)에 의해 은총을 일으키며, 여기에 더해 7성례와 그리스도에 의한 완전한 제정 그리고 구원을 위해서 성례전이 절대적으로 필요함을 확정했다. 성찬의 성례전에 대해서는 다루지 못했고, 회의도 계속 진행하지 못했다. 왜냐하면 한 주교의 죽음과 공의회 참여자들의 질병이 예기치 않은 중단을 가져왔기 때문이다.

공의회 주치의의 판단에 의하면, 급성 열병인 발진티푸스가 발병했다. 아마도 독일로부터 복귀한 교황군에 의해서 유입된 듯했다. 소수의 황제 측 주교들의 반대가 있었지만 공의회는 교회도시인 볼로냐로 옮겨졌다. 이와 같은 결정의 배후에는 공의회 의장 가운데 하나인 케르비니가 있었고, 그는 질병이 발생했기에 장소 변경을 통해 공의회의 와해를 막고, 가까운 시일 안에 긍정적인 결론을 내리는 것이 불가피하다고 생각했다. 그러나 이러한 결정은 독일의 상황과 일반적인 정치적 상황을 전혀 고려하지 않은 것이었다. 왜냐하면 어떤 상황에서도 공의회 장소로 트렌트를 고집하고 볼로냐로 가지 않은 소수의 반대자들은 "공의회 장소 변경은 오류에 빠진 독일의 복귀, 평화 그리고 교회의 일치를 위태롭게 했다"[61)]고 확신했기 때문이다.

그들은 슈말칼덴 전쟁에서 작센과 헤센에 일격을 가하고자 곧바로 파견된 황제의 염려도 말했다. 첫 교령의 신속한 가결은 우선 프로테스탄트의 군사적 제압을 계획한 황제의 생각을 읽어내지 못했다. 황제는 군사적 제압으로 프로테스탄트를 공의회로 끌어와 공의회의 결정을 수용하도록 강요할 수 있을 것이라고 생각했다. 그러나 교회도시에서 열린 회의는 프로테스탄트가 대표자를 파견하거나 받아들일 수 있는 기회가 전혀 없

59) 위 168f.

60) CT 5,994-996 = C. Mirbt/K. Aland, Quellen 1,605-608.

61) Bei H. Jedin, Geschichte des Konzils von Trient, a.a.O., 2,367.

었다. 독일은 로마에 의해서 이미 지워졌다. 황제와 교황 사이의 새로운 심각한 불화가 그 결과였다. 왜냐하면 바울 3세가 나중에 이전을 승인했고, 트렌트로의 복귀를 거부했기 때문이다. 중요한 순간에 교황으로부터 외면당했다고 느낀 황제는 회의 장소 변경(1548년 1월)에 대한 공식적인 반대가 교황 측으로부터 거부된 후, 자신의 방식으로 종교문제를 해결할 수 있다고 전망했다. 그는 그 해답을 아우크스부르크 잠정안에서 찾았다.[62]

그럼에도 불구하고 볼로냐에서의 공의회는 계속 진행되었다. 성만찬, 고해, 종유성사, 혼인 그리고 서품 등 개개의 성례전을 차례대로 다루었고, 상응하는 교령은 출판하지 않았다.[63] 그 후 1548년 후반기에 볼로냐 공의회는 스스로 산회했다. 1549년 9월에 아직도 남아있던 주교들은 자신의 교구로 복귀하라는 허락을 받았다.[64] 공의회는 공식적으로 연기되지 않았다. 1548년[65] 6월 14일자 황제의 개혁요청에 로마는 보편적인 개혁회의를 로마에서 개최할 계획을 갖고 있다고 답변했다. 그러나 그것은 성사되지 않았다. 1549년 11월 10일 교황은 사망했다.

3. 트렌트에서의 두 번째 회기 (1551-1552)

바울 3세의 후계자는 트렌트공의회에 파견된 첫 교황대사인 추기경 델 몬테가 긴 교황선출회의 끝에(1550년 2월 7일까지) 최종 선임되어 자신을 율리우스 3세라고 칭했다. 그는 공의회를 트렌트로 돌아오게 할 준비가 되어 있었다.[66] 두 번째 회기는 일정에 따라 1551년 5월 1일 개회되었다. 그러나 참석자는 다만 15명의 주교들뿐이었다! 프랑스(왕 앙리 2세)는 새로 열린 공의회를 처음부터 거부했다. 회의는 9월 초에야 시작되었지만, 그러나 신속하게 진행되었다. 왜냐하면 볼로냐의 안건을 다시 다루었기 때문이다. 10월에는 성찬에 대한 교령이 가결되고,[67] 11월에는 고해와 종부성사에 대한 교령이 가결

62) 위 90f.

63) Die Akten der Bologneser Periode in CT 6.

64) 1549년 9월 13일자 의장 델 몬테에게 보내는 서신. 현재 남아있지 않다. 비교. CT 6,1,833, 14-23 그리고각주 1.

65) 위 91.

66) 1550년 11월 14일자 복귀칙령, CT 7,1,6f.

67) CT 7,1,200-204 = C. Mirbt/K. Aland, Quellen 1,608-613.

되었다.[68] 여기서도 역시 종교개혁 측의 이의(실재적 임재, 화체설, 고해의무, 종부성사의 성례성)를 방어할 뿐만 아니라, 교의적인 교리확정이 관건이었다. 동시에 작성한 개혁교령(Reformdekret)[69]은 주교 직임의 구체적 내용을 규정하고 그리고 특별한 경우에 그들의 지위를 강화하는 것으로 제한했다.

트렌트의 두 번째 회기는 종교개혁 진영 귀족대표들이 등장했다는 특징을 갖고 있다.[70] 슈말칼덴 동맹의 패배로 인해 귀족들은 1547/1548년 아우크스부르크 제국회의에서 공의회에 복종하겠다고 약속해야만 했다. 1551년 2월 13일 제국회의는 이미 알려진 프로테스탄트의 유보사항을 폐지하지 않고 이러한 의무를 재확인했다. 그것은 곧 교황의 수위권에 의한 공의회의 해결이었다. 교황은 심판관이 아니며, 당(Partei)이라는 것이다. 여기에 더해 기존의 교령도 다시 한 번 토의되어야 한다고 요구했다. 공의회는 10월 11일 회의에서 프로테스탄트에게 안전과 표현의 자유를 보장하며 자유통행을 결정했다.[71] 그 결과 뷔르템베르크, 스트라스부르 그리고 결국에는 작센의 대표들이 차례대로 나타났으나, 신학자는 없었다. 브란넨부르크 대표단은 프리드리히 왕자의 견진성사에 대한 논의를 하면서 막데부르크 대주교와 할버스타트의 주교가 되고자 하는 선제후 요아킴 2세의 이중전략을 계속 진행하고자 10월초부터 이미 도시에 있었다.[72] 그러한 이유로 10월 11일 이미 공의회[73]에 복종했으며, 비록 더 이상 실현될 수 없는 조건들이었지만, 즉시 그에 상응하는 합의에 이르렀다.[74]

개신교 측에서도 트렌트 참여를 상세히 준비했었다.[75] 그러나 공통된 입장표명은 정

68) CT 7,1,343-359 = C. Mirbt/K. Aland, Quellen 1,614-623.

69) CT 7,1,359-363.

70) H. Jedin, Die Deutschen am Trienter Konzil 1551/1552, in: Concilium Tridentinum, a.a.O., 141-160; M. Brecht, Abgrenzung oder Verständigung. Was wollten die Protestanten in Trient?, ebd., 161-195; R. Stupperich, Die Reformatoren und das Tridentinum, a.a.O.; H. Meyer, Die deutschen Protestanten an der zweiten Tagungsperiode des Konzils von Trient, ARG 56(1965), 166-209; W. Delius, Kurfürst Joachim II. von Brandenburg und das Konzil von Trient, in: Reformation und Humanismus (R. Stupperich zum 65. Geburtstag), Witten 1969, 195-211; 비교. R. Kolb, The German Lutheran Reaction to the Third Period of the Council of Trent, LuJ 51(1984), 63-95.

71) CT 7,1,207f. = C. Mirbt/K. Aland, Quellen 1,614.

72) 비교. 위 31.

73) 비교. CT 7,1,197-200.

74) CT 7,1,461-464; 469f.

75) Confessio Virtembergica 서문을 보라. Das württembergische Bekenntnis von 1551, hg. v. E. Bizer, Stuttgart 1952 = Blätter für Württembergische Kirchengeschichte, Sonderheft 7.

치적 이유에서 나오지 않았다. 뷔르템베르크의 크리스토프 백작은 브렌츠(Brenz)를 통해 뷔르템베르크 신앙고백서(Confessio Virttembergica)를 작성하도록 시켰고, 작센에서는 작센 신앙고백서(Confessio Saxonica)가 나왔으나,[76] 실제로는 많지 않았다. 반면 전체 공의회의 입장이 한편으로는 작센 선제후 모리츠의 새로운 동맹협상에 대한 소문 때문에 그리고 다른 한편으로는 내적 긴장(지도부에 대한 비판)을 통해 더욱 불확실하게 되었다. 선제후 모리츠는 그가 추진한 제후들의 반란이 개시되기까지 시간을 버는 것이 중요했다.[77] 1월 24일에서야 비로소 뷔르템베르크와 작센에서 온 대표들은 - 차례대로 - 전체회의(분과가 아닌)에 참여가 허락되었고, 그들은 자신들의 책을 제시하거나 구두로 설명을 할 수 있었다.[78] 뷔르템베르크 측은 신앙논쟁이나 관련 자료의 새로운 조사에 대해 공정한 심판관을 요구했다. 왜냐하면 이러한 것들이 성서와 모순되거나 완전한 오류들일 수 있기 때문이었다. 작센측에서는 그들의 신학자들이 도착하기까지 회의 연기와 공의회가 교황보다 권위가 높은지 그리고 주교들은 공의회 문제에 있어서 교황에게 한 맹세와 무관한지에 대해 설명을 요구했다. 이제까지의 공의회는 보편공의회라고 말할 수 없다. 왜냐하면 많은 나라들이 참여하지 않았으며, 게다가 특히 독일의 참여가 없었기 때문이다. 이것은 다만 전혀 출구 없는 상황을 나타내주는데 적합한 원칙적인 설명들이었다. 신학적인 협상도 더 이상 열리지 않았다는 것은 정치적 혼란에 원인이 있고, 부분적이지만 대표들(멜란히톤과 함께 온 작센 대표들)도 도시에 전혀 들어오지도 못했다. 어떻게 공의회가 한편으로는 이제까지의 과정에 의하면 참여자들의 각양각색에도 불구하고 그와 같은 이해에 도달했으며, 다른 한편으로는 특정 조건하에서만 대화에 참여하고자 한 종교개혁진영 신학자들이 어떻게 합의를 해야 했는지 전혀 납득이 되지 않는다. 3월에도 공의회는 작센 신학자들의 계속된 불참과 독일의 불투명한 상황으로 인해 혼란속에 있었다. 게다가 독일의 참여자들이 서둘러 떠나 버렸다. 4월 1일에는 프로테스탄트 연합군이 아우크스부르크 앞에 진을 쳤다. 4월 28일 공의회는 연기를 결정했다. '연합공의회'는 시작하기도 전에 좌초되었다.

---

76) CR 28,481-566.

77) 위 94.

78) CT 7,1,467-475.

4. 세 번째 회기 (1561-1563)

몸통(Torso)만 남은 공의회를 다시 완성시켜야 한다고 생각하기까지 10년의 세월이 걸려야만 했다. 그 사이에 적어도 개혁사업을 어느 정도 공식적으로 종결지으려는 교황들의 시도는 실패했다. 율리우스 3세의 후계자인 마르켈루스 2세(체르비니)는 교황이 된지 3주도 못되어 사망했다. 그 후 바울 4세(카라파)가 교황(1555-1559)이 되자, 많은 사람들은 그를 가톨릭 개혁의 대표자라며 환영했다. 그러나 1542년 이후로 새롭게 정비된 종교재판의 수장이 되면서 조금이라도 혐의가 있는 모든 이단과 타협이 없는 싸움을 수행했고, 자신에게 충직한 고위성직자들도 희생시켰다. 처음으로 공식적인 금서목록이 나왔다. 그는 몇 가지 성공(사면 운영)한 자신의 방식을 관철시키는 것을 개혁의 이상으로 추구했다. 그는 개혁위원회를 소집했고, 자신이 직접 참여했던 제5차 라테란 공의회의 선례를 따라 로마공의회로의 변경을 계획했다. 그가 교황이 된 것은 매우 이례적인 것이었다. 자신의 직임을 바라본 시각은 특징적이며, 그가 내린 칙령 'Cum ex apostolatus officio'도 자신이 처한 현실과는 동떨어진 것이다.[79] 그는 이 칙령을 통해 모든 민족과 나라에 교황의 힘을 선언했고, 가톨릭 신앙을 버린 모든 사람, 성직자와 평신도, 군주와 신하들은 그들의 직위와 소유를 잃게 될 것이라고 선포했다. 바울 3세를 통해 공의회가 열린 이후 네 번째 교황인 피우스 4세에 이르러서야 이 사업을 완성할 수 있었다.

새로운 공의회 개최 소집령은 1560년 11월 29일[80]에 내려졌고, 동방의 고위성직자들을 1561년 트렌트로 불렀지만, 여러 진영(황제 페르디난트, 프랑스)이 원한 새로운 공의회는 아니었으며, 오래전 중단되었던 기존 공의회의 연속이었다. 또한 1562년 1월에서야 개회식이 열렸다. 독일과 프랑스의 고위성직자들이 참여하지 않았음에도 참여자들(이탈리아와 스페인)은 과거의 모든 참여율을 넘어섰다. 프랑스는 독자적인 길을 가고자 했다. 제네바 종교개혁(Confessio Gallicana, 1559)[81]의 확장과 점증하는 종교문제의 정치화는 시

79) C. Mirbt/K. Aland, Quellen 1,587-591.

80) CT 8,104-107.

81) 위 141.

민전쟁의 위험을 불러 일으켰다. 그것을 예방하고자 왕실은 1560년 3월 암보이즈 칙령(Edikt von Amboise)을 선언했다. 이것은 신앙 때문에 일어나는 모든 박해를 금지했고, 과거사에 대한 사면을 보장해 주었다. 얼마 지나지 않아 나라에서 교회일치를 회복할 수 있는 길을 찾고자 국가공의회를 공고했다. 확실히 이것은 로마교황청에는 비상이 되어 트렌트공의회를 신속히 다시 개최하게 하는데 영향을 주었다.[82] 트렌트공의회의 개최에도 불구하고 국가공의회는 열렸고(1561년 8월부터 10월까지), 교회개혁과 공식적인 종교회담을 논의했다. 그러나 물론 여기서도 합의에는 이르지 못했다. 무엇보다도 주교들이 일방적인 왕의 종교정책을 거부했다. 개혁사항들은 로마로 다시 넘어갔고, 교리적인 문제들은 교황과 공의회에 넘겨졌다.

공의회는 10년 전에 중단했던 협의를 다시 재개해야만 했다. 무엇보다도 개혁문제가 시급했다. 주교의 체류의무의 문제는 첫 회기에서부터 논의되었으나, 결정을 내리지 못한 것이었다. 이것을 '신적인 명령'(de iure divino)이라고 이해해야 하는지에 대한 문제제기 속에 다시 회의에 상정되었다(스페인의 개혁조항). 상황은 즉시 위기로 치달았다. 왜냐하면 추기경들은 그 속에서 교황의 수위권에 대한 간섭을 인식했기 때문이다. 교황이 먼저 토론을 중지시킴으로 이 과정에서 심각한 어려움을 일어나지 않았다.

공의회는 상당히 빠른 속도로 교리분야에서 또 다른 여러 가지 과제를 다루었다. 7월에는 양종성찬에 대한 교령이,[83] 9월에는 미사, 즉 희생 성격, 민족 없는 미사, 토착언어의 사용[84]에 대한 교령이 결정되었다. 2차 회기 중에 마칠 수 없었던 모든 주제들이 다루어졌으며, 종교개혁 진영 측의 요구에 대한 고려 없이 진행되었다. 그 후 다시 한 번 중지되었고, 공의회의 큰 위기였다.

11월에는 프랑스 주교대표단이 추기경 기즈(Guise)의 인솔 하에 나타났다. 그로 인해 분위기는 더 경색되었다. 게다가 서품성사를 논의하면서 주교의 체류의무에 대한 문제가 다시 토론거리가 되었다. 교황의 권한과 감독의 권한의 관계에 대해 잘 알려진 논쟁거리

82) 비교. W. Fischer, Frankreich und die Wiedereröffnung des Konzils von Trient 1559-1562, Münster 1972 = RST 106; R. Bäumer, Konziliarismus auf dem Tridentinum? Die Hintergründe der Trienter Konzilskrise, ThRv 72(1976), 351-362.

83) CT 8,698-700 = C. Mirbt/K. Aland, Quellen 1,625-627.

84) CT 8,959-962 = C. Mirbt/K. Aland, Quellen 1,627-630.

가 다시 격렬한 불을 뿜었고, 그 결과 회의는 계속 제자리를 걷다가 심지어 세속 기관까지 개입했다. 공의회를 교황이 직접 조종하고, 자유가 없으며, 표결권을 매수했다는 악한 소문들이 분위기를 어둡게 했다.

이러한 상황에서 사실 공의회를 구한 것은 교황 피우스 4세가 곤차가와 세리판도 대사의 사망 후, 추기경 나바게로와 함께 대사로 임명한 추기경 모로네(Morone)였다. 그는 종교개혁 측 입장에 반대하여 1563년 7월에 결정된 서품교령[85]이 다룬 기존 교리의 주장[86]에 총력을 다하는데 본질을 둔 타협에서 합의점을 이끌어 냈다. 특별히 문제가 된 항목 7에서 '하나님의 법'(ius divinum)에 근거를 두었던 주교의 권한을 삭제했다.[87] 같은 때에 만들어진 상세한 개혁교령[88]은 몇 가지 중요한 대책을 마련했고, 무엇보다도 논란이 된 주교의 체류문제(1항목)를 '하나님의 법'과 상관없이 규정지었고, 주교의 사제교육의 동기가 되었다(18항).

이것으로 이제 전체 공의회를 종결할 수 있는 문이 열렸다. 11월 회의에서는 특별한 개혁지침인 혼배성사에 대한 교령이 가결되었다. 교령 'Decretum Tametsi'는 결혼의 형태를 결정하고, 가톨릭(또한 세속) 혼인법의 계속적인 발전에 매우 중요했다.[89] 또 다른 두 개의 회의는 연옥에 대한 교령에 이어 성화상숭배,[90] 수도회의 개혁[91] 내지는 면죄부, 금식 그리고 부록[92] 등이 이어져 있다. 특별히 중요한 것은 모로네의 방대한 개혁제안[93]이었으며, 이것으로 인해 모든 개혁의 동기가 분명해졌다. 영혼의 구원, 사목. 허버트 예딘은 그 개혁에 대해 이렇게 평가했다. "이 개혁은 공의회주의와 갈리안주의적인 개혁뿐만 아니라, 당시의 가톨릭 개혁운동의 선구자가 될 것이라는 목적에 훨씬 다가서지 못했다. 공의회에

85) CT 9,620-622 = C. Mirbt/K. Aland, Quellen 1,632-634.

86) G. Fahrnberger, Amt und Eucharistie auf dem Konzil von Trient, in: Amt und Eucharistie, Paderborn 1973 = Konfessionskundliche Schriften des J.-A.-Möhler-Instituts 10, 174-207.

87) 비교. G. Fahrnberger, Bischofsamt und Priestertum in den Diskussionen des Konzils von Trient, Wien 1970 = Wiener Beiträge zur Theologie 30; ders., Episkopat und Presbyterat in den Diskussionen des Konzils von Trient, Cath 30(1976), 119-152.

88) CT 9,623-630.

89) CT 9,966-971 = C. Mirbt/K. Aland, Quellen 1,634-640.

90) CT 9,1077-1079 = C. Mirbt/K. Aland, Quellen 1,641-643.

91) CT 9,1079-1085.

92) CT 9,1105f. = C. Mirbt/K. Aland, Quellen 1,646f.

93) CT 9,1085-1094 = C. Mirbt/K. Aland, Quellen 1,644-646.

제출했던 개혁 기념 서적들 역시 마찬가지였다. 개혁은 짧은 진전으로 만족했다. 물론 새로운 정신이 교회에 유입되고 계속적인 발전이 가능할 것이라는 조용한 희망 속에서 여전히 진행되는 듯 했다. 개혁 자체는 아직 실현되지 않았다. 교령시행이 비로소 개혁을 실현할 수 있다. 흔히 '트렌트개혁'이라고 말하는 것은 다만 하나의 기회였을 뿐, 실현된 것은 아니었다."[94]

1563년 12월 4일 공의회주교들은 보고서에 서명을 했고, 교황에게 공의회의 폐회를 요청했다. 종교개혁 진영에서는 마지막 회기에 더 이상 아무도 참여하지 않았다. 첫 번째 회기는 격렬한 논쟁이 수반되었고, 두 번째 회기는 프로테스탄트 측 대표들이 트렌트에 머물렀다면, 세 번째 회기에는 비판만을 제기했다.[95]

공의회가 교회 개혁에 괄목할만한 일들을 했음은 의심의 여지가 없다. 그러나 이미 먼저 일어난 개혁운동과 비교해 볼 때 지나치게 형식, 규율 그리고 법률의 개혁으로 그쳤다. 가장 큰 결점은 신학적인 새로운 자각은 거의 없고, 옛 사고에 안주했다는 것이다. 종교개혁의 요구에는 문을 닫았다. 예를 들어 칭의론처럼 교리분야에서 일어났던 것 역시 본래 과도한 발전의 차단이거나 혹은 전통적인 기본 결정들을 엄격하게 꾸준히 유지하면서 이제까지는 개방했던 문제에 대한 하나의 수정 설명일 수 있었다. 이것으로 아우크스부르크 제국회의에서 이루어진 정치적 결정들은 공의회를 통해 종교분야에서도 확정되었다. 즉 일치는 포기했다. 로마교회 역시 교파교회로 자리를 잡았다.

이에 대한 확연한 증거는 공의회에 이어 등장한 세 개의 문서이며, 본래 공의회의 영향사에 속하나, 공의회의 결정들을 정리해주고 있다.

첫 번째 문서인 소위 '트렌트 신앙고백'(Professio fidei Tridentinae)은 공의회를 통해 자극되어 1564년 11월 13일[96] 칙령 'Iniunctum nobis'을 통해 출판되었다. 앞으로 모든 주교, 수도원장, 부원장 그리고 사제들은 취임하기 전 의무적으로 이것을 고백해야만 했다.

---

94) H. Jedin, Geschichte des Konzils von Trient, a.a.O., 4,2,185.

95) 비교. R. Kolb,(위 각주 70).

96) C. Mirbt/K. Aland, Quellen 1,649-651; 비교. H. Jedin, Zur Entstehung der Professio fidei Tridentinae, in: AHC 6(1974), 369-375; V. Pfnür, Das tridentinische und die nachtridentinischen Bekenntnisse der römisch-katholischen Kirche und die Confessio Augustana, in: Studien zur Bekenntnisbildung, hg. v. P. Meinhold, Wiesbaden 1980, 84-98 = Veröffentlichungen des Instituts für europäische Geschichte Mainz 103.

두 번째 문서는 역시 공의회를 통해 제시된 금서목록의 개정 과제이다(훌륭한 가톨릭 양서들이 희생되었다).[97]

마지막 세 번째는 공의회 이후 몇 년이 지나 - 사전 작업에도 불구하고 - 직접적인 연관이 없이 나온 소위 '로마 교리문답서'(Catechismus Romanus)[98] 혹은 '트렌트공의회 교리문답'(Catechismus ex decreto Concilii Tridentini ad parochos Pii V iussu ed, 1566)이다. 이것은 비록 '가톨릭의 일반교리문답서'로 생각되기는 하지만 다른, 즉 페트루스 카니시우스의 교리문답과 같은 중요성을 갖고 있지는 않다.

97) C. Mirbt/K. Aland, Quellen 1,651-655. 그에 대한 규정과 교황의 확인칙령.

98) 발췌, ebd., 655-693; G. Bellinger, Der Catechismus Romanus und die Reformation. Die katechetische Antwort des Trienter Konzils auf die Hauptkatechismen der Reformatoren, Paderborn 1970 = Konfessionkundliche und kontroverstheologische Studien 27.

부 록

연대표

색인

KGE 도서목록

연 대 표

1523-1534	교황 클레멘스 7세
1531.12	취리히 하인리히 불링거
1532	레겐스부르크 제국회의
	뉘른베르크 협정
	뮌스터 종교개혁
1534-1549	교황 바울 3세
1534	뷔르템베르크 종교개혁, 안할트, 폼베른
	루터의 성서 첫 완역
	영국 수장령
1534.02	뮌스터의 얀 마티이스
1534.04/05	라이프치히 대화
1534.10	플랭카드(벽보) 사건
1535	브란덴부르크의 요아킴 2세 사망
	제네바 종교개혁
1535.06.25	뮌스터의 재세례파 왕국의 종말
1536-1538	3차 프랑스 전쟁
1536	메노 시몬스 선교의 시작
1536. 봄	칼빈 기독교 강요
1536.05.29	비텐베르크 일치협약
1536.07	제네바 칼빈
	에라스무스 폰 로테르담 사망
1536.10	덴마크 종교개혁 도입

	 (코펜하겐 제국회의)
	루터적인 국가교회로의 스웨덴 교회의 전환(웁살라 회의)
1537.02	슈말칼덴에서의 슈말칼덴 동맹회의
	루터의 '슈말칼덴 조항'
	만투아공의회 거부
1538.04.23	파렐과 칼빈 제네바에서 추방
1538.06.10	'기독교의 일치'(뉘른베르크 동맹)
1539	베텐베르크 당회 설치
1539.01	라이프치히 종교회담
1539.04.17	게오르크 폰 작센 사망
	영주의 종교개혁
1539.04.19	프랑크푸르트 협정
1540	요한 자폴리아(Johann Zapolya) 사망
	브란덴부르크 교회규정
1540.03.04	필립 폰 헤센의 이중혼인
1540.06/07	하게나우 종교회담
	아우크스부르크 신앙고백 변경판
1540.09	예수회 승인
1540.11-1541.01	보름스 종교회담
1541	터키의 헝가리 점령(부다 지방, 수도 오펜)
1541.04/07	레겐스부르크 제국회의
	레겐스부르크 종교회담
1541.09	칼빈의 제네바 복귀
1542–1544	4차 프랑스 전쟁
1542	성인청 창설, 종교재판의 재시작
1542.01.20	나움부르크의 암스도르프 주교
1542.여름	브라운슈바이크 종교개혁
	뉘른베르크 제국회의
1542/1543 전환기	뉘른베르크 제국회의
1543	카니시우스 첫 독일인 예수회
1544.02/06	스파이어 제국회의
1544.11.1	트렌트 공의회 공고
1545. 봄	스파이어 제국회의
1545.12.13	트렌트 공의회 개회
1546	쿠어팔츠의 종교개혁
1546.01	레겐스부르크 종교회담

1546.02.18	마르틴 루터 아이슬레벤에서 사망
1546.04.16	대주교 헤어만 폰 비드(쾰른) 출교
1546.06	레겐스부르크 제국회의
1546.07	슈말칼덴 전쟁의 시작
1547.03	트렌트공의회의 볼로냐 이전
1547	영국의 헨리 8세 사망
1547-1553	영국의 에드워드 6세
1547	프랑스의 프란츠 1세 사망
1547-1559	프랑스의 앙리 2세
1547.04.24	뮐베르크 전투
1547.05.19	비텐베르크 항복
1547.09-1548.06	아우크스부르크의 "격렬한 제국회의"
	아우크스부르크 잠정안
1548.가을	볼로냐 공의회 해산
1548.12	라이프치히 잠정안
1549.05	스위스 일치 협정
1549 성령강림절	일반기도서
1550-1555	교황 율리우스 3세
1550.02	쾨니히스베르크 제후연맹
1551-1552	트렌트공의회, 2차 회기
1551	샤또브리앙(Chateaubriant) 칙령
1551.02.28	마르틴 부처 캠브리지에서 사망
1551.10	트렌트에 프로테스탄트 대표
1552.03	제후혁명
1552.08.15	파사우협약
1552-1558	"2차 성찬논쟁"(칼빈-베스트팔)
1553-1558	마리아 영국 "가톨릭화"
1553.10.27	세르베투스 제네바에서 화형
1555.02/09	아우크스부르크 제국회의
	아우크스부르크 종교평화
1555	종교개혁적인 전파의 자유
1555.04	교황 마르켈루스 2세
1555-1559	교황 바울 4세
1556	칼 5세의 퇴위
1556-1564	황제 페르디난트 1세
1556-1598	스페인의 필립 2세
1556.07.13	이그나티우스 폰 로욜라 사망

1557.08	스코틀랜드 신앙고백서(존 낙스)
1558-1603	영국의 엘리자베스
1559-1565	교황 피우스 4세
1559	제네바 아카데미 창립
	동헝가리의 개혁교회
1559.05	프랑스 개신교회의 제1차 국가공의회
	갈리아 신앙고백서
1560.04.19	필립 멜란히톤 사망
1561–1563	트렌트 공의회, 3차 회기
1563	하이델베르크 교리문답서
1564	금서목록(Index librorum prohibitorum)
	트렌트 신앙고백서(Professio fidei Tridentinae)
1564-1576	황제 막시밀리안 2세
1564.05.24	요한 칼빈 제네바에서 사망
1566	후기 헬베틱 신앙고백서
	네덜란드 봉기 시작
	로마 교리문답서
1567	네덜란드의 공작 알바
1570	젠도미르 일치(Consensus von Sendomir)
1571	39개 종교 조항

색 인

KGE 도서목록

편집인: 울리히 게블러(Ulich Gäbler), 요한네스 쉴링(Johannes Schling)
출판인: 게르트 핸들러(Gert Haendler), 고(故) 요아힘 로게(Joachim Rogge †)

◈ : 한글출판.

◬ : 독일출판예정.

Ⅰ. 초대교회부터 중세시대까지

Ⅰ - 1 ◈
DAS URCHRISTENTUM
von Karl - Martin Fischer †
1986, 2. Aufl. 1991 • 200 Seiten+4 S. Beilage
ISBN 978 - 3 - 374 - 00295 - 1
『원시기독교』, 한정애 옮김
ISBN 978 - 89 - 98741 - 02 - 0
978 - 89 - 98741 - 01 - 3 (세트)

Ⅰ - 2 ◈
DAS CHRISTENTUM IM ZWEITEN JAHRHUNDERT
von Karl - Wolfgang Tröger
1988 • 140 Seiten
ISBN 978 - 3 - 374 - 00465 - 2
『2세기 기독교』, 염창선 옮김
ISBN 978 - 89 - 98741 - 03 - 7
978 - 89 - 98741 - 01 - 3 (세트)

Ⅰ - 3 ◈
VON TERTULLIAN BIS AMBROSIUS
von Gert Haendler
1978, 4. Aufl. 1992 • 138 Seiten
ISBN 978 - 3 - 374 - 00297 - 8
『테르툴리아누스부터 암브로시우스까지』, 조병하 옮김
ISBN 978 - 89 - 98741 - 04 - 4
978 - 89 - 98741 - 01 - 3 (세트)

Ⅰ - 4
DIE KIRCHE DES OSTENS IM 3. UND 4. JAHRHUNDERT
von Hans Georg Thümmel
1988 • 136 Seiten
ISBN 978 - 3 - 374 - 00466 - 0

Ⅰ - 5
DIE ABENDLÄNDISCHE KIRCHE IM ZEITALTER DER VÖLKERWANDERUNG
von Gert Haendler
1981, 4. Aufl. 1995 • 152 Seiten
ISBN 978 - 3 - 374 - 00015 - 0

Ⅰ - 6
DIE ÖSTLICHEN KIRCHEN IN DER EPOCHE DER CHRISTOLOGISCHEN AUSEINANDERSETZUNGEN(5. BIS 7. JAHRHUNDERT)
von Friedhelm Winkelmann
1981, 4. Aufl. 1994 • 152 Seiten+1 Faltkarte
ISBN 978 - 3 - 374 - 00298 - 6

Ⅰ - 7
DIE LATEINISCHE KIRCHE IM ZEITALTER DER KAROLINGER
von Gert Haendler
1985, 2. Aufl. 1992 • 140 Seiten
ISBN 978 - 3 - 374 - 00299 - 4

I - 8
DIE OSTKIRCHEN VOM BILDERSTREIT BIS ZUR KIRCHENSPALTUNG 1054
von Hans - Dieter Döpmann
1991 • 164 Seiten
ISBN 978 - 3 - 374 - 01195 - 0

I - 9
VON DER REICHSKIRCHE OTTOS I. ZUR PAPSTHERRSCHAFT GREGORS VII.
(10. BIS 11. JAHRHUNDERT)
von Gert Haendler
1994 • 176 Seiten
ISBN 978 - 3 - 374 - 01529 - 8

I - 10
DIE KIRCHEN IM ZEITALTER DER KREUZZÜGE
(11. BIS 13. JAHRHUNDERT)
von Friedhelm Winkelmann
1994, 2. verb. Aufl. 1998 • 164 Seiten
ISBN 978 - 3 - 374 - 01465 - 8

I - 11 ◆
THEOLOGIE IM MITTELALTER
von Volker Leppin
2007 • 184 Seiten
ISBN 978 - 3 - 374 - 02516 - 1
『중세신학』, 이준섭 옮김
ISBN 978 - 89 - 98741 - 05 - 1
978 - 89 - 98741 - 01 - 3 (세트)

I - 12 ◆
DIE ABENDLÄNDISCHE KIRCHE IM HOHEN MITTELALTER
(12./13. JAHRHUNDERT)
von Heinrich Holze
2003 • 304 Seiten
ISBN 978 - 3 - 374 - 02047 - 8
『중세 전성기의 서방교회(12 - 13세기)』,
최영재 • 권진호 • 황훈식 옮김
ISBN 978 - 89 - 98741 - 06 - 8
978 - 89 - 98741 - 01 - 3 (세트)

II . 중세 후기, 개혁, 종파 시대

II - 1 ◆
ENTMACHTUNG UND SELBSTZERSTÖRUNG DES PAPSTTUMS (1302 BIS 1414)
von Volker Gummelt

II - 2 ◆
VON DEN REFORMKONZILIEN BIS ZUM VORABEND DER REFORMATION
von Michael Basse
2008 • 224 Seiten
ISBN 978 - 3 - 374 - 02494 - 0
『개혁공의회부터 종교개혁 전야까지』, 홍지훈 • 이준섭 옮김
ISBN 978 - 89 - 98741 - 07 - 5
978 - 89 - 98741 - 01 - 3 (세트)

II - 3, 4 ◆
ANFÄNGE DER REFORMATION / DER JUNGE LUTHER(1483 - 1521), DER JUNGE ZWINGLL(1484 - 1523)
von Joachim Rogge †
1983,2. Aufl. 1985 • 312 Seiten
ISBN 978 - 3 - 374 - 00300 - 1
『종교개혁 초기 / 청년 루터(1483 - 1521), 청년 츠빙글리 (1484 - 1523)』, 황정욱 옮김
ISBN 978 - 89 - 98741 - 08 - 2
978 - 89 - 98741 - 01 - 3 (세트)

II - 5 ◆
EVANGELISCHE BEWEGUNG UND FRÜHE REFORMATION(1521 - 1532)
von Rudolf Mau
2000 • 250 Seiten
ISBN 978 - 3 - 374 - 01795 - 9
『복음주의 운동과 초기개혁(1521 - 1532)』, 권진호 옮김
ISBN 978 - 89 - 98741 - 09 - 9
978 - 89 - 98741 - 01 - 3 (세트)

II - 6 ◆
REFORMATIONSGESCHICHTE(1532 - 1555/1556) / FESTIGUNG UND REFORMATION, CALVIN, KATHOLISCHE REFORM UND KONZIL VON TRIENT
von Hubert Kirchner
1988 • 178 Seiten
ISBN 978 - 3 - 374 - 00016 - 9
『종교개혁사(1532 - 1555/1556) / 종교개혁의 강화, 칼빈, 가톨릭개혁과 트렌트 공의회』, 정병식 옮김
ISBN 978 - 89 - 98741 - 10 - 5
978 - 89 - 98741 - 01 - 3 (세트)

II - 7 ▲
DIE ENTSTEHUNG EVANGELISCHER LANDESKIRCHEN
(1530 - 1580)
von Günther Wartenberg

II - 8 ◆
DAS KONFESSIONELLE ZEITALTER - KATHOLIZISMUS, LUTHERTUM, CALVINISMUS(I563 - 1675)
von Ernst Koch
2000 • 356 Seiten
ISBN 978 - 3 - 374 - 01719 - 3
『교파주의 시대 / 가톨릭주의, 루터교, 칼빈주의 (1563 - 1675)』, 이성덕•이상조 옮김
ISBN 978 - 89 - 98741 - 11 - 2
978 - 89 - 98741 - 01 - 3 (세트)

II - 9 ◆
DIE ORTHODOXEN KIRCHEN(1274 - 1700)
von Erich Bryner
2004 • 168 Seiten
ISBN 978 - 3 - 374 - 02186 - 7
『동방 정교회(1274 - 1700)』, 구영철 옮김
ISBN 978 - 89 - 98741 - 12 - 9
978 - 89 - 98741 - 01 - 3 (세트)

III. 근 대

III - 1 ◆
DER PIETISMUS(1675 - 1800)
von Peter Schicketanz
2001 • 196 Seiten
ISBN 978 - 3 - 374 - 01858 - 0
『경건주의(1675 - 1800)』, 김문기 옮김
ISBN 978 - 89 - 98741 - 13 - 6
978 - 89 - 98741 - 01 - 3 (세트)

III - 2 ◆
THEOLOGIE UND KIRCHE IM ZEITALTER DER AUFKLÄRUNG
von Wolfgang Gericke
1990 • 140 Seiten
ISBN 978 - 3 - 374 - 00859 - 3
『계몽주의 시대의 신학과 교회』, 이은재 옮김
ISBN 978 - 89 - 98741 - 14 - 3
978 - 89 - 98741 - 01 - 3 (세트)

III - 3
DER PROTESTANTISMUS IN DEUTSCHLAND(1815 - 1870)
von Martin H. Jung
2000 • 164 Seiten
ISBN 978 - 3 - 374 - 01794 - 0

III - 4
AUSSERKIRCHLICHE RELIGIÖSE PROTESTBEWEGUNGEN =DER NEUZEIT
von Helmut Obst
1990 • 120 Seiten
ISBN 978 - 3 - 374 - 00964 - 6

III - 5
DER PROTESTANTISMUS IN DEUTSCHLAND(1870 - 1945)
von Martin H. Jung
2002 • 232 Seiten
ISBN 978 - 3 - 374 - 01994 - 3

III - 6
FREIKIRCHEN IN DEUTSCHLAND
(19. UND 20. JAHRHUNDERT)
von Karl Heinz Voigt
2004 • 272 Seiten
ISBN 978 - 3 - 374 - 02230 - 8

III - 7
KIRCHENGESCHICHTE GROSS - RITANNIENS VOM 17. BIS ZUM 20. JAHRHUNDERT
von William Reginald Ward aus dem engl. Manuskript
Übers. von Sabine Westermann
2000 • 204 Seiten
ISBN 978 - 3 - 374 - 01750 - 9

III - 8
DER KATHOLIZISMUS(1648 - 1870)
von Klaus Fitschen
1997, 2. Aufl. 2001 • 182 Seiten
ISBN 978 - 3 - 374 - 01633 - 2

III - 9
DAS PAPSTTUM UND DER DEUTSCHE KATHOLIZISMUS(1870 - 1958)
von Hubert Kirchner
1992 • 138 Seiten
ISBN 978 - 3 - 374 - 01406 - 2

III - 10
DIE OSTKIRCHEN VOM 18. BIS ZUM 20. JAHRHUNDERT
von Erich Bryner
1996 • 144 Seiten
ISBN 978 - 3 - 374 - 01620 - 0

III - 11 ▲
KIRCHENGESCHICHTE SKANDINAVIENS (17. BIS 20. JAHRHUNDERT)
von Heinrich Holze

IV . 현 대

IV - 1
DIE RÖMISCH - KATHOLISCHE KIRCHE VOM II. VATIKANISCHEN KONZIL BISZUR GEGENWART
von Hubert Kirchner
1996 • 192 Seiten
ISBN 978 - 3 - 374 - 01621 - 9

IV - 2 ▲
DER PROTESTANTISMUS IM WESTEN DEUTSCHLANDS (1945 - 1990)
von Martin Greschat

IV - 3
DER PROTESTANTISMUS IM OSTEN DEUTSCHLANDS(1945 - 1990)
von Rudolf Mau
2005 • 248 Seiten
ISBN 978 - 3 - 374 - 02319 - 3

IV - 4 ◆
PROTESTANTISCHE MINDERHEITENKIRCHEN IN EUROPA IM 19. UND 20. JAHRHUNDERT
von Klaus Fitschen
2008 • 184 Seiten
ISBN 978 - 3 - 374 - 02499 - 9
『19 - 20세기 유럽의 개신교 소수교회』, 백용기 옮김
ISBN 978 - 89 - 98741 - 15 - 0
978 - 89 - 98741 - 01 - 3 (세트)

IV - 5
DAS CHRISTENTUM IN NORDAMERIKA
von Mark Noll aus dem amerik. Manuskript Übers, von Volker Jordan
2001 • 268 Seiten
ISBN 978 - 3 - 374 - 01814 - 7

IV - 6
DAS CHRISTENTUM IN LATEINAMERIKA
von Hans - Jürgen Prien
2007 • 448 Seiten
ISBN 978 - 3 - 374 - 02483 - 4

IV - 7 ◆
DAS CHRISTENTUM IN AFRIKA UND DEM NAHEN OSTEN
von Klaus Hock
2005 • 264 Seiten
ISBN 978 - 3 - 374 - 02089 - 5
『아프리카 및 근동의 기독교』, 공성철 • 민관홍 옮김
ISBN 978 - 89 - 98741 - 16 - 7
978 - 89 - 98741 - 01 - 3 (세트)

IV - 8
DAS CHRISTENTUM IN OST - , SÜD UND SÜDOSTASIEN SOWIE AUSTRALIEN
von Friedrich Huber
2005 • 312 Seiten
ISBN 978 - 3 - 374 - 02119 - 0

IV - 9 ▲
DAS CHRISTENTUM IM 20. JAHRHUNDERT
von Hartmut Lehmann

CIP-Kurztitelaufnahme:

Reformationsgeschichte von 1532 bis 1555/1556
Festigung und Reformation
Calvin
Katholische Reform und Konzil von Trient
/ Hubert Kirchner

Kirchengeschichte in Einzeldarstellungen
ISBN 3-374-00017-7
Bd. II/6 ISBN 3-374-00016-9

1. Aufl. Berlin: Evangelische Verlagsanstalt, 1988. 178 S.

www.eva-leipzig.de

KGE 교회사 전집
KIRCHENGESCHICHTE IN EINZELDARSTELLUNGEN

II/6 - 종교개혁사 (1532~1555-1556) /
종교개혁의 강화, 칼빈, 가톨릭 개혁과 트렌트 공의회
(Reformationsgeschichte von 1532 bis 1555/1556 /
Festigung der Reformation, Calvin, Katholische Reform und Konzil von Trient)

저 자 후버트 키르흐너 (Hubert Kirchner)
역 자 정병식
초판발행 2016년 03월 05일
발 행 처 호서대학교 출판부
발 행 인 강일구
편 집 인 염창선
출 판 팀 김애리
등 록 제 452 - 2011 - 000004호
주 소 충남 천안시 동남구 호서대길 12
호서대학교 천안캠퍼스 1호관 411호
전 화 (041)560 - 8591
팩 스 (041)560 - 8593
이 메 일 press@hoseo.edu
I S B N 978 - 89 - 98741 - 10 - 5
978 - 89 - 98741 - 01 - 3 (세트)